Construction and Certification of Asset Management System for Power Grid Enterprises

电网企业

资产管理体系建设与认证实践

深圳供电局有限公司　组编

中国电力出版社
CHINA ELECTRIC POWER PRESS

内 容 提 要

电网企业是典型的资产和技术密集型企业，资产种类较多，资产规模庞大。2014 年，国家在深圳启动了输配电价改革试点，从根本上改变了电网企业传统盈利模式，进一步促进企业提升运营管理水平，实现资产保值增值。深圳供电局有限公司在南方电网公司的指导下，通过借鉴国际先进电网企业经验，结合本地电网特点和企业实际，在资产管理组织架构优化、资产管理体系建设、资产管理信息系统开发等方面做了大量积极卓有成效的探索和实践。

本书包含三部分内容，第一部分主要是资产管理概述，主要介绍资产管理概念、发展历程，ISO 55000 资产管理系列标准，国内外资产管理工作现状，电网企业改革发展面临的形势，深圳供电局资产管理发展历程。第二部分是电网企业资产管理体系建设，包括电网企业资产管理体系建设思路及重点举措、根据 ISO 55000 系列标准建立电网企业资产管理体系、制定资产管理政策、资产管理策略、构建资产管理绩效指标体系、建立资产管理体系评价标准等。第三部分是电网企业资产管理良好实践，主要介绍优化资产管理组织架构探索与实践，资产基础管理、电网规划、投资管理、物资采购与供应、工程建设、运维检修、退役报废等全生命周期管理实践，以及电网企业资产管理数字化平台建设。

本书可供电力系统或其他企业资产管理相关人员参考使用。

图书在版编目（CIP）数据

电网企业资产管理体系建设与认证实践/深圳供电局有限公司组编 .—北京：中国电力出版社，2020.9

ISBN 978-7-5198-4111-9

Ⅰ.①电…　Ⅱ.①深…　Ⅲ.①电力工业—资产管理—管理体系—研究—深圳　Ⅳ.①F426.61

中国版本图书馆 CIP 数据核字（2020）第 006608 号

出版发行：中国电力出版社
地　　址：北京市东城区北京站西街 19 号（邮政编码 100005）
网　　址：http：//www.cepp.sgcc.com.cn
责任编辑：岳　璐（010-63412339）
责任校对：黄　蓓　朱丽芳
装帧设计：王红柳
责任印制：石　雷

印　　刷：三河市万龙印装有限公司
版　　次：2020 年 9 月第一版
印　　次：2020 年 9 月北京第一次印刷
开　　本：787 毫米×1092 毫米　16 开本
印　　张：15.5
字　　数：276 千字
定　　价：108.00 元

前　言

作为国家能源战略布局的重要组成部分和能源产业链的重要环节，电网企业健康稳定发展关乎国计民生。近年来电网企业按照国家电力体制改革和国资国企改革部署，持续推进管理创新变革，努力提质增效，在做大做强做优国有资产的同时确保资产保值增资，为实现“两个一百年”奋斗目标、实现中华民族伟大复兴的中国梦做出应有的贡献。

作为资产密集型企业，资产管理水平是衡量电网企业经营水平的重要标志。2014年国家在深圳启动了输配电价改革试点，从根本上改变了电网企业传统盈利模式，建立基于有效资产核定准许收入的电价回报机制。在新机制下，如何提升资产管理效率，实现资产保值增值，已成为电网企业重要课题。深圳供电局自2007年引入资产管理理念，通过借鉴国际先进电网企业经验，结合深圳城市电网特点和实际情况，开展了一系列资产管理自主变革，探索构建了资产管理体系，实施实践了资产全生命周期成本（LCC）管理，稳步提升了资产管理能力，2018年成功通过了国际资产管理标准ISO 55001认证。

本书系统梳理和总结了近年来深圳供电局资产管理体系建设及实践成效，主要包含三部分内容：第一部分是资产管理概述，主要介绍资产管理概念、发展历程、国内外现状及ISO 55000标准；第二部分是电网企业资产管理体系建设，主要介绍电网企业如何根据ISO 55000标准建立并实施资产管理体系，包括体系框架、实施路径、资产策略、指标体系和评价标准等；第三部分是电网企业资产管理良好实践，主要介绍电网企业资产管理组织架构优化、资产全生命周期各环节开展的创新实践，以及资产管理信息化平台建设思路，对系统主要架构及功能进行展示。

深圳供电局在资产全生命周期管理体系建设过程中，得到了南方电网公司的高度重视和支持，借鉴了国内外先进企业的优秀经验。本书主要编写成员包括：李锐、兰浩、邓世聪、陈法池、徐旭辉、李飞、刘恒勇、邵志奇、蔡京陶、杨春晖、申望、陈潇、康文韬、赵欢、黄真明、谢阳阳、袁仁超、辛拓、黄欣、何佩璇、戚永为、李闻宇、叶键民、尚龙龙、郭镥、刘永礼、徐曙、陈昆、黄思平、朱丹龙、林东明、梁楚衡、廖永浩、徐启源等同志。

前言

先进的资产管理体系对企业在新时代改革转型及高质量发展中具有重要的战略意义，诚然资产管理并非一成不变，它来源于实际工作，扎根于企业实践，随着企业的不断发展而变化，资产管理也将在实践过程中不断完善和更新。希望本书能给能源行业相关企业和其他资产密集型企业开展资产管理提供一些借鉴和参考。因深圳电网的发展环境、发展历程和组织管理模式有其自身特点，本书难免存在局限性，不足之处，敬请指正。

编写组

2020年7月

电网企业资产管理
体系建设与认证实践

目 录

目录

PART 1

第一部分

资产管理概述

CHAPTER 1

第一章
资产管理概念及发展历程

第一节　什 么 是 资 产

资产是对组织有潜在价值或实际价值的物品（如生产工具类）、事物（如生产设备类）或实体（如工厂、医院等）。对不同的组织和相关方而言，价值的形式也是不同的，既可以是有形的也可以是无形的，既可以是财务的也可以是非财务的。无论是从经济学、法学还是会计学角度，对资产进行定义，主要有以下三个方面本质和特征：

（1）资产的收益性。资产能为其所有者或控制者带来预期经济效益，而且资产价值的高低主要取决于其能为所有者或控制者带来的预期收益的多少。只有能为企业带来未来经济利益的资源才能确认为资产。

（2）资产的稀缺性。企业资产的获取，必须付出相当的代价。

（3）资产的合法性。企业资产必须以合法的途径获取，并对其拥有合法的所有权或控制权。

资产由创建到退役的周期称作“资产寿命”。资产寿命并不一定与各个组织对其负责的时期相吻合。实际上，资产在其资产寿命中可能对一个或多个组织产生潜在价值或实际价值，并且资产对于某个组织的价值在其资产寿命中也可能发生变化。

根据组织的需求或为了实现额外收益，组织可以选择对其资产采用组合管理的方式，而非个体管理。此类资产可根据资产类型、资产体系或资产组合进行分组。

第二节　什么是资产管理

早期的资产管理被简单地理解为对运行设备的维护及修理。随着企业运营环境的变化，以及管理理论和科学技术的发展，对资产管理定义和内容的理解也在发展。

PAS55（ISO 55001 前身）标准对资产管理给出了较为全面和完整的定义：“资产管理是一系列系统的、协调的活动和方法，相关组织通过这些活动能够优化管理其资产，并且实现资产生命周期内绩效、风险和成本综合最优，以便最终实现组织的整体战略目标”。根据该定义一方面明确了资产管理的对象，即资产生命周期、资产投入管理和资产运营管理；另一方面，强调了资产管理方法是由一系列能力和活动所组成的。这里的资产管理既不同于只关注资产设备的数量、规模和各项技术指标等生产设备管理，也不同于传统财务意义上只对资产价值进行静态记录的管理。

ISO 55001 标准提出：

（1）组织的最高管理者、员工和相关方应实施策划、控制活动（例如方针、过程或监视措施等）并监视活动，以发现机会并将风险降低至可接受的程度。

（2）资产管理包括成本、机会和风险对于预期资产绩效的影响，从而实现组织目标，且需在不同时间范围内考虑平衡。

（3）资产管理能够帮助组织检验不同水平资产及资产体系的需求和绩效，同时资产管理有助于组织运用有效的分析方法对资产生命周期不同阶段进行管理。

作为资产密集型企业，电网企业资产的主体由固定资产构成。因此，对电网企业来说，资产管理主要是对企业的固定资产所实施的一系列管理活动，即通过建立一整套针对电网固定资产的管理政策以及相应的计划、运行、监控等作业动态管理，来获取持续的社会和经济收益。

电网资产管理主要具有以下特征：

（1）电网企业资产管理目标具有多样性。电网企业有着明显的社会和经济两重属性。从电网企业的社会属性来看，电网企业是国家公用事业的重要组成部分，关系到国家能源安全和国民经济命脉，承担着极其重要的社会责任，它需要充分利用有限的企业资源为社会提供安全、经济、高效、清洁、可持续的电力供应。因此，电网企业资产运营的首要任务是通过不断提高资产运营的可靠性，确保电力供应的安全、稳定。同时，作为资产密集型企业，电网企业还需要尽可能地延长资产使用寿命、提高使用效率，以最大限度地利用企业现有资源，减少对社会资源的占用和消耗。从电网企业的经济属性来看，电网企业作为大型企业，占有大量的资产，是国民经济的重要支柱，承担着资产保值增值的经济使命。因此，电网企业运营必须关注于资产价值管理，并通过合理安排资产的初始投入及后续运营支出，有效控制资产全生命周期成本，实现电网企业投资收益和价值的最大化。

（2）电网企业资产管理对象具有复杂性。电网资产管理既包括针对单体资产的管理，也包括整体资产的管理，管理对象十分复杂。电网单体资产管理，主要是对单体资产（如变压器、断路器、电抗器等）的选型、设计、制造及安装、调试、投产、运行、报废等业务活动进行跟踪、监控和管理，确保各单体资产的高绩效运行；电网整体资产管理，是通过对若干单项资产有机组合在一起的整体资产（即资产组合），对变电站、供电线路等的规划设计、投资管理及运营绩效监控等进行综合管理，以实现整体资产价值。

（3）电网企业资产管理信息系统具有高技术性。现代电网企业资产管理，其本质也是一个系统工程管理。在技术层面有两大要求：一是要求管理决策科学化，即实施全生命周期管理，将资产全生命周期成本最优作为管理决策的重要决策依据，这就需要对设备全生命过程各个阶段进行全面测量，有效记录设备相关数据，并对设备数据进行系统、精确地分析；二是要求管理信息系统智能化，即建设能够综合管理各种信息、及时响应突发情况、具有高度可视化和智能化的系统。

（4）资产运营表现影响企业战略目标的实现。电网资产管理和运营绩效直接影响电网企业的整体运营绩效。电网企业的输配电价受政府管理部门的严格监管，电量取决于国家宏观经济发展形势，电网企业的收入根据政府监管部门监审的有效资产核定，因此，对于电网企业这种典型的资产密集型企业，控制资产运营成本，提升资产运营绩效是提升企业效益、实现企业价值最大化的有效途径。

加强电网企业的资产管理，注重价值形态的资产经营、实现资产的保值增值，有效提高资产运营绩效、降低运营成本，将直接影响到企业的整体运营与发展，以及电网企业价值最大化目标的实现。

第三节　什么是资产管理体系

一、资产管理体系概述

资产管理体系由组织内一组相互关联与相互作用的要素组成，其职能是建立资产管理政策和资产管理目标以及实现这些目标所需的过程。因此，资产管理体系的要素，包括政策、计划、业务过程和信息系统等，它们之间相互整合可有效地执行资产管理活动，这可以视为一组实现方法。

资产管理计划有助于组织在必要时将资产管理体系与多种特定的资产管理技术要求进行关联。这些特定的技术要求来自国家标准、行业标准或企业标准，用以提供战略层面的信息以及执行层面的具体要求。

二、资产管理体系的优势

价值构成依赖于组织的目标、性质、目的以及相关方的需求和期望。资产管理能够帮助组织在实现目标的同时，平衡与资产有关的成本（财务、环境和社会成本）、风险、效能（服务质量和绩效），从而实现资产的价值。

资产管理的效益包括但不限于：

（1）改进财务绩效：在保持资产价值且不偏离短期或长期组织目标的前提下，提升投资收益并降低成本。

（2）为资产投资决策提供信息：使组织能够改进决策并有效地平衡成本、风险和绩效。

（3）管理风险：降低财务损失，改进职业健康安全和声誉，将对环境和社会的不良影响降至最小。

（4）改进服务和结果：保证资产的绩效水平，进而改进服务或产品，从而持续满足或超越客户和相关方的期望。

（5）展现社会责任：提升组织在节能、减排、应对气候变化等方面的能力，展现社会责任心和诚信经营模式。

（6）体现承诺：自觉地遵守法律法规要求，并遵守资产管理的标准、政策和过程，从而展现组织的承诺。

（7）增强声望：通过提升顾客满意度及相关方意愿和信心来增强声望。

（8）确保组织的可持续性：有效地管理长短期效益、费用和绩效，能够改善组织及其运作的可持续性。

（9）提高效率和有效性：评审和改进过程、程序和资产绩效，有助于提高效率和有效性并实现组织的目标。

第四节　资产管理的发展历程

资产管理发展到当前的资产全生命周期管理阶段，是随着管理理论、生产技术和信息化水平的不断发展与创新逐步演变而来的。简单来说，是从只考虑技术角度的设备管理逐步发展演变成为考虑技术和经济综合最优的资产全生命周期管理。

一、设备管理

资产管理最初是只针对设备的管理。资产密集型企业对于设备管理的认知多从纯技术角度开始，在此阶段，设备可靠性远远多于其经济性，设备管理方式经历了早期的事后维修、预防性维修，再到生产维修，最后发展为维修预防四个阶段。

（一）事后维修

早期的设备管理，由于在技术上对设备、零部件的磨损故障发生的规律认识不足，认为设备在使用中出现故障是不可预知的，一般等设备出现故障后再去修理。只要设备能继续运转，就一直使用下去，直到损坏再停机修理，只要在设备出现故障之后能及时排除故障或予以修复就认为已经完成了管理任务，对设备管理工作的要求不高。

（二）预防性维修

随着生产自动化程度的提高，设备在生产中的地位日益重要，设备故障对生产的影响越来越大，对设备管理工作的要求也随之提高，不仅要求迅速排除故障，而且要求在设备出现故障之前能够预防，做到减少甚至消除突发性故障，使维修工作规范化。在预定的间隔期内确保设备运行的可靠性与生产的连续性，该种管理方式即为预防性维修，也称计划维修。这一阶段旨在通过计划对设备进行周期性修理，其中包括根据不同设备和不同使用周期安排的大修、中修和小修。一般情况下设备在出厂时，其维修周期基本已确定。预防性维修的优点是将潜在故障消灭在萌芽状态，可以减少非计划故障停机；

缺点是维修的经济性和设备基础保养考虑不够。由于计划固定，较少考虑设备的实际使用情况、负荷情况，因此容易产生维修不足或维修过剩的现象。

（三）生产维修

1954年美国GE公司提出预防性维修这种单纯的防患于未然的方式并非是最经济的。因为其不仅在故障检查中需要投入一定的人力、物力，而且停机本身就是一种损失，特别是大型复杂的设备检查费用通常较高。况且，如果某种设备即使发生故障也不会对生产造成较大影响，而且故障本身也不致恶性蔓延扩大，就没有必要依照计划执行费用较高的预防维修方式，于是便出现了生产维修。在该阶段后期，开始出现主动维修，即在修理时不仅仅满足于设备原技术状况的恢复，而是进一步找出产生故障的原因（材质、设计方案、机构原理等），通过技术改造加以消除，从根本上杜绝事故发生。

（四）维修预防

以往设备使用单位只是被动地接受生产厂制造出来的设备，生产厂在研制设备时主要关心的是设备成本与效率，对以后使用过程中的可维修性、运行经济性则基本不予考虑，而使用单位的设备管理是在既成事实基础上的简单管理，这种现象造成了生产厂与用户之间缺乏应有的信息交流。20世纪60年代以后，由于生产的发展，设备的成套性、联动性、自动化及技术复杂性日益提高，为了确保巨大、复杂的自动化生产系统能正常运转，需要投入大量人力、物力进行设备维修，在设备的整个使用期间维修费用的总和往往超过设备原值的3～5倍。这种现实促使人们更新维修观念，维修预防的理念就应运而生。在此阶段人们认识到设备可靠性与经济运行仅仅依靠用户维修已达不到理想的程度，如果设备在设计上存在根本性缺陷，通过用户的局部改善维修是难以消除的，也无法满足生产对管理工作提出的经济、可靠、安全要求。设备管理工作范围从早期的使用阶段扩大到设备出厂前的设计阶段。维修预防就是在设计研制阶段就考虑到以后的维修问题，提倡可靠性设计和可维修性设计，要求设备故障少、修理时间短、费用低，在使用过程中易卸、易装、易更换，其理想目标是实现免维修设计。维修预防的理念实际上已具备了资产管理后期综合管理的理念。对于使用单位而言，实行维修预防管理意味着对从工厂购买的定型设备或标准设备，使用单位负有信息反馈责任，而对于自制或专项订货的非标准设备，则是从设计、制造到整个使用阶段的全过程管理，维修预防理念的出现标志着设备管理观念的突破。

二、资产全生命周期管理

（一）资产全生命周期成本

资产全生命周期成本（Life Cycle Cost，LCC）理念主要从企业成本管理的角度来管理资产，随着企业成本管理理论的发展不断完善进步。在现代成本管理阶段，成本计算和分析方法已经十分完善，通过不断吸收信息学、运筹学、统计学等相关学科的研究成果，使成本管理向预测、决策和事前控制方面深化，拓宽成本管理研究的思路。

LCC 管理在成本管理发展的背景下应势而生，起源于资产密集型行业，如国防军工、铁路系统等。资产全生命周期成本是指资产在其预期的全生命周期内，从规划设计、物资采购、工程建设、运维检修到退役报废的全生命周期内所有费用之和。它由资产生命周期内所消耗的一切资源量化为货币值后累加而得，是一种计算发生在生命周期内的全部成本的方法。

LCC 管理经历了多年发展，逐步引入电网行业，并得到日益广泛的应用。国际上重要电力设备制造商，如 ABB、西门子等，一直在开展其产品 LCC 相关研究。20 世纪 80 年代初，我国国防和地方一些单位开始陆续进行生命周期费用的研究和应用，取得了可喜的成绩。1987 年，中国设备管理协会借鉴国外经验成立了设备生命周期成本委员会，推广应用 LCC 管理，在资产设备管理方面产生了巨大效益。我国电网企业，也引入了 LCC 理念，建立了各种 LCC 管理制度，开展了相关技术开发研究工作，并实施 LCC 管理。

（二）资产全生命周期管理

在 LCC 管理蓬勃发展的基础上，资产全生命周期管理应运而生。资产全生命周期管理旨在解决降低资产全生命周期成本与提高资产可用能力之间的矛盾，围绕降低资产的全生命周期成本，以增强资产密集型企业核心竞争能力为目标，降低维护与检修成本，探讨运用信息技术提高资产的运行可靠性与使用价值，整体提升企业的管理水平与人员素质。资产全生命周期管理的理念在电力企业的应用目前处于发展阶段，在其他行业也得到了一定的应用推行。同时，实践证明这一管理理念的推行，为企业节约了大量成本，提高了资产可用能力，提升了企业经济效益。

资产全生命周期管理是从规划计划、物资采购与供应、工程建设、运维检修直至退役报废整个生命周期的管理。实施高绩效的资产全生命周期管理，就是通过全方位提升资产运营理念，完善资产管理制度和评价标准，形成较为完整的资产全生命周期管理体系。资产全生命周期管理是一个全新的管理理念，需要横跨规划设计、物资采购、工程建设、生产运维、财务等部门，需要电网企业成立专门的责任部门，统管整个资产管理；需要遵循资产全生命周期理念，实行流程优化和再造；需要建立相应资产评估和考核制度，提高资产管理的可控性。

资产全生命周期管理理念的实践基础主要由以下关键要素支撑：

（1）全生命成本管理实践与全生命周期成本分析理论的发展。全生命周期成本是进行资产全生命周期管理理论的重要指标，全生命周期成本是实施资产全生命周期管理的核心基础。

（2）持续改进与全生产管理、学习型组织与知识管理等管理理论的形成和发展。持续改进与全生产管理理论的提出，打破了传统资产管理中静态、事后处理模式，引入了可持续改进动态计划的先进管理理念，扩展了传统资产管理的范畴和模式，促使资产全生命周期管理理念的形成。学习型组织、知识管理理论的发展则为资产全生命周期管理理论应用于实践提供了理论基础，并促使其发展成型。

（3）设备管理发展的理念支撑。20 世纪 80 年代初，现代企业进入设备综合管理阶段。现代设备管理的目标是要求设备具有较高的有效度和较高的可靠性及安全性、较高的产品质量以及生产环保和效益。为达到上述目标，现代设备管理的内容包括状态监测维修、可靠性设计和维修性设计、故障原因及影响分析、专家系统、计算机辅助系统。在资产密集型企业中，资产设备的维护运行费用通常占整个资产全生命周期成本较大比重。因此，如何更好地进行资产设备的管理，关系着企业整体经济效益的提升，资产设备维护理论的发展为资产全生命周期管理目标的实现提供了理论指导和实施支持，同时，增强了资产全生命周期管理理论的可操作性。

（4）数字化技术在企业管理中的应用。随着云大物移智、数字化、智能化等技术的发展，对提升资产效益和效率提供了有力的支撑，企业能够比较容易地建立起立体的企业资产数据库，进而为实施资产全生命周期管理打下基础。通信技术的发展压缩了管理层次，使得跨不同区域的大企业能够在企业内部实现信息的有效传递和共享，为企业实现资产全生命周期管理和优化提供技术支持。

CHAPTER 2

第二章 ISO 55000 资产管理标准

第一节 标 准 概 述

20 世纪 80 年代，英国电网面临大规模设备老化高峰的来临，为制定更换计划，英国 EA 公司建立了“基于状态评估的风险管理体系（Condition Based Risk Management，CBRM）”。现在该体系已广泛应用于英国的电力公司以及澳大利亚等欧美国家的电力公司。目前 EA 公司还与许多国家的电力部门、研究机构等进行合作，不断修正该体系。CBRM 是一个连续利用资产信息的管理信息系统，目的是使工程信息和经验可直接用于各个业务领域，以经济有效的手段完成业务目标，这也正是英国 PAS 55 资产管理标准定义的“资产管理”的核心。

20 世纪末，鉴于欧洲的一些资产密集型企业和组织对资产管理标准的实际需要和缺乏相应标准的现实情况，第一版“公共可用规范（Publicly Available Specification）” PAS 55 由英国资产管理研究院（Institute of Asset Management，IAM）和英国标准协会（British Standards Institution，BSI）制定，并于 2004 年首次发布，旨在指导有形实物资产的管理优化和可持续发展。在增加大量实践后，PAS 55 重新修订并于 2008 年再次发布，它包括从全生命策略到日常维修管理最佳实践的 28 个方面，企业可结合自身现状，识别与最佳实践的差距，分析原因，提出解决方案，实现组织在资产管理方面的持续改进。

2009 年 7 月下旬，英国标准协会向 ISO 提交了成立 ISO 项目委员会的申请，并以 PAS 55 作为基础，提出了 ISO 资产管理国际标准的提案。2010 年 6 月，伦敦预备会议之后，启动了 ISO 55000 系列标准的制定工作。经过三年多的努力，在包括中国在内的 29 个国家的共同参与下，该标准于 2014 年 1 月 15 日正式发布实施，即：ISO 55000《资产管理综述、原则和术语》、ISO 55001《资产管理管理体系要求》、ISO 55002《资产管理管理体系 ISO 55001 应用指南》。

第二节 标 准 主 要 内 容

管理体系可以视为是组织管理制度的总称，是为实现组织的目标，把若干个不同的管理要素，通过一定的方式方法，将其整合在一个架构下运行的管理体系。ISO 55000 系列资产管理标准旨在管理实物资产，但也可用于管理其他类型的资产，如无形资产管理，但管理体系标准不规定财务、会计或技术方面针对特定类型资产的要求。

ISO 55000 系列资产管理标准的主要应用对象包括以下方面：

（1）资产管理体系的创建、实施、保持和改进过程所涉及的个人或群体。

（2）实施资产管理活动所涉及的个人、群体与服务供应商。

（3）评估组织是否满足法律、法规与合同要求，以及组织自身要求的内外部机构。

通过资产管理体系的实施，组织将从以下方面获益：

（1）改善财务绩效：在保持资产价值且不偏离短期或长期组织目标的前提下，提升投资收益并降低成本。

（2）为资产投资决策提供信息，有助于组织改善决策并有效地平衡成本、风险和绩效。

（3）管理风险：降低财务损失，将对环境和社会的不良影响降至最小。

（4）改善服务和绩效：保证资产的绩效水平进而改善服务或产品，从而持续满足或超越客户和相关方的期望。

与 ISO 质量管理体系、环境管理体系、风险管理体系标准相似，资产管理体系包括 3 项标准，即 ISO 55000《资产管理综述、原则和术语》、ISO 55001《资产管理管理体系要求》、ISO 55002《资产管理管理体系 ISO 55001 应用指南》。

ISO 55000 明确了资产管理和资产管理体系综述，阐明资产管理和资产管理体系使组织获益，同时明确了资产管理体系与资产管理的关系，并从价值、统一性、领导力、保证等方面明确资产管理活动的基础，对资产管理和资产管理体系进行了概述，同时提供了 ISO 55001 和 ISO 55002 的应用环境。标准提出了资产管理体系要求的 7 项要素，即组织环境、领导力、策划、支持、运行、绩效评价、改进，并对 7 项要素的内涵逐一给出解释。标准阐述了整合的管理体系方法，即组织将资产管理体系要素与质量、环境、健康、安全与风险管理等其他的管理体系相结合，以缩短组织实施新管理体系的时间、降低费用和风险，并改进多管理体系整合和跨职能协作。在术语部分，标准给出了通用术语 23 个、与资产有关的术语 7 个、与资产管理有关的术语 6 个、与资产管理体系有关的术语 3 个，共计 39 个术语，包括了全部系列标准中使用的术语。

ISO 55001 给出了资产管理体系在组织环境下的要求。标准给出的资产管理体系 7 项要素主要包含的内容如下：

（1）组织环境：包含理解组织及其环境、理解相关方的需求与期望、确定资产管理体系的范围、资产管理体系的建立、实施、保持和持续改进等相关内容。

（2）领导力：包含领导力与承诺、资产管理政策的建立、组织的角色、职责与权限等相关内容。

（3）策划：包含资产管理体系中应对风险与机遇的措施、资产管理目标和实现目标的策划等相关内容。

（4）支持：包含资源、能力、意识、沟通、信息要求、文件化信息等方面的支持等相关内容。

（5）运行：包含组织对管理体系运行的策划与控制、变更管理、资产管理外包等相关内容。

（6）绩效评价：包含监视、测量、分析与评价、内部审核、管理评审等相关内容。

（7）改进：包含不符合和纠正措施、预防措施、持续改进等相关内容。

ISO 55002 标准提供应用指南的对象包括资产管理体系的创建、实施、维护和改进过程所涉及的个人或群体，也包括实施资产管理活动所涉及的个人、群体与服务供应商。资产体系包括组织建立资产管理政策和目标，以及实现这些目标所必需的相互关联或相互作用的一组要素。针对 ISO 55001 在组织环境、领导力、策划、支持、运行、绩效评价、改进等要素方面提出的要求，给出了与各项要求对应的解释说明，以便于组织通过多种途径和方式，在科学、有效、全面地指导下实施资产管理体系。通过建立具有较强约束力的资产管理体系，使组织各项资产管理活动以及影响资产管理结果的全部因素都处于受控状态，并通过对资产管理体系进行有计划的审核与评审，使体系持续改进，确保组织实现预期目标，让组织在资产管理方面满足各相关方的需求和期望。

第三节 标准应用情况

ISO 55000 系列资产管理标准至今已在全球多个政府及监管机构，国家及区域的电力、煤气、水务、港口、铁路等众多企业进行了应用并取得了显著效果。与 PAS 55 相比，ISO 55000 系列标准则在国际层面达成了共识。目前，全球多个区域的组织已经通过 ISO 55001 认证。在中国，香港中华电力公司、蒙牛公司、华为公司等企业在深入研究 ISO 55000 系列标准的基础上，将其先进管理思想和要求融入到企业资产全生命周期管理体系建设中。

一、荷兰 Alliander 公司

荷兰 Alliander 公司是荷兰最大并且首家通过 ISO 55001 认证的荷兰电网及燃气公司，2011 年营业额超过 16 亿欧元，拥有员工 6000 名，主要面临资产老龄化和智能电网投入持续增加的双重压力。从 2010 年开始，Alliander 公司按照 PAS 55 标准设计、实施了资产管理体系，从组织建设、基础管理、技术方法和决策模型等方面开展工作，梳理改进业务流程，强化业务协同，落实岗位职责，提升了基础管理水平和资产管理绩效。ISO 55001 发布后，Alliander 公司按照新的标准完善其资产管理体系，通过基于风险的规划建设和运维管理，优化了管理运营成本，确保了资产管理活动的合规性，避免了可能面临的经营业绩下滑、高额罚款等问题，树立了良好的企业形象。在财务和风险管理等方面，优化了投资风险、经营绩效和运营成本，基于风险管理优化了资本性支出

和成本性支出预算，避免了因高风险带来的高成本。同时，通过 ISO 55001 管理体系认证，向政府证明了其拥有成熟的先进资产管理体系，可以保证电力和燃气网络的安全、质量和效率。

二、 丹麦 DONG Energy 公司

该公司主营业务是电力和天然气供应，服务客户超过 100 万，主要面临资产老龄化日趋严重、设备维修工作越来越重、企业运营压力大等问题，需要在保持能源持续供应的基础上，有效降低资本性支出和运营成本。该公司将资产管理作为其 2020 年四大核心战略之一，对照 PAS 55 和 ISO 55001 资产管理要求，深入分析了管理差距和不足，将资产管理理念全面融入企业管理中，优化安全、质量、效能管理策略，明确了亟需开展 7 项关键业务活动，制定了资产管理实施 2020 年路线图，支撑实现 2020 年企业资产管理目标。

三、 加拿大 Hydro One 公司

加拿大 Hydro One 公司主营业务是高压输电网运营管理，业务范围覆盖安大略省 97%的高压输电线路，服务全省 130 万客户，包括 3 万千米的高压输电网和 13 万千米的低压配电网。当地政府高度重视输配电网投资监管，要求提供相关信息和数据，支持监管机构掌握相关情况。为满足政府监管要求，Hydro One 公司引入 PAS 55 和 ISO 55000 系列标准管理理念，梳理业务流程，分析资产绩效和资产管理需求，基于优先级排序制定资产管理计划，综合考虑经济社会发展、关键客户需求、风险及相关信息等因素扩展资产分析方法和手段。通过加强资产管理，规范了资产管理业务流程，降低了运营成本和资产风险，提升了资产数据收集和资产管理绩效分析能力。

四、 香港中华电力有限公司

香港中华电力从 1998 年开始，组建输电及供电业务部，成立资产管理部，建立策略资产管理体系。历经十年持续改进，基于资产策略最佳实践，优化资产策略及业务流程，推广新技术，提升资产运维效率，建立覆盖资产全生命周期各项业务的信息系统，在优化存量资产和增量资产配置、提升供电可靠性、降低供电成本方面取得显著成效。2006 年，香港中华电力输电及供电业务部对照 PAS 55 资产管理标准，制定改善计划，从2007 年第一次取得 PAS 55：2004 认证起，每隔 3 年均完成一次 PAS 55 标准认证，2014 年 ISO 55000 系列标准发布后，中电于 2015 年 10 月首次荣获 ISO 55001：2014 认证。

五、 华为技术有限公司

华为技术有限公司从 2016 年引入 ISO 55001 资产管理标准，用以优化其行政类资产管理能力，以“减少挂账、提升员工体验、优化资产结构、支撑行政业务发展”为主要目标，通过内部流程优化、问题识别与分析，实现了提高一线资产管理能力，提升资产使用效率，减少资产挂账，优化资产结构等效益，确保资产安全和账实一致，并于 2017 年通过了 ISO 55001 标准认证。

六、 内蒙古蒙牛乳业（集团）股份有限公司

内蒙古蒙牛乳业（集团）股份有限公司从 2013 年开始引入资产管理体系，用以指导蒙牛卓越运营 MNWCO 资产管理方面的工作，按照 PAS55 指导和开展资产管理工作，以试点带动全公司。2014 年国际资产管理体系 ISO 55000 发布后，资产管理的工作方式逐渐从 PAS 55 转向 ISO 55000。蒙牛乳业的资产管理从资产的选型、购置、安装、调试、运营、维护和报废处置等资产的全生命周期管理入手，以资产创造价值最大化即资产综合效率 OEE 最大化为目标，从资产拨备、资产运营、资产维护三个维度，辅之以安全、健康和环保节能减排，降低能耗入手管理公司的生产线有形资产。经过不懈的努力，形成了资产管理的良好实践，2015 年，先期开展资产管理的两个工厂通过了 ISO 55001 审核，取得了资产管理认证。

CHAPTER 3

第三章 电网企业资产管理工作现状

第一节 国际电网企业管理情况

面临日趋复杂的经营环境，全球知名电网企业纷纷引入先进的资产管理理念和方法，以实现经济、安全和稳定的电网资产运行，同时满足多方利益相关者要求，促成企业的持续健康发展。

下面以英国国家电网公司、新加坡新能源、加拿大 BC HyDro 公司、香港中华电力公司等国际知名电力公司为例，简要介绍国外电网企业资产管理的先进经验。

一、 英国国家电网公司

英国国家电网公司（National Grid，NG）是世界上最大的电网公司之一，其拥有并负责运营管理整个英国的绝大部分输电网络。随着管理和运营压力的逐步增大，为了保持其在国际上的领先地位和业绩持续快速的增长，该公司充分认识到，有必要将资产全生命周期管理理念应用于公司资产管理领域内的核心业务，包括投资管理、信息管理、作业管理、风险管理、信息系统架构评估与分析等。

为了实现对资产整个寿命周期的全过程管理，英国国家电网公司在组织机构上尽量以扁平化、专业化为特点。输电事业部作为英国国家电网公司电网资产管理的主体，在决策和执行上职责分工清晰，提高了反应速度和决策质量，其组织机构设置有以下特点：

通过扁平化提高组织运作效率和沟通质量。英国国家电网公司输电事业部负责资产管理的四大关键决策部门作为决策层集中在总部，作为执行层的 11 个变电站区域分部和 13 个架空线区域分部，直接对总部相应部门负责，充分体现了扁平化。

专业化管理分工明确，职能交叉少。决策部门（管理决策和技术决策）与操作执行部门（具体工作）之间权责分明。

区域化的现场管理模式提高了资产管理的质量和效率，使得工作计划与现场工作紧密联系。现场管理模式增加员工对资产的主人翁意识，对与现场作业中主业关系不大的支持性工作全部集中管理，在受控的范围内对现场工作团队进行授权，加快决策过程。

英国国家电网公司实施资产全生命周期管理显著特点是引入了一系列先进的管理工具。

在资产管理方面，引入了符合公司实际的评定投资优先级的方法、流程和工具。在进行投资决策时，能够在一种或多种投资类型中进行优先级排序。

在状态与风险管理方面，实施了一套综合性的动态风险评估工具，以实现在不同投资策略和限制因素的条件下，对资产状态和故障概率的分析和影响进行模拟。该工具可将资产（包括架空线路、电缆、变压器、断路器等）按照可靠性和重要性的等级，分为50个不同的类别，再通过建模系统计算出它们的趋势曲线和分布曲线，进而形成量化的结果和相应的策略。

在信息管理方面，开发了资产信息管理共享平台，在保证基础信息准确性的基础上，将项目管理、运维管理、后勤管理等业务进行无缝连接。通过整合，使信息管理应用领域普及到移动应用、财务、人力资源、时间和劳力、物料、停电、检修管理等方面，完善了信息资源在整个公司层面的可用性，提高了网络分析及追踪能力，实现了集成的数据存储，通过标准报表向公司各层级的管理人员提供生产经营的实时数据，并为决策工具提供基础数据。

在资产全生命周期管理理念的指导下，英国国家电网公司在保持原有服务水平的基础上大幅度节约了资源，提高了现场生产效率和资源利用率，使得工作更为高效，改善了现金回收率，实现了资金投入的更高价值。

二、 新加坡新能源电网公司

新能源电网公司是新加坡淡马锡控股有限公司下属公司，在电网规划与战略部门下设资产管理机构，负责统筹资产职能管理。新能源电网公司围绕双轮驱动价值链（见图3－1），在宏观层面，以资源效益最大化，微观层面，以执行效率最大化为原则，设计企业的资产管理模式及策略。通过构建合适的组织架构、运作流程、技术工具，支撑企业的资产管理。

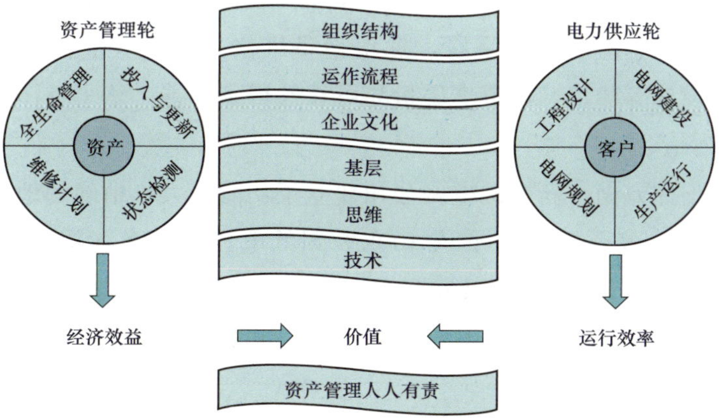

图3－1 新能源电网公司双轮驱动价值链

新能源电网公司在其企业营运过程中（包括电网规划、建设、设备运维过程中），资产管理理念始终贯穿其中。

在电网规划方面，新能源电网公司根据经济形势和电网发展需求，提前与政府共同开展5～10年的中长期电网规划，并纳入政府的城市发展规划当中，轻易不作变更。编制电网规划时，基于电网安全及可靠性进行分级规划，兼顾经济效益，提早预测并预留空间以应付未来负荷增长和经济发展，同时，变电站用地、选址以节约及与环境相协调为原则。其电网规划一经政府审定，可得到严格执行，有利于企业综合平衡短期及中长期发展。在设备采购方面，采用公开招投标方式进行设备采购，在采购时，考虑设备全生命周期所需费用，并在拟订采购标的时，充分考虑将来负荷增长等因素，预留充裕容量，避免经济发展导致的扩容而发生提早报废。新能源电网公司尽量采购单一规格、型号的设备，如统一采用300mm^{2}截面的配电电缆。这样，可以降低企业库存的配电备品备件，节约存货，而设备的运维检修也相对简便。

在电网建设方面，建立了完善的项目外包机制，采用单一承包商负全责的方式，方便追究责任。通过严格的合同条款和经济手段，对承建商在项目建设过程中施工质量、安全等方面提出要求，对交付成果在验收前即提前进行状态检测以确保交付质量。同时，对施工人员实行发证制度，确保其施工知识并监管、规范其施工行为，即只能由经新能源电网公司考核合格的持证人士对电网项目进行建设或维修，最大程度地保证了项目管理过程的安全规范和项目建设质量。

在运维检修方面，新能源电网公司的供电可靠性指标处于国际领先水平，而大力推进状态监测技术是新加坡新能源公司提高供电可靠性与供电质量、实现资产价值最大化的主要策略，将状态监测与状态维护作为资产管理的两大支柱，提升到战略高度，形成了一整套管理体系。主要采用先进的检测手段和技术（超声波、振荡波、红外热像、带电局放等），监测（人工或在线）输变电设备的泄漏电流、温度、压力、油中溶气、气体质量等状态，经光纤网络等方式实现数据传输，运用数据管理专家系统进行诊断分析。通过在线技术状态监测这一手段，提出设备维修、更换（重新采购）、检讨检测、维护措施、检讨设计等建议，使资产质量与可靠性得到改善，整个资产管理流程实现闭环管理。

在信息系统支撑方面，新能源电网公司建立了功能强大、精确的地理信息系统，以此管理其实物资产。该系统覆盖了从400kV到低电压的设备，提供一个综合的信息（土地信息、电网设备信息、线路及路径信息）以及网络设备的地理位置（精确到米）和设备连接信息，使电网实物资产状况一目了然，并成功地支持了电网规划、工程建设和生产维护工作。

新能源电网公司在其资产管理各个环节中，无不渗透着资产全生命周期的理念和文化。如上所述，设备采购考虑设备全生命周期费用、通过状态检测一方面确保设备状态提高供电可靠性，另一方面通过发现的问题指导电网设计、建设、设备采购、日常维修等。其中最突出体现员工资产管理责任心的一点，是管理实物资产的生产管理系统与管理资产价值的财务管理系统并不靠接口实现联动，而是通过员工自觉、及时在两个系统同时更新，实现账卡物一致。由此可见，资产管理文化在新能源电网公司深入人心，已化作日常行动。

三、 加拿大 BC HyDro 公司

BC HyDro 公司是加拿大最大的电网公司之一，为不列颠哥伦比亚省人口 94%以上的地区超过 160 万用户提供服务，拥有 18300 千米输电线路和 54617 千米配电线路。

BC Hydro 资产管理方法归纳为“一个资产，一个视图，一个系统”。

一个资产有一个视图，视图采用自上向下方法，不孤立分析资产，系统分析与资产分析紧密联系，所有资产经理和商业管理都集中在同一个方向。

一个资产、一个视图通过一个系统形成，并在系统中实现分析，该系统为商业分析软件（BAT）。系统业务分析的目标是提供资产管理者决策支持信息，实现历史、当前和未来资产管理业务规则、假设和实践。该 BAT 系统可按照模板自动形成报告，提升了资产管理效能。资产管理部门每个季度通过系统形成、发布一次报告，每年形成、发布总结报告，以便公司资产管理人员充分掌握资产健康状态及投资模式。

BC HyDro 公司通过实施企业级资产管理信息系统，全面提升了公司对资产的管理深度和广度，从而取得了令人瞩目的成效。该公司经过缜密的分析，认为必须在具有最大收益机会的领域（即发电领域）实施企业级资产管理信息系统，并考虑将流程、组织架构和信息系统紧密结合起来。该公司资产信息系统的特点是各模块高度集成，将设备管理与财务管理、物资管理、规划管理等其他业务衔接起来，并对资产记录进行更好的控制，以更有效地管理设备的运行维护工作。具体而言，该公司实施了最佳组合的 Indus Passport 解决方案，此方案综合了 BC HyDro 公司的 PeopleSoft 财务方案和其他发电企业管理方案，把真实的商业驱动或机会成本驱动的想法和建议运用到电力设备和运行维护过程中，如根据电力市场价格计划断供期等。

BC HyDro 公司实施资产全生命周期管理系统后取得了不俗的成效。首先，发电量的利用程度增加，能源的销售从低价时段转向高价时段，在具有市场收益机会时重新修订运行维护计划；其次，热能产量增加，当市场上热能销售价格大大高于天然气价格时，增加热能产量，产量增长会超出最初计划；再次，在用电高峰期，水力发电量可超出正常发电能量，由于具备了实时的资产管理能力，可以密切监控设备，进而在操作时能实时跟进；最后，通过更有力的资产管理和操作信息管理，有效减少了设备维护支出的费用。

四、 香港中华电力有限公司

中华电力公司（简称中电）是香港最大的电力公司，设有发电业务部、输电及供电

业务部、市场及客户服务部三大事业部。其中，电网管理主要由输电及供电业务部负责，为更有效地应付各种挑战，1998 年进行改革，设立资产管理部，将资产投资决策、电网规划、采购、资产运筹、绩效管理等资产全生命周期各环节“想的人”集中，有利于资产全生命周期统筹管理和决策。

1. 资产管理体系（AMS）

中电建立了一套完整的综合管理体系（IMS）用来管理输电及供电业务部的电网资产，明确资产管理流程的整体框架。中电输电及供电业务部于 2010 年设立资产管理体系（AMS），并将其纳入综合管理体系框架内。中电的资产管理体系符合最新国际标准，并获得 PAS 55：2008 和最新的 ISO 55000 认证。资产管理体系（AMS）并不是一个独立的体系，它依赖于综合管理体系（IMS）下的各种“工具”去履行其系统目标。

2. 资产管理策略

中电输电及供电业务部在以下业务领域制定了相关的资产管理策略，具体如下：

（1）电网发展。采取合适行动去增加电网容量，翻新或更换设备，以达到满足用电增长、提高电网的可用性及可靠性的需求。为客户提供增值服务，减低、消除电力系统故障引发的各种风险。

（2）全生命周期成本管理。对资产的规划设计、物资采购、工程建设、维护运营、检修更新直至退役报废这一全生命周期进行综合管理。强调有效管理及监控开支，优化资产在各生命周期的资源运用。

（3）风险管理。建立一个能有效识别、确认、评估、检讨、管理及控制各种风险的管理系统。

（4）资产投资方案优选。建立并实施一个能有效运用资源和确保公司利益的资产投资方案优选策略，并通过信息系统予以固化和实施。

（5）绿色运作。以具成本效益及环保的运作模式维持高度可靠及安全的电网，积极响应客户的要求及气候变化的挑战。

（6）智能电网发展。发展智能电网加强输配电网的成本效益。包括延长输配电设备的可用寿命及提升效能、快速复电、促进能源效益及与可再生能源结合等。

第二节　国内电网企业资产全生命周期管理情况

一、中国国家电网有限公司

国家电网有限公司（简称国网公司）资产全生命周期管理实行公司总部统一领导下的分级负责制，国网公司资产全生命周期管理推进领导小组和各级单位资产全生命周期管理委员会，负责统一组织和领导国网公司总部及各级单位资产全生命周期管理工作的开展。2012 年，国网公司基于 PAS 55 系列标准，制定了国网公司层面的《资产全寿命周期管理体系规范》，并于 2015 年根据 ISO 55000 系列标准进行了修订，统一了国网公司系统内资产管理体系的技术标准。2014 年、2017 年国网公司分别编制了《资产全寿命周期管理评价办法》《资产全寿命周期管理规定》两项通用制度，编制了 28 项资产管理策略（包含资产管理总体策略 1 份、资产全生命周期策略 15 份、职能策略 11 份、电网发展策略 1 份），对各层级相关部门在资产全生命周期管理工作中职责、要求进行统一，以及相关的业务流程，形成了完备的资产全生命周期管理制度体系。

国网公司借鉴国际通行的管理体系审核方法及判定原则，提出基于“一个框架、两条主线、三个重点、四个模型”的资产全寿命周期管理综合评价方法，构建了系统先进、覆盖全面的评价方法体系。其中，“一个框架”是指资产管理体系框架，“两条主线”是指资产实物主线和资产管理活动主线，“三个重点”是指管理要素评价、关键业务评价和管理成效评价，“四个模型”是指体系成熟度评价模型、管理要素评价模型、关键业务评价模型以及管理成效评价模型，依据资产管理评价框架，将评价对象设置为萌芽型、成长型、成熟型、领先型、卓越型 5 个成熟度等级进行量化评价。通过制定建设指南和实施导则，指导国网公司各层级资产全生命周期体系的建设和实施工作。下面简单介绍国网上海电力公司资产管理工作情况。

国网上海电力公司是首批资产全生命周期管理建设试点之一。2002 年启动资产全寿命周期管理试点工作，2003 年起重点开展了五项工作。一是采用资产全寿命周期评价方法开展电网规划方案比选，分别选择上海 500kV 电网和典型设计规划方案，开展方案研究比对试点应用。二是开展“资产墙”研究，应用“资产墙”评价模型，根据 ERP 系统 170 余万条资产卡片信息，形成 14 大类资产的现状“资产墙”，并通过使用寿命等不同条件，提前识别资产管理风险。三是开展 LCC 采购试点，开展了 500kV 主变压器等设备 LCC 采购试点，积累了丰富的经验。四是开展技改辅助决策系统建设，完成技改项目的技术、经济综合评价模型研究和业务流程需求分析并开发相关系统。五是开展实物资产退役处置再利用，依据设备退役处置导则，结合业务实际，从制度、流程、管理等各方面规范了退役设备再利用管理工作。总体而言，上海电力公司资产管理体系建设实现了系统化、标准化和精益化，经营效益得到持续提升。

二、 中国南方电网有限公司

中国南方电网有限公司（简称南网公司）将资产全生命期管理作为三大经营理念之一，成立了资产全生命周期管理委员会，通过“九步法”分三个阶段构建了独具特色的资产管理体系。第一阶段主要参照 PAS 55 构建相关的策略、管理导则、管理体系及手册、业务蓝图、完成资产管理系统一期建设等。第二阶段为重点深化，实现价值的观念在资产全寿命周期中得到体现，重点开展了账卡物清理、全生命周期成本分摊等关键问题攻关。第三阶段为持续完善，综合绩效最优，将全面实行风险、成本、绩效的管理，同时，逐步向 ISO 55000 系列标准过渡、接轨。南网公司在资产管理工作的推进中，重点以广东电网公司（含广州供电局）、深圳供电局等分子公司为试点单位，在资产管理体系建设方面开展探索与实践。

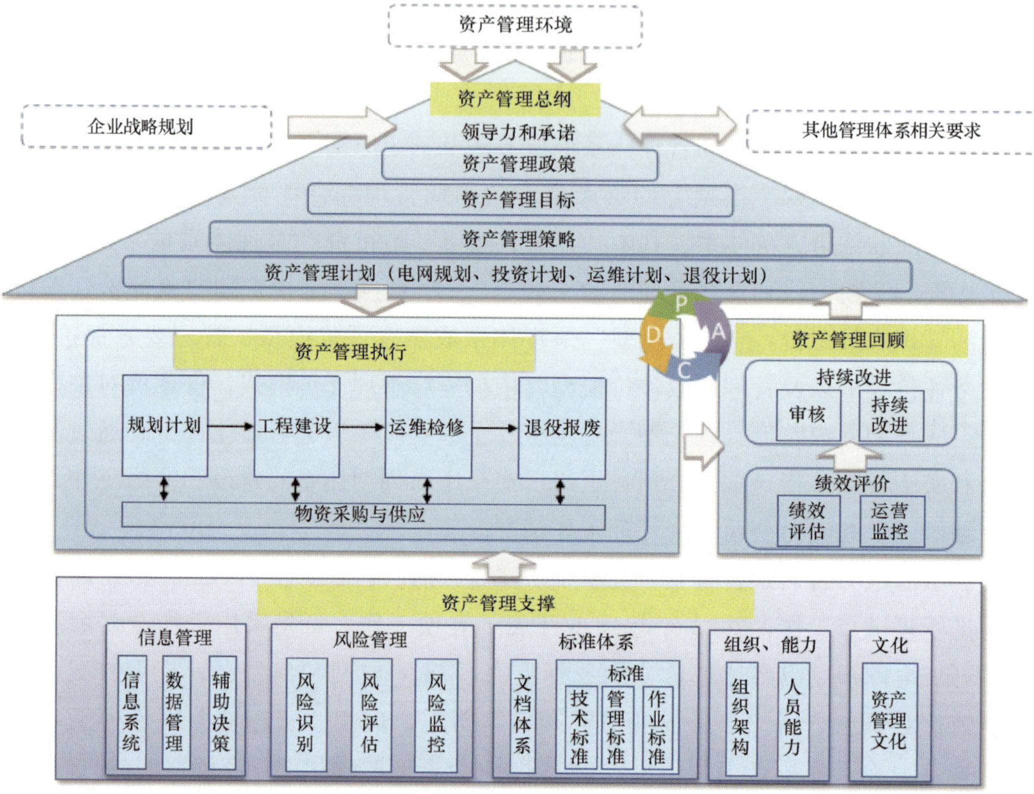

图 3-2　深圳供电局资产管理体系

深圳供电局有限公司（简称深圳局）成立于 1979 年，2012 年初成为南方电网公司直接管理的全资子公司，2019 年最高负荷 1910 万 kW，是目前国内供电负荷前五的超大型城市电网，资产规模超 600 亿元。深圳局自成立至 2007 年期间，主要以传统设备技术管理为主，从 2007 年开始引入资产管理理念。其中，2007～2011 年为第一阶段，这五年中，通过与新加坡新能源公司等企业对标交流，开展了主网资产清查，启动资产管理系统建设等工作，对资产管理工作进行了探索和初步实践。

2012～2017 年为第二阶段，这五年中，开展接轨国际领先企业专项工作，成立资产全生命周期管理委员会，通过定体系、打基础、研工具、建支撑等工作，推进资产管理各项工作逐步开展。通过借鉴国际先进经验，按照 PAS55 标准，自主摸索构建并实施本地化的策略型资产管理体系，梳理优化了资产管理业务与流程，开展了主变压器

LCC 采购等实践，初步提升了资产管理绩效，稳步提升资产管理能力。

2017 年 9 月，按照国企改革先行先试的要求，深圳供电局在南方电网公司的总体部署下，成立了国内电网企业首家实体运作的资产管理部，整合了规划、采购、运维、退役环节的职能，通过引入具有核心竞争力的 ISO 55000 系列标准，实现了一系列资产管理自主变革，进一步完善了资产管理职能。按照“投资有所值，资产尽其用，风险受监控，绩效获提升，管理求卓越”的资产管理策略，开展了采购质量提升等 15 项专项工作，优化资产管理系统，提升信息化水平，逐步构建起一套符合企业实际，体现精益理念和高质量发展的资产管理体系。2018 年 12 月，深圳供电局成为第一家获得国际标准化组织 ISO 55000 资产管理体系认证的国内电网企业。

本　章　小　结

对比国内外各电网企业的资产管理，均是按照 ISO 55000 国际标准构建了各具特色的资产管理体系，围绕“风险、效能、成本综合最优”为目标，推进资产全生命周期管理，并取得了明显的成效。总结国内外领先企业的资产管理工作，主要有以下特点。一是组建具有“强管控”职能的资产管理部门，持之以恒培育资产管理文化，通过明确的资产管理责任主体系统推进各项工作，比如香港中电等。二是注重构建符合国际标准的资产管理体系，以体系建设为统领，构建 LCC、风险评估、资产墙等有效的管理模型及工具，系统推进规划、投资、采购、建设、运维、退役各业务环节高效协同。三是以关键绩效为抓手，持续改善管理，追求效益最大化，比如，香港中电、新能源在满足政府监管及企业发展的同时，确保了可靠性达到世界顶尖水平，平均意外停电时间小于 5min/户；四是注重信息系统的建设及数据质量，通过构建符合管理实际的资产管理系统，强化数据分析，提升科学决策能力和管理效率。

PART 2

第二部分

电网企业资产管理体系建设

CHAPTER 4

第四章 电网企业资产管理体系建设总体规划及实施路径

第一节 工 作 背 景

电网企业是国家公用事业的重要组成部分，是国民经济发展的重要基础产业之一。因此，电网资产既具有一般企业资产所共有的本质与特性，即体现为企业的一种资源，具有增值要求和盈利本质，同时，电网资产也是国家战略资源的重要组成部分，对其运行的安全性、稳定性和可靠性有着极其严格的特殊要求。

一、 电网企业资产管理要求

总体而言，电网企业资产管理应确保满足以下四个方面的要求。

（一） 确保电网安全稳定运行， 满足负荷增长的需求

电力是现代社会运行的基础，是重要的终端能耗载体，与国民经济运行关系密切。历史上，我国电网建设相对滞后，且存在输电线路建设较为困难、供电网络结构不尽合理、电网运行管理自动化水平不高、电网运行稳定性和供电灵活性不强、供电可靠性不高等问题，难以满足经济快速发展对电力的需求。因此，电网企业资产管理的首要目标是满足负荷增长的需要，不发生大面积停电事故和事件，保障国民经济健康发展。

（二） 提升管理效率， 实现资产保值增值

随着我国经济发展进入新常态，经济结构不断优化升级，经济发展从要素驱动、投资驱动转向创新驱动，整体经济增速从高速增长转为中高速增长，带来的主要影响是电力消费结构继续优化，售电增速整体下滑。电网企业资产管理也需逐步从规模速度型粗放管理模式转向质量效率型集约管理模式，降低电网运营成本、提高电网资产的投资回报，满足国有资产保值增值和 EVA 考核的要求，是电网企业资产管理的重要目标。

（三） 提高供电可靠性， 提升客户满意度

随着供电可靠性水平逐年提高，客户对供电安全、稳定、可靠和电力服务的多样化、个性化均提出了更高要求。为满足客户日益增长的高质量用电需求，电网企业需要努力减少停电时间，提高客户满意度，提供更加可靠、优质的供电服务，支持经济社会的高质量发展。

（四）实现环保低碳，履行社会责任

我国能源安全、电力供应、环境污染以及温室气体排放等问题十分突出，从长期看，以化石能源为主的传统能源发展方式难以为继，必须走清洁低碳发展之路。实施“两个替代”，在能源开发上实施清洁替代，以水能、太阳能、风能等清洁能源替代化石能源；在能源消费上实施电能替代，提高电能在终端能源消费中的比重。电网企业应注重低碳发展和绿色环保，推行节能低碳电力调度，增加清洁能源利用效率，推广节能型设备，打造服务经济社会发展的绿色平台，在低碳发展中体现企业的社会责任，树立良好的企业形象。

二、电网企业面临的改革发展形势

（一）电力体制改革

我国的电力体制改革从 1985 年至今大致历经四个阶段：

(1) 1985 年之前政企合一国家垄断阶段，这一时期的突出矛盾是体制性问题造成电力供应严重短缺。

(2) 1985～1997 年，为了解决电力供应严重短缺的问题，发电市场部分开放以鼓励社会投资，政企合一和垂直一体化垄断问题突出。

(3) 1997～2000 年，解决政企合一问题成为改革核心，国家电力公司应运而生，政府的行业管理职能变更至经济综合部门（经贸委），垂直一体化垄断成为下一阶段的主要矛盾。

(4) 2002 年 4 月 12 日，国务院下发《电力体制改革方案》（“5 号文”），成为电改的一个标志。该电改方案的四个核心要素是：厂网分离、主辅分离、输配分离、竞价上网。随后按“厂网分开”原则，将原国家电力公司拆分为五大集团、四大辅业以及两大电网，厂网分离与主辅分离得以实现。

2003 年 7 月，发改委出台《电价改革方案》，电价划分为上网电价、输配电价、销售电价，实行了两部制电价，然而 2003 年以来连续三年电荒，加上煤炭价格的迅速上涨，“厂网分开、竞价上网”模式失效，电力体制改革进展不及预期。

2014 年以来，国家电力体制改革的步伐明显加快，2014 年 6 月，习近平总书记主持召开中央财经领导小组第六次会议强调，电力系统中长期以来调度与输配电合二为一，既当裁判员，又当运动员，是“政企不分”的典型体现，要求积极推进能源体制改革，抓紧制定电力体制改革的总体方案。并特别指出：还原能源商品属性，构建有效竞争的市场结构和市场体系，形成主要由市场决定能源价格的机制，转变政府对能源的监管方式，建立健全能源法治体系。2014 年 11 月 4 日，国家发展改革委公布了《关于深圳市开展输配电价改革试点的通知》，通知指出，将现行电网企业依靠买电、卖电获取购销差价收入的盈利模式，改为对电网企业实行总收入监管的模式。《深圳市输配电价

改革试点方案》（简称试点方案）自 2015 年 1 月 1 日起实施。2015 年 3 月，中共中央国务院印发《关于进一步深化电力体制改革的若干意见》（中发〔2015〕9 号），要求：单独核定输配电价，输配电电价逐步过渡到按“准许成本加合理收益”原则，分电压等级核定。

输配电价改革的目标是建立独立的输配电价体系，完善输配电价监管制度和监管方法，促进电力市场化改革；为其他地区输配电价改革积累经验，实现输配电价监管的科学化、规范化和制度化。通过近几年输配电价改革推进的经验来看，改革在输配电价、服务绩效、有效资产、资产寿命、运维成本五个方面将对电网企业资产管理产生深远影响。

（二）国有企业改革

自 1978 年以来，国企改革之路已经走过了 40 个春秋。40 年来，国有企业改革一直是贯穿我国从计划经济体制向社会主义市场经济体制转轨过程的主线，也是中国经济体制改革的缩影。经过 40 年的改革发展，我国经济的所有制结构发生巨大变化，经济版图已经由改革开放之初的国有经济“一统天下”发展成为目前国有、民营、外资共处的格局。这种多元化市场主体平等竞争、相互促进的局面既促进了市场经济制度的完善，又有效地提升资源的配置效率，极大提升了国民经济的活力，共同推动我国经济的快速发展与经济结构调整。2012 年 11 月，党的十八届三中全会描绘出“混改”路线图，为国企的发展注入社会资本。2015 年 11 月，在中共中央财经领导小组 11 次会议上，习近平总书记首次提出“供给侧改革”的概念，即通过去产能、重新整合资源配置来进行国企改革。2017 年底闭幕的中央经济工作会议中提出：围绕以管资本为主加快转变国有资产监管机构职能，改革国有资本授权经营体制。

国企改革作为中国经济体制改革的核心环节，对电力改革具有重大的借鉴意义。在竞争领域保留国有企业，并且由国资委监管国企的监管模式是中国模式的一大特色。从电力改革的方法与实际发生的路径选择经验看，电改也必须结合中国国情和国际规范，既要以市场化为方向，又不能完全按照市场化准则去进行私有化和自由化。电力领域的改革没有放之四海而皆准的模式，中国电改必须摸索自己的道路。

首先，在电改方法论上，必须跳出简单地把电网拆分并私有化的狭隘思路，从中国国家基本经济制度和经济安全出发，走出一条法人所有权背景下，在保持电网整体化的基础上，通过市场化改革和资本化重组走上现代公司制度的创新之路，通过资本市场和公众公司的途径实现电力行业在市场化背景下的转型。

其次，在电改总体思路上，由于电力体制改革牵一发而动全身，其改革应该与政府机构改革、政府职能转变同时推进，要将电力体制改革与发电、输电、配电、售电等各个环节相结合，与规范市场秩序、培育市场主体、优化市场结构、改变管理方式、政府职能转变、调整机构设置等各项改革工作统筹推进。

习近平总书记在党的十九大指出“经过长期努力，中国特色社会主义进入了新时代，这是我国发展新的历史方位”。在新时代，深化国有企业及电力体制改革，是贯彻落实中央“四个全面”，特别是全面深化改革战略部署的必然要求，是发挥市场在资源配置中的决定性作用，实现我国能源资源高效可靠配置的战略选择。在深化改革的背景下，电网企业作为关系国计民生的能源基础国有企业，如何在新的市场环境和监管模式下推动企业改革发展，提升资产运营能力，是保障电网安全运行及高质量供电，提升企业内部管理效率及价值创造能力，实现高质量发展的关键。

第二节　资产管理现状

近年来，随着电力体制改革的逐步深入，企业精益化管理工作的逐步推进，电网企业在资产全生命周期管理方面开展了一系列富有成效的探索和实践，但对比国际电网企业，在管理模式、运转效率、支撑工具、信息系统等方面仍有一定差距。

（一）资产管理体制机制运转效率不高

目前，国内电网企业的组织架构整体上还是延续了专业分工模式，条块化管理。近年来，各企业结合实际进行了改革，建立了资产管理体系，但总体上仍然属于专业化、条块化的管理模式，核心业务划分为规划建设、生产运维、客户服务及财务管理几条线。同时，由于资产文化理念及共识尚未完全形成，资产管理体系仅做到“形似”，未真正做到“神似”。管理链条上“铁路警察各管一段”，每个环节更多关注的是本环节任务是否完成，成本是否最优，效率是否最高，而不是从资产全生命周期的角度关注整体效益。比如，输配电价改革后，根据新的监管规则，有效资产规模决定了电网企业的收益水平，需要做大做优有效资产，但电网企业普遍存在资产账卡物一致率不高、增资转固滞后等基础问题。

（二）资产绩效表现与国际先进有较大差距

资产全生命周期管理追求风险、成本、效能综合最优，国内外电网企业均结合实际制定了各具特色的绩效指标体系。目前，国内电网企业仍处于发展期，因此，一般比较重视停电时间、事故事件等指标，对其他关键绩效指标管控力度不足且缺乏有效抓手，指标引导性不强。此外，一些关键指标离世界领先尚有较大差距。如供电可靠性方面，虽然北京、上海、厦门及部分粤港澳大湾区核心区域客户平均停电时间已达到世界领先水平，但从城市整体情况看，距世界一流水平仍有一定差距。资产使用寿命普遍较短，以某电网企业 2018 年资产报废情况为例，输电、变电、配电设备平均退运年限分别约 16 年、15 年、14 年，与电改要求 30 年、20 年、15 年存在较大差距，与香港中电等先进企业比，设备退运年限差距更大，企业在提升资产利用率上有较大空间。

（三）价值管理意识不强，资产精益管理水平亟需提升

国内电网企业安全、社会责任等要求相对于其他企业更高，经营意识、成本管控意识相对较弱，具体体现在以下几方面。一是投资管理粗放，投资效益不高。当前，社会经济转型，电量增速逐步放缓，但大部分企业对影响发展的外部监管要求、客户诉求及企业经营效益等因素缺少统筹分析，并有效控制合理的投资规模。投资策略更多基于建设需求，成本、效益方面考虑不足，亟需寻求投资需求、投资能力与资产结构的平衡点，调整策略以争取合理成本，获得合理收益。比如，配网项目一般可分为基建、技改、修理、营销技改、营销修理五类，分别由计划、生技、市场等不同的职能部门管理。由于在问题库、项目立项和下达环节存在职能管理、立项原则、管理周期的差异，导致不同类别配网项目在实施阶段无法有效撮合，甚至存在资源浪费的问题。二是投资项目分段管理，增资转固效率不高，制约了投资及时转化为有效资产。目前，电网企业投资、预算及项目分别由规划、财务、基建部门分段管理，项目全过程管理协同性差。增资转固业务运转不畅、及时性不足，退料、审价、结算、决算、审计串行开展，拉长了决算转固时间，平均需耗时9～12月，制约了投资及时转化为有效资产。以某电网企业为例，第一个监管周期投资转固完成率仅为70%。三是资产全生命周期成本的分摊与归集仍处于试点阶段，未全面推广应用。目前，电网企业在设备采购、建设阶段的成本归集体系相对完整，但运维、退役处置的成本管理体系尚不完善。成本归集涉及部门多，跨部门业务流程未统一，缺少统一的资产成本分摊与归集标准，跨系统业务流程衔接不足，导致无法对资产运维费用、报废处置等成本进行有效归集与分摊，无法将运维成本、报废处置等成本信息归集到具体资产上，难以满足资产管理精细化的要求。四是资产状态尚未有效控制，报废净值率偏高，增加了企业资产损失。报废资产净值率是资产管理末端业务的结果性指标，但产生非正常报废资产的主要原因是前端规划、采购及建设质量不高以及运维不到位等因素。2016 年，某电网企业共拍卖处置报废变压器上千多台，根据国标规定，变压器使用寿命一般为 20 年，而上述报废变压器平均使用寿命仅 13.7 年，使用不到 10 年的占比 11.72%。

（四）缺乏成熟有效的管理模型和技术支撑工具

资产全生命周期风险、成本的管理需要 LCC 分析、资产风险评估、投资决策分析等工具模型，但受制于工具模型不完善、基础数据不全且质量不高、系统支撑功能薄弱等因素，LCC 采购、风险评估、缺供电量等资产管理有效决策支撑工具仍处于研究或试点阶段，缺少历史数据积累，推广应用不足。例如 LCC 招标工作，虽然 LCC 招标方法广受认可，但在国内电网企业迟迟未能推广实施，部分企业开展了相关研究并试点，由于涉及生产、物资、财务多部门管理，沟通协调工作较多，且数据基础薄弱，推进难度较大，导致业务断断续续，历经多年未能取得明显成效。由于缺乏有效的管理模型及工具，且各环节目标不一致，长期以来，电网规划与系统运行、资产采购与设备运维的

矛盾难以有效化解。

（五）信息系统支撑不足，数据质量不高

通过对国内外电网企业对比分析，各企业对业务模式的优化，除了改进相关标准、制度以外，持续在做的是提升企业信息化水平。目前，国内电网企业也在不断加大信息化建设工作，资产管理基本业务已在系统流转，但受制于系统架构等因素，仍存在部分业务未覆盖、关键接口不畅等问题，无法支撑投资全过程监控等高级功能实现。一是各业务系统协同不畅，数据重复多次录入。财务系统、资产系统是支撑企业“财”和“物”两大核心资源管理的平台。由于系统接口未完全打通，导致数据重复录入，效率不高，制约着一些长期痛点问题的解决。以配基项目为例，资产价值信息的流转，需在资产、财务等系统 4 个环节重复录入，对于增资转固工作，由于系统之间难以建立精确的概预算映射关系，无法实现自动决算转资，耗时 7 个月以上，制约了投资及时转化为有效资产。二是数据质量不高，缺乏挖掘分析和应用。现有系统仅基本支撑业务流程的信息化，但尚未形成有效的数据资产，系统数据质量不高且缺乏有效监管，分析模型缺乏，决策监控支撑功能薄弱。以资产全生命周期缺陷为例，品控、建设、运维各阶段缺陷数据独立，未实现缺陷数据的顺畅传递，数据不能归集整合，缺少对海量历史数据的挖掘分析及高级应用，无法通过系统直接将缺陷数据分析结论有效应用于采购等环节。

第三节　资产管理体系建设思路及目标

一、资产管理体系建设思路

总体而言，电网企业以习近平新时代中国特色社会主义思想为指导，贯彻国有企业及电力体制改革相关政策，围绕建设世界一流企业的战略目标要求，借鉴国内外先进资产管理经验，结合实际，建立并持续优化具有中国特色的国际领先资产全生命周期管理体系，围绕客户优质服务，全面深入推进精益管理，更加重视资产投资回报和价值创造，达到资产实物管理和经济价值管理的统一，实现资产全生命周期风险、效能和成本综合最优，支撑企业高质量发展。

二、资产管理体系蓝图

资产管理体系蓝图见图 4－1。

三、工作目标

资产管理是一项需要长期推进的工作，总体上可分三个阶段，第一阶段为初步探索构建体系阶段，一般为期 1～2 年；第二阶段为进一步优化完善体系运作阶段，一般为

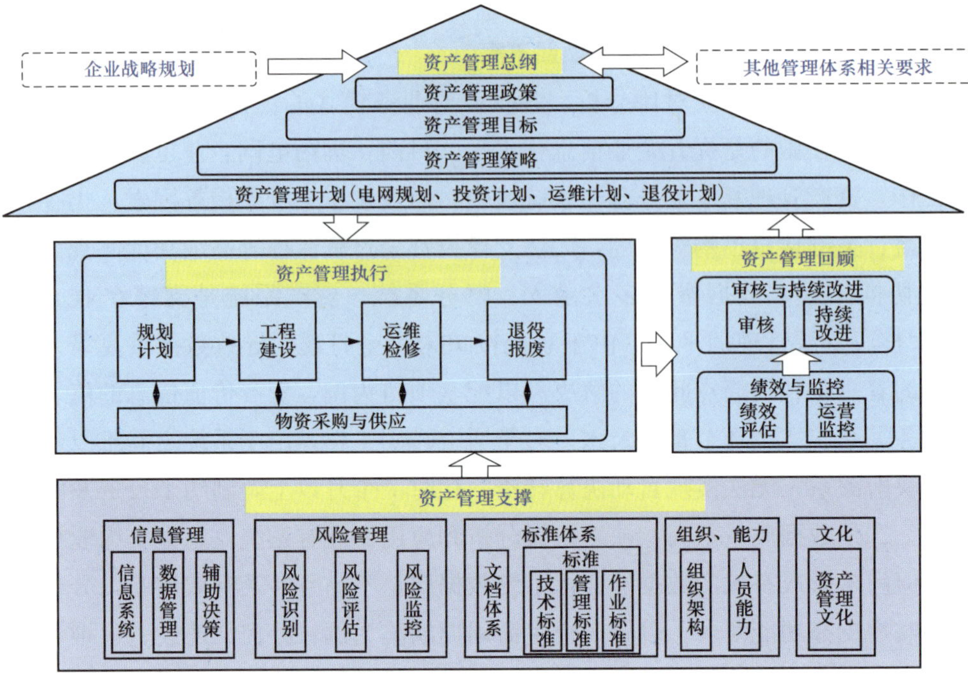

图 4-1 资产管理体系蓝图

期 2～4 年；第三阶段为深化体系应用阶段，实现领先，一般为期 2～4 年。

第一阶段：体系完善、巩固落实。

进一步优化完善企业资产管理体系、机制及策略，健全资产管理制度及技术标准，重点解决横向协同及纵向执行难题，保障资产各环节及业务活动流程有效运转。深化规划投资全过程闭环管理，对增量资产严把入网质量关，存量资产提升健康水平，做大做优有效资产，确保电网安全稳定运行。优化一体化系统功能，强化基础管理，提高数据质量及应用水平，支撑业务有效运转。

资产总额、净资产收益率、总资产报酬率、总资产周转率、资本保值增值率、客户平均停电时间、综合电压合格率、报废资产净值率、设备综合可用系数、中压线路故障率、单位资产运维成本等关键指标持续提升。

第二阶段：持续改进、达标认证。

完善一致性策略，全面提升信息系统功能，深化数据挖掘分析及资产运营监控，实现资产管理体系高效运作。健全完善全生命周期成本（LCC）、风险评估等工具模型，并在规划计划、物资采购、工程建设、运维检修、退役报废等各环节推广应用，着重推进规划投资有效落地、延长资产寿命，提升资产实物及价值的综合管理能力，积极引入外脑，通过 ISO 55000 标准认证，实现资产全生命周期风险、效能、成本综合最优，形成可复制推广的资产管理经验。

资产总额、净资产收益率、总资产报酬率、总资产周转率、资本保值增值率、客户平均停电时间、综合电压合格率、报废资产净值率、设备综合可用系数、中压线路故障率、单位资产运维成本等关键指标达到国际领先水平。

第三阶段：追求卓越、引领提升。

资产管理体系成熟运作，信息系统全面支撑资产管理活动，价值创造理念深入人心，持续推动资产全生命周期管理体系不断完善。

资产总额、净资产收益率、总资产报酬率、总资产周转率、资本保值增值率、客户平均停电时间、综合电压合格率、报废资产净值率、设备综合可用系数、中压线路故障率、单位资产运维成本等关键指标保持国际领先水平。

第四节　重点工作举措

根据资产管理体系蓝图，在“资产管理总纲、资产管理执行、资产管理回顾、资产管理支撑”四个方面，可通过“优框架、制策略、梳业务、明制度、抓关键、强监控、持改进、夯基础、信息化、育文化”十步法的实施路径，明确资产管理提升举措，重点解决资产管理存在的突出问题，促进资产管理整体绩效表现的提升，持续提升资产管理体系建设及运作水平。

一、资产管理总纲

完善顶层设计，优化资产体系。

（一）优框架

举措1：完善资产管理体系

结合ISO 55000资产管理标准、进一步优化完善资产管理体系框架，基于电改形势和企业战略发展目标，制订资产管理政策，建立并持续完善资产管理体系。

（二）制策略

举措2：优化资产管理策略

结合企业面临的内外部环境，研究优化资产管理总体策略。深入剖析各项业务流程、标准及实施过程中存在的问题，优化电网规划、电网投资、物资采购、工程建设、运维检修、资产退役等各项业务策略，建立完整的策略制定、贯彻、监控及持续改进的闭环管理机制。

举措3：资产管理策略持续改进

依据资产管理绩效表现，持续改进资产管理策略。

举措4：健全资产管理计划执行体系

健全资产管理计划发布机制，优化资产管理计划（包括电网规划、投资计划、采购计划、运维计划、改造退运计划），制定发布流程，明确计划发布的时间及PDCA闭环管控要求。

（三）梳业务

举措 5：推进资产业务管理的一致性及协同性

结合资产管理组织模式和现阶段资产管理特点，重新审视、梳理并优化资产管理一、二、三级业务活动图。进一步梳理资产管理价值链中基本增值活动，改进资产管理业务蓝图，理清各项核心业务的纵横关系。针对资产管理活动横向协同、纵向承接关键问题清单，制定优化措施，以核心流程优化贯穿资产管理跨部门协作，通过关键流程优化，打破条块分割，加强业务衔接，提高工作效率，提升管理效益。

二、资产管理执行

推动策略落地，强化计划执行。

（四）抓关键

举措 6：推动电网规划落地，做优做强主配网

加强主配联动，提升电网规划效率。强化负荷数据管控，建立主配联动工作机制。以问题为导向，统筹整合电网运行、设备运维、客户服务问题库，动态调整变电站和配网项目投产时序，明确来年重点项目计划并按期实施。通过共享变电站建设进度、城市规划等方面信息，协调解决变电站落点和用电负荷匹配等问题，提升主配网规划效率。

健全规划项目工具模型，提升可研水平。优化 LCAM 模型，研究土建电气分步式建设的综合效益，修订项目可研深度管理细则，优化可研报告模板，持续提升可研评审水平。建立规划数据体系，强化资源管理，强化规划外委设计单位管控机制，动态优化可研、设计组织安排，提升项目可研深度。

争取政府对电网发展的支持，为电网发展预留空间。积极配合政府开展电力设施及高压走廊详细规划工作，争取将电网远景饱和负荷变电站布点全部落实到市政专项规划中，并深入参与综合管廊规划、设计及项目的技术审查。

全面推进配网网格化管理，促进各专业横向协同。坚持网格化管理，以规划网格作为配网最小管理单元，将网格化工具在配网规划、项目、运维等业务中推广应用，通过建立网格化信息平台、统一配网问题库等方式，确保各专业能以网格为单位，把规划、运行、营销需求统一到一个平台，系统性提出改进措施，提升配网问题解决效率。

提升配网规划建设技术标准。以提升资产管理核心绩效指标为目标，在总结高可靠性供电试点区域电网建设先进经验基础上，持续完善全市配网规划建设标准，着重研究提升配网供电安全标准量化、增量配网技术标准，基于全生命周期数据分析，进一步提升开关柜、变压器、电缆附件等设备技术标准。

举措 7：强化投资全过程管控，提升资产效益

加强投资预测、分析及引导。深挖投资潜力，完成固定资产投资规划修编。测算输配电价监管周期企业技改大修投资规模，合法合规用好用足准许修理成本。加强项目储备库管理。建立项目投资优选模型，优化完善投资项目储备库管理机制，推动各专业制定详尽的项目优选原则，每年“班车制”定时分批开展项目入库。优化投资计划下达模式。根据项目的类别和轻重缓急试行投资计划分时下达，实现计划管理均衡化。刚性执行固定资产转固要求。完善决算转资成本归集的管理规范和标准，强化项目全过程协同管理，开展项目造价管理精益化专项提升工作。建立项目增资转固关键节点的监控及考核机制，实现项目闭环管理，并通过信息系统固化，保证投产后的项目按时结算，及时转固，确保投资及时形成有效资产。

实现资产成本分摊与归集。规范资产全生命周期成本归集、分摊流程，明晰各部门（单位）成本收集分摊管理职责。依据设备资产重要性、统一管控颗粒度要求，建立资产全生命周期成本构成标准和数据标准。推动标准作业成本和两册、作业表单的强关联，为合理归集成本提供支撑。推进典型造价应用，打通信息系统价值流瓶颈，推动资产初始成本自动分摊、运维检修成本、退役成本自动归集、资产 LCC 在线分析。

举措 8：提升入网资产质量及装备技术水平

持续开展设备品类优化。进一步研究优化物资品类，颁布企业电网设备品类优化成果。提升资产入网技术标准。针对企业电网设备的技术需求，以及运维环节发现的设备质量问题，优化完善主网设备入网技术标准。开展设备型式试验报告审查、设备主要部件备案、开展设备标准设计图纸推广审查。

持续优化采购策略。综合考虑采购及运维成本，在 LCC 采购试点的基础上，以实用化为原则，完善 LCC 采购标准文件，对关键设备推广开展 LCC 采购。完善资产全生命周期缺陷闭环管控机制。健全资产全生命周期缺陷标准及管理流程，实现制造、安装及运行等环节质量缺陷问题及时反馈至招标采购环节机制的有效运转。

提升物资品控水平。优化品控业务运作机制，实现统一管理、专业执行。以问题为导向，持续完善差异化品控策略及计划，加强自主监造参与力度，完善关键点见证机制，把好设备入网关。加强外委机构的管理及过程管控，培育外委核心技术力量，提升外委业务整体质量。完善品控标准库，规范质量问题闭环处理。加强设备全生命周期各阶段健康数据共享及分析，为策略制定提供依据。

举措 9：推广标准化设计、提升验收标准，实现基建工程零缺陷移交

推广标准化设计、提升工程设计质量。按照简单实用的原则，持续完善标准设计体系，将智能变电站、装配式变电站、配网自动化等工作成果融入标准设计。加快推进设计自主评审，完成主配网设计评审平台部署并加快推进应用，严格保证设计质量。

强化设备交接验收管理。梳理工程交接验收（启动验收）工作流程、界面、职责和标准，统一基建与运行验收标准，编制工程建设零缺陷移交验收业务指导书。

强化工程项目质量、进度及安全管控。定期通报月度质监信息上报情况及质监工作完成情况，每两个月开展一次第三方督查。按照项目进度计划管控策略，强化工程项目进度管控，规范结算管理，确保按时投产结算。开展承包商评价，并将评价结果反馈至招标采购环节，强化承包商管理。

举措 10：提升设备健康水平，延长设备寿命

持续推进设备差异化运维和设备主人机制建设落地。修编完善基于风险管控的关键设备运维管控策略。优化备品备件储备标准、策略及运转机制，根据检修试验规程，持续开展定修定试。强化设备管理责任落实，实现设备管理业务“有人负责、有人跟踪”，提升设备精益管理水平。

大力推动设备智能化监控手段及先进工器具应用。完善设备状态监测系统自动生成生产计划和数据分析功能，扩大程序化变电站应用和落地，推进变电站巡检机器人的应用，全面推进输电线路“机巡＋人巡”协同巡检模式应用，提升一线班组检测装备配置水平，提高运维效率。

做细做实设备状态评价及安全性评估。组织专家开展关键设备安全性评估，并针对状态不良设备研究制定整改措施。常态开展设备状态评价，制定针对性的设备运维、大修、技改等措施确保关键设备安全稳定运行。

补齐配网设备资产管理短板。做好拟接收用户资产的价值评估及隐患整改，健全配网数据管理标准，开展配网数据分析及应用，优化抢修及快速复电管理，缩短故障停电时间，构建全电压等级、全业务不停电作业体系，加大作业推广力度，提升作业管理及技术水平，提升服务绩效。

提升设备运维人员技能水平。开展设备检修维护技能提升培训，提升设备运维人员专业技能水平，强化设备主人履职胜任能力，提升人员效率，降低运维成本。

举措 11：强化资产退役及维修再利用，降低报废资产净值率

修订资产维修再利用技术标准体系。修订资产退役技术鉴定标准、维修后设备投运前检测标准及再利用设备维护检测标准。加强资产维修再利用管控。编制颁布资产维修再利用管理实施细则，明确职责、分工、流程及作业表单。加大维修再利用资金投入，组织落实项目申报，强力推进维修再利用的实施工作。

加强闲置物资的利用。统计、分析退运闲置物资产生原因，加强前端管控，减少资产浪费。常态化开展闲置物资的利用，跟踪、落实各部门闲置物资利用及库存情况。

三、 资产管理回顾

强化绩效分析，推动持续改进。

（五） 强监控

举措 12：完善资产绩效管理体系

加强资产绩效的管理，完善资产绩效管理策略。承接发展规划，梳理现有指标管理体系，优化资产绩效管理策略，明确绩效评价方法及标准、绩效评估反馈等内容。

举措 13：优化资产绩效指标体系

整合各类指标体系，优化构建资产绩效指标体系。充分对现有各项业务指标体系研究梳理，按照“分层分级”的框架，构建一套涵盖资产全生命周期业务链条的资产绩效指标体系。

举措 14：制定资产绩效评估体系

制定资产绩效评估体系。研究制定对资产管理政策、策略、目标以及绩效指标过程管控环节等内容进行评估的资产绩效评估体系。

举措 15：完善资产绩效运营监控平台

完善资产绩效运营监控平台，并确保指标的可视化展示效果。按照“分层分级”的资产绩效指标体系框架，结合信息系统优化，搭建资产绩效运营监控平台。

举措 16：建立资产绩效 KPI 指标的管控子方案集

建立资产总额、客户平均停电时间、报废资产净值率等资产绩效 KPI 指标的管控子方案，并汇编成册，针对资产绩效 KPI 指标，逐个编制指标管控实施计划。

（六）持改进

举措 17：优化体系评价标准，实现体系持续改进

修编体系内审评价标准。结合资产管理国际标准、同行单位经验、设备规范化及精益管理等，修编颁布企业体系内审评价标准。组织开展体系内审。按照体系内审评价标准，开展体系内审，持续优化体系运作水平，为开展 ISO 55001 国际标准认证奠定基础。完成 ISO 55001 标准认证。邀请外部专家开展 ISO 55001 评审辅导，通过 ISO 55001 标准认证，持续改进企业资产管理体制机制。

四、资产管理支撑

强化管理支撑，夯实体系基础。

（七）夯基础

举措 18：持续优化完善资产管理组织架构

持续优化完善资产管理组织架构。围绕实现资产全生命周期管理有效运作的目标，持续优化完善资产管理组织架构。

举措 19：积极开展资产管理决策支持工具的研究

积极开展资产管理决策支持工具的研究。围绕成本、寿命、风险，积极开展资产 LCC 分析支撑工具、资产寿命评估方法等课题研究。

举措 20：提升资产数据质量，推进数据深化应用

优化统一数据规则。优化统一资产编码规则，资产目录，规范供应商及设备型号目录，研究物联网技术应用，为“信息流、价值流、实物流”的统一奠定基础。

开展存量台账数据质量整治。明确资产的核心数据和非核心数据标准，持续开展存量数据治理，提升数据准确率。优化资产系统与财务系统的业务接口功能，实现资产账卡物信息的强关联，实时联动。优化现有的电子化移交功能，增加物料安装、设备拆卸环节，建立物资与设备的关联关系，保证移交信息的规范性。在此基础上，进一步扩充电子化移交功能，涵盖项目设计、设备投运及设备退役的全过程业务环节，增加价值信息流转，实现设备价值信息、技术信息、功能位置信息的贯通。

推进基础数据的挖掘应用。建立数据监控及分析应用平台，加强基础数据的应用，研究建立数据挖掘分析模型，强化分析，实时挖掘分析设备状态及成本信息，为企业资产管理提供决策依据。

举措 21：完善资产管理技术标准体系

完善技术标准体系表。梳理资产管理相关技术标准，定期修编技术标准体系表。完善技术标准管理机制。建立基于问题的技术标准动态修编机制，强化标准的执行监督管控。

举措 22：深入开展资产全生命周期技术监督

完善技术监督管理机制，强化技术监督执行。依托技术、技能专家及专业工程师，研究组建专职技术监督专家团队，深入开展规划、采购、建设、运维、退役各环节监督评价，定期发布技术监督简报，以问题为导向，重点开展专项技术监督检查。

（八）明制度

举措 23：修订资产管理相关制度

根据组织机构调整修订管理制度。保持原有业务管理不断、不乱，调整信息系统相关业务流程，修编管理制度。

（九）信息化

举措 24：优化信息系统功能，提升系统支撑水平

优化系统功能支撑业务有效运转。按照资产管理业务蓝图全面设计、优化改进系统功能，支撑资产管理全过程有效运转。全面提升系统功能。全面提升、扩展系统功能，应用大数据分析、人工智能等新技术进行辅助决策，提升管理效率，实现价值链的全过程流转，以及全生命周期成本自动分摊与归集，实现“信息流、价值流、实物流”的统一，建成以资产管理活动为核心的企业级资产管理信息系统。

（十）育文化

举措 25：开展资产管理理念的宣贯与文化培育

发挥基层首创，积极推广资产精益管理创先实践。以精益管理为导向，围绕改进管理策略、优化投资方向、提升资产利用效能、提升精益化管理水平、降低报废资产净值率等方向，组织开展资产管理创先实践，营造良好的资产管理氛围。

开展资产管理建言献策活动。研究通过微信公众号等平台，开展资产管理建言献策活动通过头脑风暴，群策群力，以资产管理精益化为目标，改进资产管理策略，培育资产管理文化。

开展形式多样的体系宣贯培训。开展资产管理调研交流学习，邀请国内外知名专家开展资产管理经验交流，拓展视野，学习经验；邀请国内外先进咨询机构，开展体系宣贯、体系内审标准培训；通过手册视频宣传、问卷测试等方式，进一步普及资产管理的理念。

CHAPTER 5

第五章 根据 ISO 55000 系列标准建立电网企业资产管理体系

一、 体系适用范围

电网企业资产管理体系一般适用于输、变、配、计量等电网实物资产，以及信息设备、房屋建筑物、运输设备等非电网实物资产，涵盖了资产规划计划、物资采购与供应、工程建设、运维检修、退役报废全过程管理。

二、 体系参考标准

BS ISO 55000　国际资产管理标准

BS ISO 55001：2014　资产管理体系要求

BS ISO 55002：2014　资产管理体系应用指南

GB/T 33172—2016　资产管理　综述、原则和术语

GB/T 33173—2016　资产管理　管理体系　要求

GB/T 33174—2016　资产管理　管理体系 GB/T 33173 应用指南

三、 体系管理要求

（一） 资产管理环境

1. 企业资产管理环境

目的：明确企业资产管理所处的环境，并根据所处的内外部环境建立完善的资产管理体系。

企业资产管理环境规范要求见表 5 - 1。

表 5 - 1　企业资产管理环境规范要求

规范要求	关联体系*
企业资产管理所处的外部环境： （1）我国经济发展步入新常态为提升电网资产质量和电网运营效率带来发展机遇。电网企业应适应经济新常态的形势，实现电网资产转向高质可靠、电网运营转向集约精益，提升资产运营效率和效益。 （2）国家出台了若干电力体制改革政策，开展输配电价改革试点，以电网资产为基础对电网企业的输配电收入、成本和价格全方位直接监管，要求电网企业进一步提升有效资产的数量和质量，开展运维精益化管理，实现风险、效能和成本的综合最优。 （3）国家实施创新驱动发展战略为企业优化资产管理带来了发展机遇，企业在建立资产管理体系，开展资产运营中，需要依靠管理创新和科技创新	

续表

规　范　要　求	关联体系*
企业资产管理所处的内部环境： （1）为实现企业发展目标，资产管理水平需要全面提升，资产管理体系和主要指标进入世界领先企业行列。 （2）企业借鉴国际通行的资产管理标准，初步建立了资产全生命周期管理体系，并组织推进实施，增强了各管理职能之间的横向协同，资产管理系统上线运行。 （3）企业固定资产管理基础薄弱制约企业未来的发展，资产绩效表现与世界先进有较大差距，资产精益管理水平亟需提升，电网规划与系统运行、资产采购与设备运维的矛盾较为突出，规划建设与设备运维对客户服务的支撑不足	

* 资产管理体系相关规范要求应与企业的其他管理体系的要求做好协同。

2. 利益相关方期望

目的：明确各利益相关方，识别利益相关方的要求和期望，制定一致的资产管理决策标准。

利益相关方期望规范要求见表 5－2。

表 5－2　　利益相关方期望规范要求

规　范　要　求	关联体系
明确资产管理利益相关方： 资产管理的利益相关方主要包括国资委、发改委和能源局、地方政府、上级企业、客户、承包商、供应商和员工	
明确利益相关方对资产管理的要求和期望： （1）国资委：国有资产保值、增值，提供稳定的回报。 （2）发改委和能源局：开展输配电价监管，包括五个方面：有效资产监管、运维成本监管、资产寿命监管、输配电价监管和服务绩效监管。 （3）地方政府：一方面地方政府代表监管机构开展输配电价监管，另一方面地方政府需要对电网企业的工程建设和改造等项目进行环保和路政等审批。 （4）上级企业：满足上级企业对本企业经营考核的要求。 （5）客户：获得可靠、优质、可持续、经济的电能。 （6）承包商：帮助企业开展设计、施工、监理和运维检修等工作，期望能够获得长期的良好的合作关系。 （7）供应商：设备资产的供货单位，期望企业能够长期采购其设备资产，设备具有良好的性能，故障率较低，可靠性较高，运维成本较低。 （8）员工：建立和运作先进的资产管理体系，实现资产全生命周期工作最优，降低资产和作业风险，提升工作效率	
明确资产管理决策的标准： （1）分析所有利益相关方的期望和要求，以企业发展目标为指导，建立统一的资产管理目标，并按照业务环节进行分解，各业务环节制定策略按照分解的业务目标进行决策和执行，确保决策的一致性。 （2）总体决策依据：优先选用高质量、高可靠性的设备，提升企业有效资产的数量和质量，实现设备资产全生命周期风险、效能和成本综合最优，提升资产收益率	
明确利益相关方对信息的记录要求及相应报告： （1）输配电价监管报告。 （2）企业资产管理相关制度要求的记录和报告	

3. 确定资产管理体系适用范围

目的：根据企业环境和利益相关方的分析，定义企业资产管理体系的边界，并且设定其适用范围。

资产管理体系适用范围规范要求见表 5-3。

表 5-3　资产管理体系适用范围规范要求

规范要求	关联体系
明确资产、资产组合，以及它们的边界和互相依存； 本体系适用于输、变、配、计量等电网实物资产，以及房屋建筑物、运输设备等非电网实物资产	
应遵守本体系的组织架构： （1）涵盖资产从规划计划、物资采购与供应、工程建设、运维检修直至退役报废的各相关业务部门。 （2）包括管理企业资产的单位及为这些单位提供资产的规划、计划、设计、采购、建设、运维、检修和报废工作的相关业务支撑和实施机构	
应遵守本体系的其他组织： （1）承包商：外包单位应该按照资产管理体系要求开展工作。 （2）供应商：供应商应按照资产管理体系要求开展工作和提供设备	
本体系适用区间： （1）本体系适用区间为：发布之日起三年。 （2）如果没有新的资产管理体系发布，执行期限将进一步延长	
其他相关体系标准在本体系中的适用范围： 本体系中风险识别、风险评估、风险控制和风险回顾等与风险相关的内容需遵守企业安全生产风险管理体系	

4. 资产管理体系

目的：明确资产管理体系的范围和管理要素，并建立完善的资产管理体系。

资产管理体系规范要求见表 5-4。

表 5-4　资产管理体系规范要求

规范要求	关联体系
资产管理体系的建立： （1）建立资产管理体系是指建立完善的管理要素，如资产管理政策、策略、计划、计划执行、绩效评价、改进与支撑等。 （2）在建立资产管理体系之前，首先需要对企业自身的资产管理水平做出客观的评价。 （3）考虑影响到或可能影响到资产管理的各类基础条件和因素、所需要的政策和管理资产风险等。 （4）资产管理体系应保持适当的深度、精益化程度、广度。 （5）资产管理体系与企业其他管理体系，如安全生产风险管理体系，相互协同一致，确保各类流程共同协作以形成有效的整体	

续表

规　范　要　求	关联体系
资产管理体系的回顾： （1）每年至少应对资产管理实施情况进行一次检查和回顾，以确定资产管理符合了体系相关的要求以及是否需要改进管理。 （2）检查的目的在于考查资产管理体系是如何支撑企业实现其战略规划	

（二）领导力

1. 领导力和承诺

目的：通过企业高层领导的承诺和支持，确保各级管理人员目标一致、充分重视、认真执行。

领导力和承诺规范要求见表 5－5。

表 5－5　　　　领导力和承诺规范要求

规　范　要　求	关联体系
对于资产管理体系，高层管理人员应当通过以下方式展示足够的支持，并做出承诺： （1）确保资产管理政策、资产管理计划和资产管理目标的建立，并与组织的目标相一致。 （2）确保资产管理体系的要求整合到组织的业务流程中。 （3）确保资产管理资源的可用性。 （4）传递资产管理和符合资产管理体系要求的重要性。 （5）确保资产管理体系实现其预期的结果。 （6）指导和支持人员为资产管理体系的效益做贡献。 （7）促进组织内的跨职能协作。 （8）推动资产管理体系持续改进。 （9）当适用其他相关管理角色的职责范围时，支持他们来展示其领导力。 （10）确保资产管理中用于风险管理的方法与企业风险管理体系一致	

2. 资产管理政策

目的：明确资产管理政策如何承接组织战略规划，指导企业高效开展资产管理活动。

资产管理政策规范要求见表 5－6。

表 5－6　　　　资产管理政策规范要求

规　范　要　求	关联体系
资产管理政策的设立： （1）企业建立和维护资产管理政策，政策制定时应确保： 1）源自组织战略规划，并保持一致。 2）考虑利益相关方的期望、业务状况和业务需求。 3）考虑资产管理风险、效能和成本的综合最优。 4）含资产管理目标和总体策略，并为资产管理策略、目标和计划的制定与执行提供框架。 5）明确企业应提供充足的资源、培训和信息确保政策的落实。 6）包含对于资产管理和资产管理绩效实施持续改进的承诺	安全生产 风险管理体系有关要求

续表

规 范 要 求	关联体系
资产管理政策： (1) 资产管理目标。打造安全、可靠、绿色、高效的智能电网，为客户提供优质的电力和服务，重视投资回报与价值创造，推动企业改革创新与高质量发展，着力推进协调高效，持续提升资产管理水平，实现资产全生命周期风险、效能和成本综合最优，成为具有全球竞争力的世界一流企业 (2) 资产管理策略。投资有所值，资产尽其用，风险受监控，绩效获提升，管理求卓越。 1) 投资有所值：通过投资引导，做好前瞻性的资产决策，注重投入产出和资产价值创造能力的提升，加强投资均衡性及全过程管控，提高资产利用效率，优化资产运营效能，满足政府监管要求，提升企业经营效益。 2) 资产尽其用：推动电网规划落地，做优做强主配网，强化工程项目质量及验收管控，提升资产质量水平和综合可用率，延长资产使用寿命，满足深圳高负荷密度、高可靠性以及高电能质量的用电需求。 3) 风险受监控：建设本质安全型供电企业，坚持一切事故都可以预防的安全理念，加强资产风险监控和运营风险管理，积极研究应用新技术、新方法，做好资产的风险识别、评估、预警与管控，确保电网安全稳定运行，提升资产健康水平。 4) 绩效获提升：对标世界领先企业，以关键绩效指标为引领，完善资产绩效评估与监控，持续提高供电可靠性和电能质量水平，降低报废资产净值率，提升资产综合效能。 5) 管理求卓越：坚持依法治企、科学治企、从严治企的管理理念，夯实资产管理基础，实现全过程高效协同，培育资产管理文化，健全决策科学、执行可控、管理量化的国际领先资产管理体系。 企业将提供充足的资源、培训和信息，并要求所有员工必须充分理解、掌握和遵守本政策，确保政策得以贯彻落实	
资产管理政策的传达与沟通： (1) 资产管理政策及其任何修订均须告知企业所有员工。 (2) 所有员工必须充分理解、掌握和遵守资产管理政策。 (3) 管理层可通过下列方法传达资产管理政策： 1) 在整个企业中公布、张贴。 2) 作为员工入职培训及再培训的内容。 3) 印刷在资产管理宣传手册中。 4) 在会议中强化。 (4) 资产管理政策应向利益相关方传达，并可方便地获知。 资产管理政策的回顾： 定期审查资产管理政策，确保其有效性，并与企业战略规划以及其他政策保持一致	安全生产 风险管理体系有关要求

3. 组织的角色、职责和权限

目的：明确资产管理涉及的相关组织、部门及人员的职责。

组织的角色、职责和权限规范要求见表 5－7。

表 5－7 组织的角色、职责和权限规范要求

规 范 要 求	关联体系
（1）企业应当根据资产管理的需要设立相应资产管理组织架构，明确职责。一般应包含以下机构： 1）资产管理委员会。是企业资产管理的领导机构，由企业资产管理各相关领导及部门领导组成，审议企业资产管理体系、制度、相关文件及重大决策事项。 2）资产管理部门。承担资产管理委员会办公室职责，统筹负责推进资产全生命周期管理体系建设；制定统一的资产管理策略，开展体系及资产管理全过程绩效评价，形成管理闭环。负责电网规划、项目前期、电网投资和综合计划管理；组织开展设备选型、资产计划、价值管理、采购策略、品控及履约策略等业务；负责主网设备的验收、运维、检修、技术监督等业务，负责配网资产策略及技术管理工作。 3）基建部门。负责电网建设项目的全过程管理，包括质量、安全、技术、进度、造价管理等。 4）市场及客户服务部门。负责配网及计量设备运维管理、不停电作业、购置类技改项目和成本类项目的管理；负责组织相关技改、修理项目验收。 5）财务部门。负责资产管理计划的预算管理、资金管理、财务核算管理等。 6）创新及科技信息部门。负责资产的信息化支撑，包括数据管理、生产管理系统开发与运维、资产管理系统开发与运维、资产管理运营监控系统开发与运维和资产管理决策分析系统开发与运维。 7）物流服务部门。负责物资的采购、配送管理、仓储管理、供应商管理等业务的执行和日常管理等。 8）其他相关部门。 （2）持续优化资产全生命周期管理策略和模式，研究优化资产全生命周期管理组织机构，优化各环节资产管理相应职责，解决责任与业务领域不匹配的问题。 （3）应当建立与其他体系管理委员会、归口管理部门的联络、沟通机制。与各相关体系管理委员会、归口管理部门共同开展工作，确保各体系的关联性，以支持资产管理的相关事项的合理建立、记录和维护	

（三）管理策划

1. 应对资产管理风险

目的：应用规范、动态、系统的方法识别资产风险；针对风险进行评估，确定风险控制措施；实施风险监控，将风险降低至可接受程度。

应对资产管理风险规范要求见表 5－8。

表 5－8 应对资产管理风险规范要求

规 范 要 求	关联体系
风险识别 企业应建立风险识别的制度和流程，并对以下风险进行识别： （1）资产投资风险。 （2）电网运行风险。 （3）资产失效风险。 （4）作业风险。 （5）自然环境事件造成的电网或设备风险。 （6）资产生命周期不同阶段相关的风险	安全生产风险管理体系有关要求

续表

规　范　要　求	关联体系
风险评估 （1）企业应建立风险评估的制度和流程，对已识别的风险进行评估。 （2）企业应基于风险识别进行风险评估，确定风险种类、范畴、影响范围和等级。 （3）企业在进行风险评估时应结合实际选择合适的评估方法，并确保方法的一致性、可重复性和可审核性，同时应不断探索风险评估的新技术、新方法。 （4）风险评估结果应形成具体文件，并予以发布	安全生产风险管理体系有关要求
风险监控 （1）企业应根据风险评估结果制定风险控制措施，制定措施应考虑： 1）可行性与适用性。 2）可操作性。 3）经济性。 4）资源保障。 5）控制措施可能带来的新风险。 （2）企业每年至少应对资产风险控制措施的效果进行一次评估、回顾，并酌情将相关结果和效果反馈回资产管理策略、目标、计划以及相应培训计划和能力需求。 （3）可参考安全生产风险管理体系 2.1.3 节	安全生产风险管理体系有关要求

2. 资产管理目标

目的：为企业资产管理提供指引和方向，包含定性和定量的目标。

资产管理目标规范要求见表 5－9。

表 5－9　　资产管理目标规范要求

规　范　要　求	关联体系
目标的设立 （1）企业应当建立和维护资产管理目标，包含定性与定量的目标。 （2）资产管理目标应当： 1）是可衡量的。 2）源自资产管理政策并在政策中体现。 3）与本企业持续改进相关的承诺保持一致。 4）传达给所有利益相关方，包括供应商和承包商。 5）符合法律、法规及其他资产管理要求。 6）考虑利益相关方的期望、业务状况和业务需求。 7）考虑资产管理风险、绩效和成本的综合最优	
目标的实施与监测 （1）企业应制定实现目标和指标的实施计划，包括： 1）目标、指标的逐级分解。 2）制定完成目标、指标的工作计划。 （2）企业应定期对目标、指标和相应工作计划及完成情况进行监测、分析。 （3）实现目标与策略的联动机制，当目标出现偏差时，优化策略，制定举措，确保目标实现	
目标的回顾 （1）每年对资产管理目标、指标制定的科学性、合理性进行回顾，并进行修正或更新。 （2）每年对资产管理目标、指标的完成情况进行回顾。 （3）定期对资产管理目标、指标的实施过程进行绩效评估	

3. 资产管理策略

目的：来源于企业的战略规划和资产管理政策并与其保持一致，明确资产管理的思路或方式方法，指导资产管理业务的开展。

资产管理策略规范要求见表 5 - 10。

表 5 - 10　资产管理策略规范要求

规　范　要　求	关联体系
资产管理策略的设立 (1) 企业应当建立和维护资产管理策略。 (2) 资产管理策略包括总体策略、资产管理业务策略和执行策略。 (3) 资产管理总体策略应当： 1) 源自企业战略规划并与其保持一致。 2) 源自资产管理政策并在政策中体现。 3) 与本企业持续改进相关的承诺相一致。 4) 传达给所有利益相关方，包括承包商与供应商。 5) 符合法律、法规及其他资产管理要求。 6) 考虑利益相关方的期望、经营状况和业务需求。 7) 考虑资产管理风险、效能和成本的综合最优。 (4) 采用高可靠性、高质量的资产可以增加有效资产、延长设备使用年限、降低运维成本、提高服务绩效，是满足输配电价改革监管要求的核心策略。 (5) 资产管理策略宜包含以下业务单元： 1) 电网规划。 2) 投资管理。 3) 物资采购与供应。 4) 工程建设。 5) 运维检修。 6) 退役报废。 7) 综合管理。	
策略的回顾 定期审查资产管理策略，确保其有效性，并与资产管理资产、企业战略规划以及其他方针政策和策略保持一致	

(1) 电网规划。

目的：为电网规划活动提供框架和指导。

电网规划规范要求见表 5 - 11。

表 5 - 11　电网规划规范要求

规　范　要　求	关联体系
(1) 电网规划单元的管理策略应当： 1) 符合企业发展目标的要求。 2) 建立负荷信息获取机制，准确预测负荷，作为编制电网规划发展计划的重要依据。 3) 基于风险开展主网电网规划，将风险评估结果、电网重过载、电网轻载等数据应用于主网电网规划。 4) 基于可靠性目标开展配网电网规划，将配网的可靠性、电压等数据应用到配网规划。	安全生产风险管理体系有关要求

续表

规范要求	关联体系
5）开展电网规划的滚动修编，持续优化规划编制的深度。 6）加强主配网规划协同。主网规划应充分考虑负荷分布和负荷特性，将变电站延伸进入负荷中心，为用户接入提供灵活便利的电源点；配网规划根据上级电网资源合理组网，同时将电源需求反馈至上级规划。 （2）应包含但不限于以下方面的管理选择、方法和要求： 1）负荷预测。 2）电网风险评估。 3）电网可靠性评估。 4）技术经济评价。 5）基于全生命周期的电网规划。 6）项目投产时序	

（2）投资管理。

目的：为投资管理活动提供框架和指导。

投资管理规范要求及链接见表5-12。

表5-12 投资管理规范要求及链接

规范要求	关联体系
（1）投资管理单元的管理策略应当： 1）顺应电力改革以及输配电价改革试点，满足政府对企业投资监管要求。 2）符合企业经营目标，优化配置投资资源，实现投资效益最优。 3）考虑综合客户服务、电网运营、发展和价值创造能力，统筹开展投资规划。 4）考虑综合需求发展和资产状况等平衡各类投资需求分配。 5）考虑投资需求和投资额度的平衡开展项目优选。 6）考虑投资安排的均衡性。 7）考虑全生命周期最优开展后评价。 （2）应包含但不限于以下方面的管理选择、方法和要求： 1）投资管理。 2）项目储备库。 3）项目优选。 4）投资监控。 5）后评价及应用	

（3）物资采购与供应。

目的：为设备准入、物资采购与供应管理活动提供框架和指导。

物资采购与供应规范要求及链接见表5-13。

表5-13 物资采购与供应规范要求及链接

规范要求	关联体系
（1）物资采购与供应单元的管理策略应当： 1）考虑物资的通用和互换性及品类优化，把好设备选型关。 2）考虑设备所处电网的重要性和运行环境的不同进行差异化选型。 3）实现物资采购质优价宜，物资供应及时高效。	安全生产风险管理体系有关要求

续表

规 范 要 求	关联体系
4）考虑综合风险、成本和设备类型等因素开展差异化物资采购。 5）研究实施全生命周期成本采购。 6）考虑实行供应商评价及动态分级管理。 7）考虑运用多种方式相结合的物资品控管理。 8）考虑应急、抢险物资的快速供应。 （2）应包含但不限于以下方面的管理选择、方法和要求： 1）设备准入。 2）物资需求计划管理。 3）采购。 4）供应商管理。 5）品质控制。 6）供应商履约评价。 7）仓储管理。 8）储备物资管理。 9）物资配送。 10）闲置物资管理。 11）报废物资管理	

（4）工程建设。

目的：为工程建设活动提供框架和指导。

工程建设规范要求见表 5－14。

表 5－14　　工程建设规范要求

规 范 要 求	关联体系
（1）工程建设活动包括基建项目建设和资产改造项目建设。 （2）工程建设单元的管理策略应当： 1）确保施工作业安全，实现工程质量优良、及时有序、造价经济。 2）考虑借鉴国际先进的项目管理理念开展工程项目管理。 3）全面应用标准设计和典型造价，考虑全过程工程安全、质量、造价和进度管控。 4）考虑工程进度计划与其他计划的协同。 5）考虑充分依托政府力量和资源推动工程前期工作。 6）考虑实现完工资产的电子化移交。 7）考虑工程项目及时结算转增资，工程建设与设备运维、资产卡片建立的关系，保障账卡物一致。 （3）应包含但不限于以下方面的管理选择、方法和要求： 1）工程项目管理。 2）工程质量管理。 3）工程造价管理。 4）工程安全管理。 5）工程进度管理。 6）工程技术管理	安全生产风险管理体系有关要求

（5）运维检修。

目的：为运维检修活动提供框架和指导。

运维检修规范要求见表5-15。

表5-15 运维检修规范要求

规 范 要 求	关联体系
(1) 运维检修单元的管理策略应当: 1) 高效经济开展运行,确保资产风险、绩效和成本最优。 2) 考虑综合设备状态、风险和重要程度等开展差异化运维检修。 3) 考虑利用状态监测等手段开展设备状态评价。 4) 结合停电计划等统筹安排综合生产计划。 5) 考虑电网设备受灾害损失后的恢复重建。 6) 降低设备风险,确保设备合理寿命,投资经济。 7) 考虑合理延长资产的使用寿命。 8) 考虑提升设备安全生产水平和投资效益开展资产改造。 (2) 应包含但不限于以下方面的管理选择、方法和要求: 1) 生产计划管理。 2) 设备台账管理。 3) 资产绩效评估与回顾。 4) 设备运行管理。 5) 设备维修管理。 6) 电网风险管理。 7) 状态评价与风险评估。 8) 资产改造。 9) 资产墙	安全生产风险管理体系有关要求

(6) 退役报废。

目的:为退役报废活动提供框架和指导。

退役报废规范要求见表5-16。

表5-16 退役报废规范要求

规 范 要 求	关联体系
(1) 退役报废单元的管理策略应当: 1) 确保资产充分合理利用,提升效率和降低损失最优。 2) 考虑将资产退役纳入计划管理。 3) 考虑将资产退役纳入项目可研管理。 4) 考虑统一资产退役报废鉴定标准。 5) 考虑资产性能、价值和处置效率开展差异化处置。 6) 考虑设备维修再利用。 7) 考虑闲置物资的有效再利用。 8) 考虑建立高效协同的资产退役报废管理流程。 (2) 应包含但不限于以下方面的管理选择、方法和要求: 1) 退役及报废鉴定。 2) 维修再利用。 3) 闲置物资再利用。 4) 报废处置	安全生产风险管理体系有关要求

(7) 综合管理。

目的:为资产全生命周期其他综合管理活动提供框架和指导。

综合管理规范要求见表 5－17。

表 5－17　　综合管理规范要求

规　范　要　求	关联体系
（1）综合管理单元的策略应当： 1）应明确业务外包的范围。 2）应建立统一的设备资产目录。 3）应建立统一资产编码。 4）应构建统一的技术标准体系。 5）应构建统一的技术监督体系。 （2）应包含但不限于以下方面的管理选择、方法和要求： 1）业务外包范围。 2）承包商管理。 3）统一设备资产目录。 4）统一项目分类及编码。 5）统一资产编码。 6）全生命周期成本归集。 7）财务预算管控。 8）资产技术标准管理。 9）资产盘点	安全生产风险管理体系有关要求

4. 资产管理计划

目的：确保资产全生命周期活动按照既定的计划（年度或一定周期的）有组织、有秩序的执行。

资产管理计划规范要求见表 5－18。

表 5－18　　资产管理计划规范要求

规　范　要　求	关联体系
资产计划的制定 （1）企业应当建立资产计划，以便通过资产全生命周期活动实现资产管理策略，达成资产管理目标。 （2）资产计划应当： 1）源自资产管理策略并与其保持一致。 2）承接资产规划并与其保持一致。 3）明确为执行上述任务和活动以及完成资产管理目标所指定的职责和权限，安排相匹配的资源。 4）完成上述任务和活动的措施和时间表。 （3）资产管理计划活动包含： 1）电网规划。 2）投资计划。 3）生产计划（包含运维计划、退役计划）。 4）项目储备库。 5）投资优选。 6）计划编制下达。 7）投资管控。 8）后评价	

续表

规 范 要 求	关联体系
资产计划的传达与执行 (1) 资产计划须以文本或信息系统的形式记录并发布。 (2) 资产计划应传达给所有相关人员。 (3) 企业应遵照资产计划所明确的时间表执行，并做好相应记录。 (4) 应根据投资计划、运维计划制定年度生产计划，每月（周）分解落实。包括巡视、维护、试验、检验等内容	
资产管理计划的回顾 定期对资产计划进行审查，确保计划有效并与资产管理策略和目标保持一致	

（四）管理执行

1. 计划执行和控制

目的：确保资产管理计划的执行，明确资产生命周期活动包含的相关内容及流程。

计划执行和控制规范要求见表 5－19。

表 5－19　　计划执行和控制规范要求

规 范 要 求	关联体系
(1) 生命周期业务活动应实现全过程协同： 1) 应基于风险、效能、成本综合最优的原则，建立资产全生命周期活动中实物流、资金流、信息流全过程管理的工作机制和标准。 2) 应建立资产全过程电子化移交工作机制。整体协同从项目设计到工程建设、物资采购、验收投产、转固增资全过程的业务管理要求，满足账卡物一致性要求，及时增资要求。 3) 应建立资产全过程退役报废管理工作机制，整体协同电网规划、立项投资、技术鉴定、退役审批、价值处置、逆向物流、再利用等全过程的业务管理要求，实现资产退役管理的高效运作。 4) 应建立资产全生命周期协同的技术标准，涵盖设备准入、年度计划、工程建设、物资采购、生产运维、退役报废等各环节的各类型设备技术标准。 5) 应建立资产全生命周期缺陷信息归集机制，实现各业务环节缺陷信息的贯通与统一记录。 6) 应建立资产全生命周期资金管理机制，明确各业务环节资金管控要求。 7) 应构建资产全生命周期成本模型，明确各阶段成本归集与分摊标准，实现全成本归集。 (2) 企业应明确生命周期活动包含的相关内容，并建立、执行和维护相关流程，生命周期活动包含： 1) 规划计划。 2) 物资采购与供应。 3) 工程建设。 4) 运维检修。 5) 退役报废。 (3) 生命周期活动应当： 1) 明确岗位及职责。 2) 建立业务指引（含流程、表单）。 3) 有效监控执行情况。 4) 在资产管理信息系统中记录活动的数据	

续表

规范要求	关联体系
规划计划 1）前期管理。 2）电网规划。 3）电网投资。 4）投资计划。 5）后评价	
物资采购与供应 1）需求计划。 2）采购与供应商管理。 3）合约与品控。 4）仓储配送。 5）逆向物流	
工程建设 1）项目管理。 2）质量管理。 3）造价管理。 4）安全管理。 5）进度管理。 6）技术管理	
运维检修 1）状态监测。 2）状态评价。 3）风险评估。 4）技术改造。 5）检修维护。 6）应急抢修。 7）技术监督。 8）可靠性管理	
退役报废 1）资产退役。 2）维修再利用。 3）闲置物资再利用。 4）资产报废	
财务管理 企业应当为资产开展以下相关财务管理活动： 1）预算管理。 2）资金管理。 3）财务核算管理	

（1）规划计划。

目的：进一步规范企业资产管理规划计划工作，提升资产管理能力。

规划计划规范要求见表 5-20。

表 5-20 规划计划规范要求

规 范 要 求	关联体系
电网规划 1）优化主网结构。围绕地方社会经济发展目标和电网企业战略目标发展需要，强化电网网架，打造更大范围资源优化配置平台，加强保底电网建设，全面提升电网抵御极端灾害和故障的能力，消除大面积停电风险。以高峰负荷日问题为导向，综合系统运行安全、客户用电需求和项目建设进度制定重点项目清单，提升项目可研深度，提高项目的可实施能力和投资效益。 2）加强配网建设。以先进技术标准引领配网发展，提高装备技术水平，按照网格化思路构建强简有序、相互支援的配电网架，实现输配电网、一次网架设备与二次系统、公共资源与用户资源之间相衔接，全面提升供电能力和供电可靠性水平。夯实城市治理基础，加大城中村电网设施改造力度，消除城中村用电安全隐患。 3）加快智能电网试点及推广。全面承接智能电网“五个环节+四个支撑体系”九大领域发展任务，先行先试推动智能电网示范区建设，并逐步推广。 4）在电网规划中，应建立基于资产全生命周期管理的模型，并基于资产全生命周期综合最优进行比选	
电网投资 1）结合未来电量增长预测和电价变化趋势、资产退役计划，预估未来每年的新增准许投资上限。 2）应开展未来五年的资产墙预测和分析，判断最大投资能力是否能满足投资需求。 3）开展供电可靠性投资效益评价，优化基于可靠性的配网规划	
投资计划 1）应建立企业资本性项目规划的统一协调、综合平衡和统筹规划机制，统筹考虑基建、技改，形成统一的资产规划。 2）优化投资项目管理，按照输配电价监管要求对企业投资管理流程的各环节进行优化，强化内部审批审核环节，延长投资计划的时间跨度，增加投资评估内容确保评估材料的完整性，优化投资安排确保计划实施的均衡性，提高计划的综合性和准确度	
后评价 应开展投资项目后评价，根据生产运行中，电网设备的风险评估结果和可靠性结果，评价是否实现投资目标，并进一步优化电网规划，形成反馈机制	

（2）物资采购。

目的：进一步规范物资采购工作，提升资产质量。

物资采购规范要求见表 5-21。

表 5-21 物资采购规范要求

规 范 要 求	关联体系
采购与供应商管理 1）应持续完善装备技术导则和技术规范书，优化设备序列，简化设备品类；开展设备型号审查工作，通过对具体型号设备的型式试验报告审查、关键零部件供应商备案和标准设计图纸审查，从结构、材料、适用性等维度对具体产品进行固化，把好设备选型关。	

续表

规　范　要　求	关联体系
2）应持续推进物资品类优化。结合最新规程规范，对基建一级物资品类进行细化优化，组织开展二级物资品类优化，形成清晰的采购清册，并建立物资品类优化成果与物资品类编码的对应关系。 3）应提升设备采购质量。从落实设备使用年限的承诺、加强设备关键部件的质量监控、明确备品备件的供应义务、明确供应商的责任及义务、明确接受技术监督的义务等方面制定提升措施。 4）应建立基于 LCC 的采购。选择关键设备研究实施全生命周期成本采购，逐步推广资产全生命周期（LCM）质量保证体系。 5）应优化完善统一管理、专业执行的品控业务运作机制。以问题为导向，持续完善差异化品控策略及计划，加强自主监造参与力度，完善关键点见证机制，建立并完善品控标准库，规范质量问题闭环处理。 6）物资采购需要根据运行维护环节的数据反馈开展供应商评价，对不同设备厂家的资产绩效进行评价，制定相关举措	

（3）工程建设。

目的：进一步规范工程建设工作，提升资产管理能力。

工程建设规范要求见表 5－22。

表 5－22　　工程建设规范要求

规　范　要　求	关联体系
项目管理 1）加强业主项目部管理，按地域组建或调整业主项目部，便于业主项目部熟悉片区建设外部环境，培养和稳固与所属地区局、政府相关部门合作关系，同时加强部门之间以及本部门内部的双向沟通与联系。 2）加强业主项目部建设，提升项目管理人员能力。 3）加强项目策划，提前做好项目利益相关方分析和风险分析。 4）加强项目前期管理，加大项目前期和建设许可手续办理力度，依法依规开展建设	
质量管理 1）加强项目过程管理，严格执行 WHS 质量管控，提高工程质量，逐步实现“零缺陷”移交。 2）加强项目验收管理，建立“谁验收、谁签字、谁负责”的责任追溯机制，把好工程质量移交关	
安全管理 1）加强项目安全管理，严格落实安全生产责任制，强化项目作业现场风险管控，开展现场应急管理，杜绝人身伤亡事故的发生。 2）加强项目分包管理，严格承包商准入制度，落实开展承包商日常检查违章扣分，公平公正开展承包商评价工作，为优选承包商奠定基础	
技术管理 1）加强设计和技术管理，严格执行技术、设计管理相关规定。保证设计质量，提高基建工程设计管理水平，打造安全、可靠、绿色、高效的智能电网。 2）严格执行标准设计与典型造价、变电站标准件技术规范等应用，推广绿色变电站建设标准，推广并研究基建领域新技术	
进度管理 1）规范资产移交管理，实现电子化移交和价值评估，及时转资以尽早获得资产收益。 2）严格落实重点项目投产计划，加强项目进度管控，攻坚克难，务期必成	

续表

规范要求	关联体系
造价管理 1）加强工程项目造价全过程管理，加强工程项目过程费用的管理，严格执行费用支付要求，确保工程进度与资金支付相匹配。对在初设和施设阶段超出造价控制线的项目做出分析和备案。 2）加强结算管理，规范结算流程，提高结算审核质量，提高增资转固效率	

（4）运维检修。

目的：进一步规范运维检修工作，提升资产运维质量。

运维检修规范要求见表5－23。

表5－23　　运维检修规范要求

规范要求	关联体系
状态监测 1）落实互联网＋智慧电网的要求，引入成熟的先进技术，推广设备状态监测和状态评价，建成状态评价分析决策系统，实现110kV及以上主设备状态监测全覆盖。 2）开展智能技术在设备运维等领域中的应用，推广监测检测、智能作业、设备仿真、互联网＋、大数据等先进技术，加快推进无人机、机器人等新型成熟技术和新设备应用	
状态评价 1）持续推进主网设备差异化运维，常态化开展设备状态评价、风险评估和管控定级，实现设备的分层、分级、分类和分专业管控。推进配网设备差异化运维，按照设备健康度和重要度划分管控级别，防止故障发生，减少故障停运时间与停运损失。 检修维护 2）优化运维模式。推行“运维属地化、检修集约化”的设备管理模式，开展状态监测中心、检修中心、巡维中心等“三个中心”建设，提升运维检修工作质量和效率。全面推行“机巡＋人巡”的线路巡视模式，提高输电巡视效率，有效控制运维风险。 3）推进生产精益化管理。通过开展多层次、多模式的精益化管理培训，导入精益化管理理念，应用精益化管理工具；在技改大修项目管理、设备运维管理和现场班组管理等方面大力开展精益化管理提升，提高资源利用效率和管理效率。 4）建立设备主人机制。为所有输变电设备设立设备主人，设备主人根据工作标准制定设备主人工作计划，对所管辖设备的基本信息、图纸资料、运行规程、生产计划、作业标准、设备健康度等方面制定检查和工作计划。设备主人负责对问题整改情况进行跟踪及闭环管控。 5）开展检修规范化管理。按照“应试必试、试必试全，应修必修、修必修好”的原则，开展检修工作。设备不应超期检修、检查性操作，不应任意调整检修项目。 6）优化运维成本管理。开展运维成本精益化管理，优化运维成本核算，实现运维环节成本的归集、分析。 7）做好用户资产接收工作。未来接收用户资产会给企业带来内部和外部两方面影响，需要根据用户资产的状态好坏、使用年限、运维成本、竞争环境和社会效益等情况制定差异化的接收策略	
技术改造 1）提升装备水平。充分利用世界新一轮科技革命和产业变革孕育兴起，抢抓引领性、颠覆性新技术、新工具、新材料涌现的历史性机遇，积极开展基础性、前沿性以及颠覆性技术研究和应用，全面提高设备装备和技术水平。 2）定期开展未来三年技改投资、运维检修资源预测。 3）利用全生命周期成本（LCC）开展技改修理投资项目的优选，推广应用设备技改、大修项目的准入决策。 4）引入技改修理质量厂商负责制，确保项目质量达到全生命周期管理要求	

续表

规　范　要　求	关联体系
技术监督 应开展全过程技术监督管理。技术监督工作要实行全过程、闭环的监督管理方式，贯穿于资产全生命周期管理的全过程，即在电网设备的设计审查、招标采购、工厂监造、安装调试、运行维护、检修、技术改造等所有环节都应开展技术监督工作；在设备调试、检修、技术改造等重点阶段，以及在高峰负荷、故障后等对输电线路、变压器等重点设备，应有针对性地开展专项技术监督工作	
可靠性管理 1）优化完善可靠性管理，以提高供电可靠性为根本，强化可靠性工作与规划建设、物资装备、生产运维、客户服务、科技创新的多线联动和责任传递，系统推进可靠性管理提升。 2）持续开展电压质量问题分析和配电网低电压台区综合治理，提升对客户的电能质量服务能力。 3）以综合标杆为引领，对标国际领先企业，持续提高供电可靠性和电能质量水平	

（5）退役报废。

目的：进一步规范资产退役报废，提升资产利用效能。

退役报废规范要求见表 5－24。

表 5－24　　退役报废规范要求

规　范　要　求	关联体系
资产退役 细化各类型设备折旧标准。研究分析各类型设备折旧年限选择依据，在满足设备选择依据的前提下，结合现行运行要求调整、规范和细化各类型设备折旧年限的具体标准	安全生产风险管理体系有关要求
维修再利用 应建立完善设备维修再利用机制，完善设备退役使用价值鉴定技术标准和流程，降低报废资产净值率，提升资产利用效能	
闲置物资再利用 应建立完善闲置物资再利用机制，优化流程，从制度上鼓励和保证闲置物资再利用	
资产报废 统一设备退役报废技术鉴定标准，为准确鉴定资产状态提供明确的技术条件和依据	

（6）价值管理。

目的：进一步优化资产价值管理，实现资产全生命周期成本的分摊与归集。

价值管理规范要求见表 5－25。

表 5－25　　价值管理规范要求

规　范　要　求	关联体系
（1）建立资产全生命周期成本归集、分摊的标准和规范，制定成本归集和分摊的流程，明确各相关部门的职责。 （2）优化资产管理系统和财务系统功能，实现设备资产初始成本自动分摊，运行成本、检修成本、故障成本，退役处置成本的全过程管理。 （3）实现资产全生命周期管理成本的应用分析，实现成本的多维度分析，在可研比较、物资采购、技改修理项目辅助决策等环节引入 LCC 成本支撑决策	

2. 变化管理

（1）变化管理。

目的：识别导致资产、资产管理和资产管理体系的变化的风险，进行评估和处理。

变化管理规范要求见表5－26。

表5－26 变化管理规范要求

规 范 要 求	关联体系
（1）企业应识别下列导致资产、资产管理和资产管理体系变化可能带来的风险： 1）法律、法规、标准或上级相关规定引起的变化。 2）企业组织架构引起的变化。 3）企业制度或流程变化。 4）人员引起的变化。 5）电网结构及运行方式发生的变化。 6）电网设备及设备参数发生的变化。 7）新技术、新工艺应用引起的变化。 8）资产管理信息系统的变化。 （2）必要时，企业应成立问题解决小组，针对变化开展风险识别与评估，并制定控制措施。 （3）企业应每年回顾变化管理的情况，必要时按程序修订，增加或废除相关标准。 （4）变化管理应做好记录。 （5）可参考安全生产风险管理体系1.8节	安全生产风险管理体系有关要求

（2）应急管理。

目的：明确应急计划的编制原则，开展应急管理，为资产相关突发事件的处置提供指导。

应急管理规范要求见表5－27。

表5－27 应急管理规范要求

规 范 要 求	关联体系
（1）应明确如何管理、应对突发事件和紧急情况，主要包含： 1）必要的人员、应急服务和外部援助力量。 2）内部和外部沟通的渠道。 3）发生意外供电中断时，恢复供电的措施。 4）供电中断、突发事件期间或紧急情况下需要提供的资源以及设备、设施或服务的维护。 5）应对和管理突发事件和紧急情况时的重要信息记录。 6）恢复正常运营的流程。 （2）应明确需配备的应急物资装备，并明确定期检查和测试要求。 1）应急指挥车、应急通信车等应急指挥类装备。 2）发电车、发电机等应急发电设备。 3）探测、报警、破拆、通风排水、应急照明等辅助设备。 4）帐篷、沙包、后勤补给等应急物资。 （3）加强应急指挥平台建设，完善政企联动应急管理机制，加强应急装备和应急物资管理，开展应急指挥通信系统规划建设；设立应急专项资金，规范应急抢修资金使用管理。	安全生产风险管理体系有关要求

续表

规　范　要　求	关联体系
（4）建立灾害补偿机制。一方面应该与监管机构积极协调，协助制定自然灾害发生时的投资监管要求，包括自然灾害导致的投资获得审批，以及估算和补偿机制，包括修理费的补偿。 （5）可参考安全生产风险管理体系 3.1 节	

3. 外包

目的：明确资产管理外包活动的范围，并确保外包活动得到有效的管控。

外包规范要求见表 5－28。

表 5－28　　外包规范要求

规　范　要　求	关联体系
资产管理外包业务范围 资产管理外包范围应由资产管理目标、策略和计划，乃至资产管理计划中的具体活动来确定	
资产管理外包业务管理要求 （1）资产管理外包活动应满足监管要求、业务发展需求，适应员工技能提升需求。 （2）应合理统筹资产业务外包和自主实施比例，满足成本控制需求。 （3）资产管理外包业务必须委托给具有相应资质的业务承包商，并按企业相关采购管理规定办理。 （4）明确并记录如何控制外包活动，并将其整合到企业的资产管理体系中，记录的内容包括： 1）已经外包的流程和活动（包括外包流程和活动的范围和界限，外包业务与企业自身业务的界面）。 2）企业与承包商之间可以共享的知识和信息的范围。 3）企业内部管理外包流程的职责	安全生产风险管理体系有关要求
资产管理外包过程管控 （1）应加强对承包商的管理，监督外包业务实施现场的作业环境及安全、技术、组织措施的管控落实。 （2）严格按照企业有关项目管理规定，开展对承包商的资信管理及评价考核。 （3）承包商管理可参考安全生产风险管理体系 1.10 节	

（五）绩效评价

1. 监测、测量、分析和评估

目的：用以衡量资产管理体系、资产及电网的绩效表现。

监测、测量、分析和评估规范要求见表 5－29。

表 5－29　　监测、测量、分析和评估规范要求

规　范　要　求	关联体系
资产绩效评估 （1）企业应建立、执行和维护资产绩效评估的制度和流程，用以衡量资产体系、资产与电网的绩效。绩效评估应当： 1）定期回顾资产管理体系、资产与电网的绩效表现，并用以指导绩效指标的制定。 2）建立资产绩效监控、评价和分析机制，定期（最多一年）编制资产绩效评价分析报	

续表

规 范 要 求	关联体系
告，全面分析资产指标情况。 （2）应以资产绩效管理为抓手实现资产管理体系的运作，年度制定资产管理目标，并进一步分解成各业务环节目标，下一年初开展资产绩效的评价。 （3）建立资产运营管控机制，实现资产绩效指标的对标、评价、分析，并根据评价结果制定举措	安全生产风险管理体系有关要求
资产绩效评估框架 （1）资产绩效评估框架至少需要包括： 1）资产基本情况：资产的总体数量、价值、投资情况。 2）综合绩效评价：开展资产类型等风险、效能、成本的综合评价，评价综合最优的实现程度。 3）各业务环节的资产绩效评价：通过资产全生命周期综合最优模型评价各业务环节的绩效情况。 4）风险、效能、成本对标及影响因素分析：开展各维度和指标的对标，分析指标与目标的差距，分析主要存在问题及问题的原因。 5）策略建议：通过开展资产绩效评价和分析，查找问题和提升点，制定关键举措，持续提升资产绩效	
资产绩效评估方法 企业应建立风险、效能、成本综合最优的评价模型，对资产绩效进行评价，并为资产策略的制定提供参考	
资产绩效评估应用 （1）单指标绩效分析与管理改进：针对资产管理体系和资产绩效表现与目标要求、对标指标存在较大偏差时发出预警，针对资产或电网的事故、事件、故障等绩效表现、资产可靠性和电压质量等效能绩效、资产成本等指标进行分析，并提供相关数据。 （2）综合绩效最优的分析与改进：分析资产类型、资产组在风险、效能、成本的综合表现，针对单维度出现短板时开展详细分析，确保综合最优。 （3）资产策略的优化：需要将资产综合绩效评定的方法应用到资产的各个环节的策略中，例如：资产的投资优先级排序、资产的采购、资产的运维检修等，根据资产绩效综合评价结果，优化资产的策略评价模型和资产管理策略。 （4）对于电改落实策略的持续优化：根据监管机构制定的资产管理绩效指标、目标和要求，开展资产绩效的分析和评定，持续优化落实策略	
运营监控 （1）企业应建立、执行和维护运营监控的制度和流程，用以监测资产体系、资产与电网运行的状况。运营监控应当： 1）根据企业的需求实施定性和定量的测量。 2）监测资产管理体系的整体有效性和效率。 （2）监测资产与电网的运行状况，记录监测和测量的数据及结果，为制定纠正与预防、持续改进措施提供数据支持。 （3）监测资产“账、卡、物”一致、电子化移交及时性及准确性等数据，确保资产基础数据质量	

2. 内部审核

目的：确保资产管理体系得到有效实施，达到资产管理政策、策略和目标的相关要求，并通过评审提出改进建议。

内部审核规范要求见表5-30。

表 5-30　　内部审核规范要求

规　范　要　求	关联体系
(1) 建立资产管理体系评价和审核标准。 (2) 企业应每年对资产管理体系进行一次审核，重点关注： 1) 体系的所有要素。 2) 流程与重要活动。 3) 体系运作的效力与效率。 4) 体系运行中存在的问题与不足。 5) 体系运作结果是否达到预期。 (3) 企业应成立审核小组实施审核，审核小组成员应由不同专业的员工组成。 (4) 审核应运用统一的资产管理体系审核标准，适用标准化的审核方案/调查表，以减少主观性和不一致性。 (5) 在条件成熟时，企业可通过第二或第三方对资产管理体系进行一次外部审核，客观评价体系运行效果。 (6) 做好审核结果的记录。 (7) 企业发布资产管理体系的审核结果	安全生产风险管理体系有关要求

3. 管理审查

目的：通过对资产管理体系的定期回顾，衡量预期目标是否实现，识别不足与改进空间，确保资产管理体系持续地适用、充分以及有效，实现资产管理工作持续性改进。

管理审核规范要求见表 5-31。

表 5-31　　不一致和纠正措施规范要求

规　范　要　求	关联体系
(1) 企业主要负责人每年应组织对资产管理体系进行回顾，确保体系具有长期适用性、充足性和有效性。管理层回顾应满足下列要求： 1) 由资产管理委员会组织实施。 2) 基于真实反映企业资产管理状态的有效信息进行。 3) 充分评审现有信息，决定解决问题所需的纠正措施并保证资源。 (2) 企业在管理层回顾时重点考虑下列因素： 1) 合规性评估报告。 2) 过程表现。 3) 前次管理层回顾整改措施的跟踪和反馈。 4) 事故/事件统计分析结果。 5) 预定的目标、指标和绩效。 6) 资产管理政策的适应性。 7) 体系覆盖的充分性。 8) 体系审核报告。 9) 实施体系的资源保障情况。 10) 人员任务和职责的合理性。 (3) 企业的管理层回顾应完成下列工作任务： 1) 制定改进体系效力与管理过程的措施。 2) 评估企业组织架构与资源的适宜性，优化资源配置。 3) 明确绩效改进的目标与指标。 4) 评价资产管理政策、策略与目标的适宜性，必要时作出修正	安全生产风险管理体系有关要求

（六）持续改进

1. 不一致和纠正措施

目的：调查处理资产全生命周期工程建设与生产运维环节资产缺陷、事故/事件，识别其根本原因，避免同类情况的再次出现。

不一致和纠正措施规范要求见表5-32。

表5-32 不一致和纠正措施规范要求

规 范 要 求	关联体系
企业应建立、执行和维护相关制度和流程，处理和调查资产管理体系、资产与电网相关的缺陷、事故/事件。应包含： （1）采取有效行动，减轻因缺陷、事故/事件所引起的后果。 （2）调查缺陷、事故/事件，确定原因，并形成分析报告。 （3）评估需要采取的预防性措施，以避免同类缺陷、事故/事件的再次发生。 （4）对于资产管理体系、资产与电网相关的绩效与目标出现差异的进行分析和调查	安全生产风险管理体系有关要求

2. 预防措施

目的：用纠正与预防措施，消除或降低问题再次发生的可能性，实现对资产及资产系统的成本、效能和风险的最优组合。

预防措施规范要求见表5-33。

表5-33 预防措施规范要求

规 范 要 求	关联体系
（1）企业应建立纠正与预防制度和流程。 （2）企业应对下列活动出现的问题提出所需的纠正与预防行动并跟踪落实： 1）管理层回顾。 2）资产管理审核。 3）合规性评估。 4）流程变化。 5）风险评估。 6）事故/事件调查。 （3）纠正与预防行动应明确具体措施的内容、责任部门、责任人和完成时限。 （4）企业应评估纠正与预防行动的效果，以防止类似问题再次发生	安全生产风险管理体系有关要求

3. 持续改进

目的：企业应不断提高其资产管理和资产管理体系适用性、充分性和有效性，以及资产管理体系绩效的持续优化。

持续改进规范要求见表5-34。

表5-34 持续改进规范要求

规 范 要 求	关联体系
（1）结合对资产、资产系统和资产管理体系的监控措施及纠正措施，在整个企业范围内识别、评估并实施改进机会。 （2）持续改进是一项为实现企业的终极目标而反复进行的活动，而非为实现某个年度或季度目标而进行的活动。 （3）积极通过各种途径寻找并获得资产管理相关的技术和方法	安全生产风险管理体系有关要求

（七）管理支撑

1. 资源

目的：确保资产管理体系运转、资产管理计划实施所有的资源。

资源规范要求见表 5-35。

表 5-35 资源规范要求

规 范 要 求	关联体系
（1）组织应确定并提供实现、维护和持续改进资产管理体系、满足资产管理目标和实施资产管理计划所需的资源。资源应包含： 1）人力资源。 2）资金资源。 3）设备、工器具资源。 4）技术资源等。 （2）企业应建立、执行和维护相关制度和流程，确保对全生命周期活动所需的工具、设施和设备进行适当的保养和维护，并应按使用要求进行校准。工具、设施和设备应包含： 1）生产工具。 2）特种设备。 3）测试设备。 4）用电设备。 5）机动车辆等。 （3）可参考安全生产风险管理体系第 5 章	安全生产风险管理体系有关要求

2. 能力

目的：识别资产管理活动岗位能力需求，构建岗位胜任力模型，提供足够的培训，确保涉及资产管理业务的员工拥有足够的知识和技能从事资产管理活动。

能力规范要求见表 5-36。

表 5-36 能力规范要求

规 范 要 求	关联体系
能力要求 （1）企业应充分调查与评估资产管理活动所需的人力资源需求，合理核定人员定编，并对每一岗位的能力需求情况进行调查分析，识别岗位能力需求，编制岗位说明书。 （2）企业应建立人员选聘流程和标准，确保所聘人员符合岗位说明书要求	安全生产风险管理体系有关要求
能力培训 （1）企业应依据能力需求分析结果，确定每一岗位的胜任力模型，为培训工作提供基准。 （2）企业应制定资产管理培训计划。 （3）培训内容应包含但不限于： 1）资产管理政策、目标和策略。 2）资产全生命周期管理理念与方法。 3）岗位职责、业务流程。 4）资产维护、操作的方法。 5）新设备、新技术的使用方法。 （4）企业应对培训效果进行评估	安全生产风险管理体系有关要求

3. 认知

目的：资产管理相关人员对于资产管理体系具有清晰认知，并能够清晰地认知自身工作对于资产管理体系的贡献。

认知规范要求见表5-37。

表5-37 认知规范要求

规 范 要 求	关联体系
企业应当建立、执行和维护相关流程，以使员工了解： (1) 资产管理相关风险与其工作活动之间的联系，资产管理能够为提升个人业绩带来的益处。 (2) 在遵守资产管理政策，以及执行资产管理计划中的职责。 (3) 能为资产管理体系优化和资产管理绩效提升所作的贡献。 (4) 偏离规定的资产管理流程可能导致的后果	

4. 沟通

目的：确保利益相关方理解并正确执行资产管理体系。

沟通规范要求见表5-38。

表5-38 沟通规范要求

规 范 要 求	关联体系
沟通机制 (1) 企业应建立关于资产、资产管理和资产管理体系相关所需的内部和外部沟通机制，包括沟通的内容、沟通时间、沟通对象和沟通方法。 (2) 可参考安全生产风险管理体系1.9节	
沟通内容 (1) 与上级机构的沟通，主要包括以下内容： 1) 主要资产绩效指标情况。 2) 资产管理体系执行情况。 (2) 与监管机构的沟通，主要包括以下内容： 1) 电改相关内外沟通机制。 2) 历史投资情况。 3) 各类型设备折旧年限及选择依据。 4) 可靠性目标及奖惩规则。 5) 重大自然灾害估算与补偿机制。 6) 运维成本历史情况及上限建议比例。 (3) 与客户的沟通，主要包括以下内容： 1) 可靠性和电能质量的情况。 2) 资产管理体系中如何保证服务绩效目标实现。 (4) 与承包商和供应商的沟通，主要包括以下内容： 1) 承包商和供应商的服务质量。 2) 设备资产的风险、效能和成本的指标情况。 3) 设备资产的重大风险事件等。 (5) 与内部人员的沟通，主要包括： 1) 制定资产管理策略、目标和计划。 2) 资产管理相关标准、制度和流程的制定。 3) 风险评估和控制措施的制定。 4) 事故、事件的调查。 5) 资产管理体系的持续改进	

5. 文化

目的：培育资产管理文化，推动体系有效落地。

文化规范要求见表 5－39。

表 5－39　　文化规范要求

规　范　要　求	关联体系
（1）企业应积极通过宣传手册、报刊、杂志、海报、视频、讲座、论坛等多种形式，在企业内部及利益相关方中培育资产管理文化。 （2）企业应鼓励广大员工结合本职工作，主动学习领先实践，积极开展资产全生命周期管理新技术、新方法的研究，提出合理化建议	

6. 体系文档

（1）文档体系。

目的：成体系地管理、维护资产管理各类文档。

体系文档规范要求见表 5－40。

表 5－40　　体系文档规范要求

规　范　要　求	关联体系
（1）企业应建立资产管理文档体系，资产管理体系的文档包括： 1）资产管理体系的主要构成元素及其相互关联的描述，以及相关文件的说明。 2）资产管理政策、策略以及目标。 3）建立文档管理的相关流程和运行标准。 4）建立最新的文档，并及时更新和维护。 5）决定文档要求的范围和存储方式。 （2）需文档化的程序包括： 1）新设备的设计、采购、制造、安装和投运。 2）合同的审核、批准和控制。 3）设备品质控制。 4）设备运行、检修、维护和检查。 5）工器具及检测设备的校验和维护。 6）设备的更新、技改、检修和处置。 7）备品备件管理。 （3）文档化管理对象： 1）资产管理政策。 2）资产管理策略。 3）资产管理计划。 4）角色、职责和权力。 5）管理体系外包部分如何得以管控，以及如何融合于企业资产管理体系中。 6）管理制度。 7）技术标准。 8）作业标准	安全生产风险管理体系有关要求

（2）管理制度。

目的：确定资产全生命周期活动应遵循的管理制度。

管理制度规范要求见表 5－41。

表 5-41　管理制度规范要求

规范要求	关联体系
(1) 企业应根据上级企业管理制度细化制定、维护和应用资产全生命周期各环节的管理制度和流程，应包含下列内容： 1) 电网规划。 2) 投资管理。 3) 供应链管理。 4) 工程建设。 5) 运维检修。 6) 退役报废。 7) 财务管理。 (2) 企业应对管理标准实用性和有效性进行审核，在必要时予以修订	

(3) 技术标准。

目的：确定资产全生命周期活动应遵循的技术标准。

技术标准规范要求见表 5-42。

表 5-42　技术标准规范要求

规范要求	关联体系
(1) 企业应制定、维护和应用资产全生命周期各环节的技术标准，应包含下列内容： 1) 电网规划导则。 2) 装备技术导则。 3) 设计标准。 4) 设备技术标准。 5) 采购物资技术标准。 6) 采购物资品质控制技术标准。 7) 施工工艺标准。 8) 验收标准。 9) 设备运行标准。 10) 设备安装维护检修标准（手册）。 11) 设备状态评价与风险评估标准。 12) 报废鉴定标准。 (2) 企业应对技术标准的实用性和有效性进行审核，在必要时予以修订	

(4) 作业标准。

目的：明确资产全生命周期相关活动的操作和使用方法。

作业标准规范要求见表 5-43。

表 5-43　作业标准规范要求

规范要求	关联体系
(1) 企业应制定、维护和应用资产全生命周期各环节的作业标准，应包含下列内容：作业指导书、作业表单（包含巡视、维护、试验、检验、验收等作业）。 (2) 企业应对作业标准的实用性和有效性进行审核，在必要时作进行修订。 (3) 作业标准内容应简洁、高效，宜实现信息化	

7. 信息管理

（1）信息系统。

目的：为资产全生命周期管理提供数据记录与信息支持。

信息系统规范要求见表 5-44。

表 5-44　　信息系统规范要求

规　范　要　求	关联体系
（1）企业应建立覆盖资产全生命周期的信息系统，系统应实现： 1）固化资产管理策略。 2）横向贯通资产全生命周期业务流程。 3）监控企业资产管理绩效。 4）记录资产全生命周期的活动。 5）存储资产全生命周期的数据。 6）归集资产全生命周期的成本。 7）实现资产实物管理、价值管理与信息管理的统一	

（2）数据管理。

目的：积累资产全生命周期数据，为资产管理提供辅助决策。

数据管理规范要求见表 5-45。

表 5-45　　数据管理规范要求

规　范　要　求	关联体系
（1）企业应通过资产管理信息系统积累资产全生命周期数据，数据应确保： 1）一致性：台账信息、接线情况与现场的一致性，财务系统固定资产卡与生产系统资产级设备台账的一致性。 2）完整性：台账信息的完整性，资产卡片的完整性，系统数据的完整性。 3）规范性：台账参数规范，系统其他数据规范。 4）准确性：设备台账、资产卡片、系统其他数据准确。 （2）实现“账卡物”一致。建立统一的资产目录，明确一二次设备的资产分类原则，对设备台账的结构进行优化完善，实现资产价值信息与实物信息一次录入、动态更新、有效共享。 （3）数据主要包含以下几类： 1）资产的技术信息。 2）资产的状态信息。 3）资产的位置信息。 4）资产的价值信息。 5）资产变动情况。 6）资产基础信息。 7）资产的规划数据。 8）资产的采购数据。 9）资产的基建数据。 10）资产的运维数据。 11）资产的退役数据	

（3）辅助决策。

目的：为资产管理策略、目标及计划等方面提供充分的信息并进行辅助决策。

辅助决策规范要求见表5-46。

表5-46　　辅助决策规范要求

规范要求	关联体系
（1）建立资产管理的运营管控平台。实现资产绩效指标的统计、查询、分析和挖掘，能够按照组织、电压等级、资产类型、各业务环节等实现展示和分析。 （2）建立资产分析决策平台。实现资产的规模、风险、效能、成本的分析，建立资产策略模拟和辅助决策模型，包括基于LCC的采购策略、技改修理项目投资预测、技改修理项目准入、设备选型策略优化、供应商评价、检修策略优化等辅助决策模型，最终建立一套对外能够向监管机构说明资产分析决策报告，对内支撑各级管理人员辅助决策。 （3）引入大数据、互联网＋的先进技术，提升大数据分析能力和数据化决策水平，开展设备资产多维度分析，分析设备年龄、价值、规格、缺陷、故障、时空环境之间的关联，开展基于大数据的设备运行状态评价与风险评估，提高资产全生命周期管理的科学决策水平。 （4）系统应针对企业各级管理人员，分层分级展示资产管理相关信息，为资产管理策略、目标、计划和活动等提供辅助决策	

CHAPTER 6

第六章 资产管理政策

第一节 制定资产管理政策

资产管理政策是企业实施资产管理以实现组织目标所采用原则的简要陈述。资产管理政策宜由企业最高管理层批准，从而体现对资产管理的承诺。政策宜阐述企业对资产管理相关决策、活动和行为的承诺和期望。政策宜与企业目标相一致并体现对目标的支持。

资产管理政策的原则可包括对下述事项的承诺：

（1）对资产管理活动的指导。例如，服务交付的目标指导资产管理的实践和决定；

（2）满足使用的法律法规；

（3）提供资源，以实现资产管理目标并确定组织结构或工作方式，从而实现组织目标。例如，将资产策划和管理整合至企业和业务的策划、预算和报告过程；

（4）决策准则。例如，资产管理决策基于对各种方案的评估，评估时考虑资产寿命周期成本、收益和风险；

（5）报告资产与资产管理绩效；

（6）长期目标、可持续的结果和相关方要求；

（7）资产管理体系的持续改进。

企业宜有用于评审和更新资产管理政策的过程，确保在企业的内外部环境改变时启动必要的行动更新政策。

第二节 资产管理政策解读

一、电网企业资产管理政策示例

（一）资产管理目标

打造安全、可靠、绿色、高效的智能电网，为客户创造价值，并提供优质的电力和服务，重视投资回报，推动企业改革创新，实现资产全生命周期风险、效能和成本综合最优。

（二）资产管理策略

投资有所值，资产尽其用，风险受监控，绩效获提升，管理求卓越。

（1）投资有所值。通过投资引导，做好前瞻性的资产决策，注重投入产出和资产长期价值创造能力的提升，提高资产利用效率，优化资产运营效能，满足政府监管要求，提升企业经营效益。

（2）资产尽其用。推动电网规划落地，做优做强主配网，强化工程项目质量及验收管控，提升资产质量水平和综合可用率，延长资产使用寿命，满足城市电网高负荷密度、高可靠性以及高电能质量的用电需求。

（3）风险受监控。建设本质安全型供电企业，坚持一切事故都可以预防的安全理念，加强资产风险监控和运营风险管理，积极研究应用新技术、新方法，做好资产的风险识别、评估、预警与管控，确保电网安全稳定运行，提升资产健康水平。

（4）绩效获提升。对标世界领先企业，以综合标杆指标为引领，完善资产绩效评估与监控，持续提高供电可靠性和电能质量水平，降低报废资产净值率，提升资产综合效能。

（5）管理求卓越。夯实资产管理基础，实现全过程高效协同，培育资产管理文化，健全决策科学、执行可控、管理量化的国际领先资产管理体系，推动资产管理向精益化转变。

企业应提供充足的资源、培训和信息，并要求所有员工必须充分理解、掌握和遵守本政策，确保政策得以贯彻落实。

二、 电网企业资产管理政策解读

政策是指企业以权威形式标准化地规定在一定时期内，应该达到的奋斗目标、遵循的行动原则、完成的明确任务、实行的工作方式、采取的一般步骤和具体措施。

（一） 资产管理政策修编的主要考量

按照 ISO 55000 标准要求，企业资产管理政策必须吻合企业的宗旨、经营战略和经营目标，体现企业所属固定资产的特点，反映对法规和其他要求符合性的追求，可被分解为可执行的固定资产策略与目标，包含持续改进的精神等。电网企业资产管理政策应契合企业文化，体现企业愿景，承接企业战略。

（二） 资产管理政策释义

（1）资产管理目标。打造安全、可靠、绿色、高效的智能电网，为客户创造价值，并提供优质的电力和服务，重视投资回报，推动企业改革创新，实现资产全生命周期风险、效能和成本综合最优。

释义：资产管理目标与企业战略高度吻合，体现了对内满足企业发展、提升价值管理、改革创新，以及对外为客户提供优质服务、满足政府监管等承诺。

（2）资产管理策略。资产管理策略“投资有所值，资产尽其用，风险受监控，绩效获提升，管理求卓越”与体系框架相吻合。

1）投资有所值：通过投资引导，做好前瞻性的资产决策，注重投入产出和资产长期价值创造能力的提升，提高资产利用效率，优化资产运营效能，满足政府监管要求，提升企业经营效益。

释义：通过资产管理，增强企业各级员工资产价值与投资回报的理念。在适应电改和政府监管要求的基础上，通过资产投资决策与投资引导，让每一分钱投资都发挥效益，让每一个资产都发挥长期价值，保证投资回报，切实提高企业价值创造能力。

2）资产尽其用：推动电网规划落地，做优做强主配网，强化工程项目质量及验收管控，提升资产质量水平和综合可用率，延长资产使用寿命，满足地区高负荷密度、高可靠性以及高电能质量的用电需求。

释义：推动电网规划落地，做优主网、做强配网，是做大有效资产规模的基础。在增量资产入网环节，通过优化采购策略、提高技术标准，强化工程质量及验收管控等手段，提升资产质量水平，提升各类设备可用系数，延长资产使用寿命，是做优有效资产的核心策略。

3）风险受监控：建设本质安全型供电企业，坚持一切事故都可以预防的安全理念，加强资产风险监控和运营风险管理，积极研究应用新技术、新方法，做好资产的风险识别、评估、预警与管控，确保电网安全稳定运行，提升资产健康水平。

释义：与电网企业安全生产理念吻合，在存量资产运维环节，要加强资产风险识别、评估、预警与管控，确保电网安全稳定运行，提升资产健康水平。

4）绩效获提升：对标世界一流企业，以综合标杆指标为引领，完善资产绩效评估与监控，持续提高供电可靠性和电能质量水平，降低报废资产净值率，提升资产综合效能。

释义：按照世界一流企业的标准，通过完善资产绩效评估与监控，确保资产管理关键绩效指标表现获得持续提升，重点是提高供电可靠性，降低客户平均停电时间，降低报废资产净值率。

5）管理求卓越：夯实资产管理基础，实现全过程高效协同，培育资产管理文化，健全决策科学、执行可控、管理量化的国际领先资产管理体系，推动资产管理向精益化转变。

释义：资产管理是电网企业的核心工作，需要继续深入推进，夯实资产管理基础，解决横向协同与纵向执行难题，需要通过建立决策科学、执行可控、管理量化的资产管理体系，实现卓越的资产管理，推动企业高质量发展，创建世界一流企业，形成可复制推广的资产管理经验。

CHAPTER 7

第七章 资产管理策略

第一节 资产管理总体策略

一、资产管理策略的定义

资产管理策略是一系列长期的使资产管理更为优化的方法，其源自资产管理政策并与其保持一致，用于指导企业资产管理计划的制定。在电网企业中，一个长期的、优化的资产管理策略对上不仅承接了企业的战略规划、发展目标和资产管理政策；对下通过统筹考虑风险、效能和成本因素，为形成长期的资产管理计划提供指导。

二、电网企业资产管理策略的意义

资产管理策略是规范电网企业资产管理主要业务活动的行动指南。资产管理策略是贯彻落实资产管理政策要求、实现资产管理目标的桥梁，通过制定基于资产管理策略的具体可执行的工作方案和行动计划，推进企业资产管理实施落地，分阶段逐步达到资产管理目标。

作为整个资产管理体系的重点，资产管理策略一般包括资产管理总体策略，以及资产全生命周期各阶段管理策略，如电网规划、投资管理、物资采购与供应、工程建设、运维检修、退役报废、综合管理等业务策略。

资产管理总体策略承接资产管理总体目标，明确资产及资产管理的定位以及开展资产管理工作的总体原则等，对全生命周期各环节分策略形成指导。

制定资产管理策略应遵循以下基本原则：

（1）承接性。策略应全面承接企业战略规划和资产管理政策，并有效指导资产管理各业务活动计划的制定。

（2）全周期。资产管理策略应考虑全生命周期资产管理活动的相互依存关系。如制定物资采购策略，应当充分考虑将全生命周期各阶段发现的设备问题反馈至采购前端，以提升采购入网质量。制定规划策略应充分考虑减轻电网风险及可靠性提升的需要，调整项目投产进度。

（3）持续改进。应当通过定期评估与审核，持续改进资产管理策略，确保其有效性。

第二节　资产管理业务策略

一、电网规划策略

（一）目标

贯彻落实电网企业资产管理政策，打造“安全、可靠、绿色、高效”的智能电网，满足城市电网高负荷密度、高可靠性以及高电能质量的用电需求，推动电网规划落地，做优做强主配网，进一步提升电网发展质量，实现资产全生命周期风险、效能和成本综合最优。

（二）适用范围

适用于电网规划及规划项目前期工作管理。

（三）策略内容

（1）总体原则。电网规划应以网络为视角，遵循国家、行业及企业相关电网规划设计原则，充分考虑不断增长的电力负荷、电能质量和供电可靠性要求、电源接入、电网运行安全、电网建设的实施能力、投资能力和盈利能力、技术革新等因素，滚动修订符合实际的电网规划原则。电网规划原则应保持相对稳定，对重大原则变动应充分论证、慎重决策，保障规划思路的有效延续。同时密切关注国内外先进的电网发展理念和成果，通过对现状问题、前瞻性问题进行分析研究，积极稳妥地把新技术、新思路运用于现有的电网规划。

（2）近远期规划协同。电网发展应采取近远期结合的思路，有计划、有步骤地进行整体规划、分步实施。

近期（1～2 年内）电网规划在中期规划指导下，主要滚动调整项目建设时序，避免频繁更换改造，加强年度计划电网项目建设，满足新增负荷需要。

中期（3～5 年内）电网规划服从远景目标网架，结合国民经济发展规划制定五年内项目建设时序，以新建变电站布点和线路方案为主，并按照网格化的思路同步规划建设电网，每年进行滚动修编调整，持续优化规划编制深度。电网发展应有所超前，避免短时期内重复建设、重复投资。

中长期（5～20 年或更长时间）电网规划应重点研究电力平衡、饱和负荷网架和布点规划，统筹优化市内电源建设、市外新增电源及通道建设，纳入省、市能源发展规划和城市发展规划。

（3）与城市发展协调。加强电网规划与城市发展协调。推动电网规划纳入城市规划，做好电网规划和综合管廊规划的衔接，全过程参与综合管廊规划设计工作。主动适应城市发展要求，注重电网发展与周边环境协调，推进电网“两化一型”发展，节约土地资源，保障电网规划落地。

（4）与生产运行协调。加强电网规划与生产运行的协调。在规划电网和可研设计中注重运行方式多情景分析、风险和可靠性目标评估；共同研究、同步调整电网规划与运行标准，及早发现电网运行和生产中存在的运行风险、设备轻载及重过载问题，并有针对性地予以解决。

（5）电网电源规划协同。电网规划应积极接纳清洁能源，引导本地常规电源合理布局，优化电源结构，保障电网稳定。同时应提升系统灵活性和可靠性，加强智能电网建设，提高电网对分布式能源接纳能力，提升与客户互动友好性。

（6）主配网规划协同。加强主配网规划方案协同。主网规划应充分考虑负荷分布和负荷特性，将变电站延伸进入负荷中心，为用户接入提供灵活便利的电源点；配网规划根据上级电网资源合理组网，同时将电源需求反馈至上级规划。优化 110kV 变电站布点规划管理。各属地单位积极跟进各区重点产业和市政规划动态，及时获取并上报负荷信息，提出 110kV 布点及投产时序调整建议，保证项目建设更加贴近实际需求。深化主配项目建设管控联动机制。主网项目选址选线、可研设计阶段应充分考虑配网出线可行性；配网出线项目启动时机与主网项目进度充分配合，实现主配网项目同步投产，提高资产效益。

（7）规划设计方案制定。在电网规划和项目可研设计阶段加强技术经济评价，特别注重资产全生命周期风险、效能和成本的评估，从网架设计、新增规模源头注重提高资产利用效率，提升企业价值创造能力。提前做好项目退运资产规划和闲置物资再利用，开展资产全生命周期管理的多方案比选，确保项目全生命周期风险、效能和成本综合最优。

二、 投资管理策略

（一） 目标

落实中央稳投资工作部署，坚持推进高质量发展，做好五年规划承上启下，做好投资安排。

（二） 适用范围

适用于电网企业各类投资项目的投资管理工作。

（三） 策略内容

（1）投资规划。投资规划应落实党和国家方针政策以及国家相关部委产业政策和投资管理要求，承接企业发展战略、发展规划和相关专业规划。

计划管理部门负责制定企业投资总体规划，各专业管理部门负责制定本专业投资专业规划。投资规划应与国民经济发展五年规划周期的年限一致。每隔三年或有特殊需要时，进行滚动修编，并将规划水平年向后延续三年。为顺应输配电价改革的要求，管制业务的三年投资规划需上报市政府相关部门，获得批复。原则上开展前期工作的投资项目必须来源于规划。提交投资决策的项目必须完成可研、尽调报告、估值分析和法律论证等审批。

（2）投资规模及结构管理。投资规模分为管制业务项目投资和新兴业务项目投资，管制业务项目投资规模务必取得政府监管部门的认定，新兴业务项目投资规模按照企业产业发展布局转型需要、项目投资回报率、国资委核定非主业投资控制比例等综合确定。

投资规模应依据企业经营现状和发展需求，平衡企业利润目标、资产负债率控制指标、营业收入（售电量增长）、成本和投资需求，统筹投资能力，由计划管理部门与财务部门共同研究提出建议，报企业决策机构决策。管制业务投资规模原则上应符合输配电价核定投资规模。新兴业务投资规模，按照企业产业发展布局转型需要、非主业投资控制比例、项目投资回报率等因素设定。

（3）投资计划管理。投资计划包括管制业务、新兴业务的年度前期费投资计划和年度投资计划（含调整计划）。

管制业务固定资产投资计划包含电网基建项目（含业扩配套项目）、小型基建项目、技改项目、科技项目（资本性）、信息化项目（资本性）等六类项目投资计划。依据经审批的投资规划，形成的项目前期储备库。根据外部经济形势和内部经营状况，秉承资产全生命周期管理理念，校验规划项目必要性，合理确定项目启动前期工作的时序。依据前期费投资计划开展项目的可行性研究等前期工作，前期工作完成，论证可行的项目形成投资项目储备库。以提升企业核心运营指标和价值创造能力为指引，全面分析项目建设必要性、充分性，核实项目建设条件，优选投资项目经投资决策后列入投资计划。

新兴业务板块投资计划，应根据相应项目管理办法明确的决策管理权限，按照项目前期工作开展需要，制定、下达前期费投资计划。

对于重点项目或强制项目，采取预计划方式，提前开展施工图编制及招标前准备工作，按投资管理规定相关决策程序完成后，立即下达预计划，最大限度争取实施时间。强化里程碑计划均衡安排，由各专业管理部门及计划管理部门，依据合理工期结合投产时间需求，按照项目分批、任务均衡的原则，共同排定里程碑计划。

投资归口管理部门和专业管理部门对管制业务投资计划执行情况进行全过程管理，对项目开工时间、投产时间、暂估结转、结算、决算、正式转固等关键节点计划完成情况进行统计分析，并定期发布各类投资项目节点计划完成情况。加强投资全过程管控，建立增资转固相应指标体系，明晰权责，落实责任，将增资转固纳入组织绩效考核。

（4）投资评价管理。投资评价包括投资总体评价、投资专业投资、重大或典型项目后评价、项目自我总结评价四个方面。投资评价应遵循独立、客观、公正、科学的原则。

投资总体评价工作由投资归口管理部门负责组织开展。通过分析评价投资规模和投资结构的科学性和合理性，投资经济性和有效性，对企业中长期发展战略和相关战略指标提升情况的支撑，改善投资管理，达到投资效益最大化的目的。

投资专业评价由专业管理部门负责，通过分析评价投资策略的执行情况，对企业发展和运营的影响，总结经验，完善次年投资策略，达到提高投资效益的目的。评价对象为被评价单位的年度专业投资，包括电网基建、小型基建、技术改造、科技（资本性）、信息化（资本性）等管制业务固定资产投资，金融板块固定资产投资和股权投资，境内综合能源等涉电业务的固定资产投资和股权投资。

投资项目第三方后评价由投资归口管理部门每年组织选取部分重大或典型项目开展，从竣工投产的投资项目中选取，具体包括电网基建、小型基建、技术改造、科技（资本性）、信息化（资本性）等管制业务固定资产投资项目。通过对项目实施过程、结果及其影响进行全面分析，与决策时确定的目标和技术经济指标进行对比，找出差别和变化，分析原因，提出对策建议。

三、物资采购与供应策略

（一）目标

贯彻落实电网企业资产管理政策，提升入网技术标准，提高资产质量水平，规范物资采购及供应，实现资产全生命周期风险、效能和成本综合最优。

（二）适用范围

适用于各类固定资产投资项目所需的物资采购工作。

（三）策略内容

1. 设备准入

（1）技术选择。设备选型应适度超前，在经济性相差不大的情况下，应优先选择高参数、合适容量的设备，以降低后期增容改造的成本。设备选型应充分考虑降低维护量，选取设备的结构形式、设计特点应可满足低维护量的要求，在满足电网需求的条件下，优先选用结构简单、全密封、部件少的设备。

各主要部件（指一旦失效必定造成设备退运的部件）的寿命应保持一致，在全生命周期中电气、机械等性能指标应满足电网运行的要求，防止因单一主部件提前老化导致设备失效、提前退运。附属部件（指失效后不直接造成设备退运，但影响设备功能发挥的部件）应标准化，来源多样，容易更换，防止因附属部件失效导致设备停运。

（2）差异化选择。应根据所处电网的重要性及运行环境对设备入网进行差异化选型。重要设备应采取性能较为可靠、拥有较好运行记录的设备；一般设备可以尝试使用新产品，对于环境恶劣的地点，应选择密封性能好，参数高的设备，降低运行的故障率，对于环境较好，但居民密集的地点，应选择噪声小、外形紧凑的设备，以降低居民邻避效应。

2. 供应商管理

按照分层、分类、分级管理方法规范供应商登记核查、绩效评价、不良行为及服务管理。按照“统一制度、统一标准、统一流程、统一平台”的“四个统一”的总体思路，完善企业供应商管理体系。客观、公正、动态、量化开展供应商资质核查及评价，客观反映供应商整体实力状况，为企业采购推荐实力强、质量优、讲诚信、守信用优良的供应商。

3. 招标管理

按照“集约、规范、高效”的原则，对物资需求进行计划、协调、控制和优化，按照项目建设的进度要求，采购品质优秀、价格合理的物资。

统一管理企业物资品类目录，持续优化物资品类，及时淘汰技术落后的品类，减少品类的数量，形成企业主流的物资品类，提高设备的通用性、互换性。

招标：招标工作应满足国家及上级企业有关制度要求，采购标的达到一定额度要进行公开招标，推行集中公开招标方式，实行招标“六统一”管理，即统一的招标平台、规范标准、招标策略、工作流程、供应商关系和评标专家库。

非招标：按照国家及上级企业有关制度要求明确非招标采购范围。在实施非招标采购工作中，应当遵循“主体合格、程序规范、有效竞争和客观评审”的原则。

框架及专项招标：为实现规模效益，对于企业常规性采购的工程、货物或服务，可采用框架招标方式确定一段时间内的中标人和中标单价。对于需求集中、数量确定的采购项目，为提高采购效率，可整合项目需求，合并采购计划，开展集中的专项批次招标，促进采购项目有序开展。

框标招标周期：框架协议的有效期可为半年或一年，为均衡安排全年招标工作，不同物资品类的框架协议有效期的起始时间可差异设置，同一类别的物资框架协议有效期保持一致。

企业各类物资的采购原则上采用综合评估法，在满足招标文件实质性要求前提下，按照招标文件中规定的评分标准和各项因素进行综合评审，以评标总得分最高的投标人作为相应标段的中标候选人。综合评估内容主要包含商务评价、经济评价、技术评价、资产全生命周期成本（LCC）评价、资质能力评估、履约评价及运行应用评价七部分，根据标的具体情况设置不同权重。

4. 品质控制管理

构建以 WHS 关键点为核心的“1＋5＋2”品控体系，包含送样检测、到货抽检、专项抽检、设备监造、缺陷管理 5 大模块，通过体系的运作和落地提升企业采购物资的总体质量水平。加强对重点物资质量的监督，引导供应商重视质量体系建设，做好企业内、外品控队伍的建设和管理，促进物资品控工作平稳、有序开展。

送样检测主要针对拟首次或重新进入企业的供应商的设备材料、供应商新开发的设备材料或者供应商新采用的关键原材料和组附件。

到货抽检适用于未曾开展监造的，或通用性强、标准化生产程度较高的物资，采取强制性抽检的原则。到货抽检的样品应具有科学性、代表性，到货抽检结果作为供应商履约评价的依据之一。到货抽检应以问题为导向，每年开展一次策略审视，结合抽检实施及运行过程中发现的问题，以及市场上检测能力情况，不断调整抽检物资品类范围，同时将抽检范围延伸至关键原材料及零部件。

专项抽检主要针对常规的设备监造和到货抽检之外，质量问题较多或容易产生质量隐患的设备材料及其关键原材料和组附件，采取强制性抽检原则，可采用抽样检测或对关键环节尤其是出厂试验环节进行抽查见证的方式。专项抽检工作按照企业专项抽检业务指导书执行，专项抽检工作过程应规范、公正、公开。

设备监造针对不同设备设置关键见证点（W、H 和 S 点），明确各品控点的工作内容、品控类型、方式和实施主体，设备监造工作要求设备通过出厂试验并合格。各类设备监造工作全面采用 WHS 关键点见证的方式，采用“全部委托、部分委托、自主监造”三种模式相结合。

对设备在设计、生产制造、安装调试、运行维护等各业务环节的缺陷进行全过程管理，并建立缺陷物资召回及供应商质保期延长等机制。物资质量缺陷分析和处理结果作为供应商评价的依据之一，并通过督促供应商主动召回缺陷物资、主动延长质保期等手段以实现缺陷的闭环管理。

建立招评标环节供应商设备质量问题通报机制，试行将供应商质量信息在招评标阶段进行通报，使评标委员会更加客观、全面的了解投标人质量水平，确保评标结果更加客观公正。

每年定期开展物资质量分析，结合品控历史数据及本年度品控业务数据、安装调试、运行发现的质量问题，编制质量分析报告，内容包括品控业务开展情况、设备质量现状、合格率及缺陷分布分析等。

5. 供应商履约评价管理

通过对供货供应商的各项履约要素进行综合评价，督促供应商提升产品质量、完善履约服务，并为供应商优选、采购策略制定、供应商管理提供数据支撑。

6. 仓储管理

各仓库实行编码管理，分为企业仓库、施工现场仓库、供应商仓库三类，分别实行仓库分级管理、物资交接管理和库存信息管理。企业仓库采用“一级仓＋急救包”的分级管理模式，一级仓由物资部门统一管理；各物资使用单位可根据需要设置急救包并负责日常管理。

建立仓库作业规范和流程，规范入库、出库、移库、调拨、退库、盘点等环节的作业标准，并确保账物一致。仓库物资分为项目物资、储备物资、闲置物资、报废物资。非定额项目物资实行准时化管理（JIT），由供应商仓库直接运至施工现场。储备物资（含备品备件、计量、配网项目物资）实行定额管理，遵循“多种方式、定额存储、动态补仓、综合利用”的原则，分级存储在一级仓和急救包内。闲置物资和报废物资分别遵循“严格管控、持续降低”和“定期处置，周期清零”原则，降低仓储成本，提高库存周转率。

7. 物资配送管理

非定额项目物资原则上实行准时化（JIT）方式配送，由供应商直接配送至施工现场仓库，实行零库存管理。对于确需调整供货计划的，物资部门应及时与项目建设部门沟通确认。针对定额储备物资的储备采取补仓配送的模式。一级仓的定量补货由供应商直接配送。急救包的定期补货（含移库、调拨）采取供应商直送和第三方配送两种模式，并以效益优先、满足效率的原则选择合适的配送方式。

四、 工程建设策略

（一） 目标

贯彻落实电网企业资产管理政策，以业主项目部为主体对基建项目进行管理，加强对基建工程的全过程管控，做好基建工程的安全、质量、进度、造价、档案的管控力度，强化工程项目验收，确保项目的按期投产，及时满足网架结构完善和负荷需求。

（二） 使用范围

适用于电网基建项目。

（三） 策略内容

（1）项目前期管理。提前介入可研，业主项目部参与可研方案的审查，参加现场查勘，从项目的可实施性角度提出合理性意见，优化可研方案。

完善工程前期手续，按里程碑计划跟进可研阶段前期文件批复情况，及时与政府部门沟通协调，办理各项行政许可手续，为后续初步设计批复、施工招标以及工程开工提供合法合规依据。

站址用地实控，项目可研批复后，应发挥各属地单位的属地化优势，协调政府部门提前开展变电站工程的“两通一平”工作，落实站址用地的实控。

（2）安全文明施工管理。开展基建施工7S管理（整理、整顿、清扫、清洁、素养、安全、节约），依据标准做好现场的安全文明施工。开展安全文明检查评价，按照基建项目安全文明施工检查评价标准表，对基建施工现场进行检查和评价，并据此开展承包商评价和安措费的管理。

（3）安全风险管理。业主项目部应开展所辖项目的风险辨识、评估，制定风险预控措施，做好对承包商的安全管理。及时跟进国家、行业及企业相关安全管理要求的布置，每年组织开展两次安全培训工作，业主项目部承接开展培训。鼓励和指导参建单位开展安全生产风险管理体系建设，推动有代表性的承包商获得高等级体系认证，通过示范效应带动各承包商主动开展体系的应用。根据承包商经营实力、承包商履约情况及日常违章扣分工作，对承包商进行量化打分，并发布评价结果，将结果应用于招投标工作中。

（4）WHS质量控制。WHS质量控制点的设置。监理项目部应在开工前，根据工程实施范围、施工图纸等资料组织完成WHS质量控制点的设置，并经设计单位、施工单位审核及业主项目部的批准。

WHS质量控制点的管控。监理项目部应根据质量控制点的设置情况，根据工程实施进度同步进行WHS的检查和管理，并在资产管理系统WHS模块内填报相应数据。WHS完成率是业主项目部考核监理项目部现场到位管理的指标，关键质量抽检合格率是业主项目部和监理项目部考核施工承包商在工程建设中施工质量能力的指标。对于不合格的WHS点，监理单位应及时监督施工单位进行整改，并做好资料（包括现场记录、照片等）的存档，业主项目部应做好现场核查。基建管理部门应不定期进行质量抽查，比对现场实体质量与关键质量抽检合格率数据，对关键质量抽检合格率数据不真实的情况，应责令相关责任方限期整改，严重的进行承包商日常违章扣分处罚。

（5）工程质保。质量回访。基建管理部门应联合设备管理部门对已投运基建项目的运行情况进行全生命周期质量跟踪，对工程质量、运行及保修情况进行统计，分析缺陷根源，采取应对措施。

质保与问题追溯。通过质量回访发现问题，结合国家的工程质保要求，持续细化完善合同中的质保条款，按照各类工程的特点合理设置质保期，同时优化质保金支付方式。基建管理部门应根据合同质保条款，对承包商质保工作的及时性和完成情况进行跟踪考核。对于存在较大质量问题的承包商进行通报并按合同要求追溯责任。

（6）进度管理。项目指导工期是项目进度计划安排的主要依据，由企业根据各类项目的建设规模、区域特点、施工难度等因素制定。项目建设管理部门应定期分析汇总项目实际进度情况，以定期修正指导工期。

主网基建项目投产时间的确定由资产管理部门、系统运行部门和基建管理部门共同协商确定。资产管理部门、系统运行部门以满足网架结构完善和负荷需求为依据来确定项目投产的必要性，基建部结合项目特点及工期判断投产时间的可行性，各方综合考虑，最终共同确定投产时间。投产时间确定后，基建管理部门应以既定的投产时间为目标推进建设。

制定进度计划。相关单位（包括基建管理部门、参建单位）应根据确定的投产时间，结合物资供货安排，按各自的管理职责排定各级项目进度计划（包括里程碑进度计划、一级进度计划、二级进度计划、三级进度计划）。

（7）造价管理。在可研阶段，应充分考虑选址方案、线路走向、征地拆迁及施工难度等因素；落实标准设计和典型造价在可研阶段的应用，确保前期工作及估算满足可研深度。

在初步设计阶段，对设计方案及设备选型以风险、效能、成本综合最优为目标进行综合比选；执行标准设计和典型造价，以典型造价和限额指标控制，确保技术经济指标优化，合理确定投资概算。

在施工图设计阶段，综合考虑成本费用与施工难度、系统风险之间的平衡，确定最优设计方案；开展施工图及预算评审，以批准的施工图预算作为造价控制目标。

在工程施工阶段，及时做好现场工程量签证，严格按照合同条款和实际进度支付进度款。严格控制设计变更及费用变更，变更实施前必须履行审批手续。对于确因设计失误造成的设计变更，纳入设计单位的资信评价。

在费用结算阶段，工程结算应以施工图、竣工图、现场签证及经批准的设计变更等资料为依据，严格执行合同条款对工程结算的约定，审核确定工程价款。对于大额费用的追加，业主方应组织现场工程量复核。

（8）验收管理。制定梳理工程交接验收（启动验收）工作流程、界面、职责和标准，统一基建与运行验收标准。编制工程建设零缺陷移交验收业务指导书，严格按照业务指导书开展工程验收。

（9）标准化设计。建立标准设计。标准设计的编制以资产全生命周期综合最优为原则，结合城市电网特点，融合绿色智能电网技术，吸收生产部门的运行经验和改进意见，力求做到安全可靠、适度超前、简单实用、成本合理、节能环保。标准设计应按照不同的设计深度要求进行分层编制，在精细化设计层级应体现企业样板点及其他精细化施工工艺的要求。

标准设计的推广与应用。标准设计颁布后，应及时对各参建方进行培训与宣贯。按标准化设计要求，制定设计评审质量控制文件，在可研、初设、施工图设计的评审阶段严格把关，并对差异部分进行详细分析。如确因特殊情况无法应用标准化设计的，应履行审批手续。标准化设计的应用情况，应纳入对设计单位的资信评价。

（10）档案信息管理。按照“谁主办、谁形成、谁归档”的原则，项目文件和项目电子文件的归档与工程建设同步进行，分阶段移交。通过项目档案管理的信息化建设，逐步实现档案管理的信息化。

五、 运维检修策略

（一） 目标

贯彻落实电网企业资产管理政策，进一步提高设备管理水平，提升资产质量水平和综合可用率，延长资产使用寿命，实现资产全生命周期风险、效能和成本综合最优。

（二） 适用范围

适用于电网设备运维及检修业务。

（三） 策略内容

（1）状态评价与风险评估。设备状态评价，结合台账管理策略和评价导则基础数据要求，运行单位应做好设备状态信息的收集。设备管理部门组织各运行单位应用设备状态评价导则，定期开展全面的设备状态评价，技术监督部门负责汇总、分析各运行单位的设备评价结果，并提出设备维护建议。当设备发生重要状态量改变、故障、或家族性缺陷等异常情况时，应立即开展动态设备状态评价，提出设备维护建议。

设备风险评估。在状态评价后，针对异常状态设备，应随即开展设备风险评估，确定设备面临的风险，为设备检修运维决策提供依据。风险评估包括风险识别、风险分析、风险评价三个基本内容。设备风险评估应分析设备故障可能造成的后果（损失）和故障发生的可能性（概率），进而综合评估设备风险的大小、确定设备风险的等级。对风险值不可容忍的设备，应按照运维策略立即采取控制措施，并进行二次评估，如风险值仍未能下降到可接受水平，则应更换改造。对风险值可容忍的设备，根据风险值等级的大小，采取差异化的运维策略。设备风险评估由设备管理部门组织运行单位开展，技术监督部门负责汇总、分析风险评估报告，设备管理部门负责将风险评估报告及时发布至引发风险的、风险可能影响的及需采取风险防范措施的有关部门（单位）。

状态评价及风险评估结果应用。经设备状态评价及风险评估后，设备运维部门结合评估结果，将需要实施设备风险管控的措施，纳入年度计划中执行。

（2）差异化运维。开展设备状态评价，确定设备健康度和重要度。每年开展两次设备状态评价，依据设备状态评价结果，将设备分为“正常、注意、异常、严重”4个级别。设备健康度根据设备运行缺陷情况动态调整。依据系统运行部门发布的年度基准风险和基于问题的风险，评估设备故障可能造成的事故（事件）后果，结合设备价值及对重要用户供电情况确定设备的重要度，将其分为“关键、重要、关注、一般”4个级别。

根据设备风险矩阵，确定设备管控级别。根据设备重要度和健康度，形成设备风险矩阵，确定设备管控级别。设备管控级别从高到低分为“Ⅰ级、Ⅱ级、Ⅲ级和Ⅳ级”。其中，状态评价属于异常、严重的关键设备以及状态评价属于严重的重要设备，纳入Ⅰ级管控；状态评价属于正常、注意的关键设备、状态评价属于注意、异常的重要设备、状态评价属于异常、严重的关注设备及状态评价属于严重的一般设备，纳入Ⅱ级管控；状态评价属于正常的重要设备、状态评价属于正常、注意的关注设备、状态评价属于注意、异常的一般设备，纳入Ⅲ级管控；状态评价属于正常的一般设备，纳入Ⅳ级管控。

制定设备差异化管控策略，明确管控到位标准。结合设备检修试验规程，制定输电线路、主变压器、敞开式断路器、GIS设备、隔离开关等主设备运维策略，明确不同管控级别设备运维具体工作要求及到位标准，并动态更新。

每年12月31日前，结合系统运行部门发布的下一年度基准风险下重要设备清单，以及市场及客户服务部门梳理的下一年度设备故障将直接引发重要用户供电中断的110kV及以上设备清单，由设备管理部门组织运行单位明确设备重要度。根据上一年度设备状态评价结果确定的设备健康度，由设备管理部门组织运行单位确定设备Ⅰ、Ⅱ、Ⅲ、Ⅳ级管控级别，编制并发布年度设备运维策略。

制定工作计划，开展设备运维。设备运维单位根据资产管理部门发布的设备管控级别和运维策略，制定年度、月度及周设备运维计划，有序开展维护、检修工作，并按时上报各级设备特维工作计划完成情况。

（3）规范化检修。制定检修需求规划。应依据检修试验规程、维护检修手册、反措要求等内容，制定设备检修需求规划。需求规划须包括修理、技改、预试、维护检修、检查性操作等内容。

确定检修策略。应根据检修需求规划，确定设备的A、B、C类检修、检查性操作及技改等策略；对于严重状态的设备，应尽快安排检修；异常状态的设备，应缩短检修周期，并在一年内安排检修；对于注意状态的设备，检修周期不超过检修规程和厂家说明书规定的周期；对于正常状态的设备，可延长A修周期，每次延长时间最长不超过一个检修周期，延期不超过1次。

制定年度、月度、周检修计划并落实执行。应结合检修规划和检修策略，制定年度检修计划，并分解为月度计划、周计划，同时，综合考虑设备巡视维护情况、设备状态评价和风险评估结果、反措要求和消缺等要求，实时调整、滚动修编。对于预试、定检、检查性操作和周期维修超期设备，及时对设备的运行状况进行风险评估，并根据评估结果调整维护策略。

检修绩效评价。建立并执行检修质量追溯和考核机制，未达标或运行中发生检修质量事故事件的要严格考核。

（4）资产改造。技改修理项目规划。各类技改修理项目归口管理部门应承接企业战略要求和投资总体规划，明确技改修理项目规划目标，制定规划原则，组织编制技改修理项目规划。技改修理项目规划应开展未来五年的资产规模预测和分析，充分考虑电网运行风险、设备运行分析、状态评价、寿命成本评价、扩容需求等方面因素，并对投资预期效益进行评价，确保投资产生的效益符合企业运营目标。

技改修理项目年度计划。各类技改修理项目归口管理部门应承接技改修理项目规划和年度投资计划，综合考虑电网风险、资产状态和实施能力等，制定技改修理项目年度计划。制定年度计划时，应建立资产技改检修决策模型，对资产技改检修多个方案进行技术经济性比对分析，选取优选方案。各类技改修理项目归口管理部门应综合考虑资产风险、效能、成本综合最优，制定技改修理项目优选模型，开展项目的优选决策，提出技改修理年度投资计划建议。

（5）生产计划管理。计划编制原则与依据。生产工作计划应遵循完整涵盖、资源统筹、均衡安排、切实可行等原则，根据反措、相关规程、标准和实际工作进展制定。生产计划包含年度、月度、周（日）生产计划。

计划编制与审批。生产计划应分层分级编制，并按相应管理权限审批。年度生产计划由各基层生产单位组织编制，由设备管理部门审批并下达。月度生产计划应结合系统运行部门下达的月度检修计划，由基层生产单位各专业部（室）组织编制，本单位负责人审批并下达。周（日）生产计划由生产班长制定并安排实施。

计划执行。生产工作计划的执行应遵循“年目标、月计划、周落实、日把关”的原则。各级单位应加强各级计划的管理，确保计划的完成。生产班组应根据生产计划和每天实际情况进行派工，并为每项工作建立作业表单，工作完成后将实际工作情况进行反馈，实现闭环管理。

计划跟踪检查与回顾。常态化检查。年度、月度、周（日）生产计划完成情况分别由企业、各生产单位通过定期例会进行跟踪检查、通报及改善。不定期督察。各级生产管理人员应通过督察等方式加强对计划执行情况的监控、跟踪检查、通报及改善。

六、退役报废策略

（一）目标

贯彻落实电网企业资产管理政策，提高资产利用效率，实现资产尽其用，规范报废资产的处置行为，提高处置收益，保证处置过程合规、合法以及收益最大化。

（二）适用范围

适用于电网设备资产的退役及报废鉴定管理、经鉴定为闲置状态的各类物资（含资产类及材料类）再利用、报废物资拍卖。

（三）策略内容

（1）总体要求。资产退役要从源头加强管控，优化电网规划和设计，减少技术改造更新和电网规划变更引起的资产拆除报废，延长资产使用寿命。投资计划需与待退运资产相关联，资产拆除、报废、修复纳入计划管理，没有纳入年度拆除报废预算并按规定履行拆除报废审批程序的，原则上不得拆除报废。

在运资产的退役报废鉴定工作原则上应在项目立项前完成，退役资产及其鉴定结果应纳入项目可研报告。技术鉴定一般采用现场鉴定方式，并采用统一的标准在资产拆除前实施，严禁先拆除后鉴定。资产退役技术鉴定由退运资产鉴定专业工作组组织开展，其中，工程余料按项目性质确定的工作组开展鉴定，在运资产按资产性质确定的工作组开展鉴定，库存资产的报废鉴定由物资部门定期组织工作组鉴定。

（2）资产退役。资产达到其物理寿命、技术寿命和经济寿命之一的，应考虑予以退役。物理寿命退役是指资产性能已达到设计极限（厂家推荐值），或其关键性能受自然衰减、外力破坏等因素影响，经测试后无法正常发挥作用而导致退役。技术寿命退役是指资产因性能无法满足技术要求而导致退役。经济寿命退役是指经资产全生命周期成本（LCC）分析，其继续使用的经济性不合理且有更优的解决方案而导致退役。LCC 分析应对原资产继续使用以及更新改造等多方案进行比对，以确定最佳退役时机。

在以有效资产核定成本加收益的监管模式下，政策明确增量设备按监管机构规定的折旧年限核定折旧费成本，存量设备按企业制定的折旧年限核定折旧费成本。经论证，在以下情况时设备退役效益最优：增量资产的实际使用寿命越接近监管机构规定的折旧年限时，对企业造成的损失越小，资产在监管折旧年限退役效益最优。存量资产以资产使用寿命作为折旧年限时效益最优，企业应根据资产使用寿命调整存量资产折旧年限，并以该年限作为存量资产退役的最佳年限。

（3）资产退运鉴定。退运鉴定应严格按照退运技术鉴定标准开展，其总体原则为：资产达到物理寿命退役的，无法再利用，鉴定为报废。资产达到技术寿命而退役的，如鉴定为仍具备再利用价值，应鉴定为闲置资产（直接闲置或修复后闲置），并根据实际需求制定再利用计划；否则，鉴定为报废。资产经估算达到其经济寿命的，鉴定为报废。退役资产未达到其物理寿命、技术寿命、经济寿命三者任一条件的，原则上鉴定为闲置资产（直接闲置或修复后闲置）。对鉴定为闲置的退役资产（直接闲置或修复后闲置），应采取保护性拆除和运输，确保设备拆除后不发生二次损伤。

（4）闲置物资再利用。闲置物资入库前，须确保各项功能正常，性能完好。修复后闲置的资产，须提供修复后的试验报告。项目实施单位应对设计单位的设计深度进行把关，从源头上控制闲置物资的产生并对退役物资做好再利用计划。对确因设计原因导致闲置物资产生的情况，项目实施单位应将之纳入设计资信评价。

闲置物资信息应向项目实施单位和设计单位开放，项目实施单位在项目设计环节应首先考虑闲置物资的再利用，并将再利用的情况纳入对设计单位的资信评价。在物资需求部门上报物资需求计划后，物资管理部门应首先开展平衡利库，在平衡利库环节再利用。物资管理部门定期分析并通报各项目实施单位的闲置物资产生及再利用情况，建立闲置物资的常态化管控机制，并加强考核。

（5）报废物资处置。对已拆除的报废物资，财务部门根据资产保管部门提交的报废清单进行账务处理，项目实施单位应及时到物资部门办理退库手续，实物足额退库。物资管理部门应根据库存容量，定期或不定期开展报废物资的处置，处置前由财务部门组织对报废物资的价值进行评估，评估结果作为处理底价参考依据。

七、 综合管理策略

（一） 目标

贯彻落实电网企业资产管理政策，规范资产全生命周期业务外委管理、承包商管理、资产目录、资产编码、项目分类及编码、成本归集、技术标准和资产盘点等业务的管理要求，促进资产管理全过程横向协同，提高资产管理水平。

（二） 适用范围

适用于电网资产相关的外委管理、承包商管理、资产目录、资产编码、项目分类及编码、成本归集、技术标准和资产盘点等业务。

（三） 策略内容

（1）业务外委。应组织制定企业业务分类标准，按照核心、常规、其他三个等级进行分类。核心作业业务原则上不得外包。只有在技术力量或仪器装备不满足要求，且利用外部资源实施具有相对优势时，经批准后可开展外委。常规作业业务可根据实际情况适度开展外委。在用好现有人力资源存量和保证核心作业业务人力资源配置的基础上，其常规作业业务可适度实行外委。其他作业业务一般实行外委。通过业务外委，将次要业务委托给外部的专业化机构完成，以在确保业务质量的前提下，有效降低营运成本。

（2）承包商管理及评价。项目建设管理部门应负责制定承包商资信评价模型，通过对项目承包商的“事前、事中、事后”全过程开展综合评价，量化评价其整体服务水平，并将承包商评价结果应用于招标环节。

承包商事前管理。项目建设管理部门应负责对有意承接企业业务的潜在承包商进行资质审查，审核通过后转为登记承包商，并同步建立资信档案。未经建立资信档案的承包商不得参与企业范围内基建工程分包（专业、劳务）建设作业。

承包商事中评价。项目管理部门应根据承包商资信评价模型，按照基建承包商违章扣分处罚条款，对项目承包商的违章行为进行扣分。扣分项涉及分包商的，承包商和分包商一并扣分。对承包商在项目实施过程中，参与了企业或上级单位组织的 QC 活动、安全文明评比、工程创优等活动且表现突出的，进行加分奖励，奖励依据应以主办单位的发文为准。

承包商事后评价。项目竣工投运后，项目建设单位应从项目实施全过程的安全、质量、造价和进度等方面对承包商进行综合评价。

（3）统一设备资产目录。统一设备资产目录应遵循电网企业固定资产目录划分，并结合生产实际和财务管理的要求制定。统一设备资产目录应进行编码。编码由多级码段组成，包含单位代码、设备属性、资产类别、序列号等相关信息。为确保统一设备资产目录与实际生产设备的对应和关联，应根据实际生产工作需要对设备资产目录进行修订，以满足设备资产的管理需要。

（4）统一资产编码。新增电力类资产的编码按照物资编码原则统一授予，存量电网资产的编码，如输电、变电、调度、通信类设备的原实物标识码默认为资产编码，现场贴标维持不变。配电类、计量、信息设备类等原设备编号不变，同时应将资产编码（实物标识码）与设备编号进行关联，现场不重新贴码，仅在应用系统中实现各类码的信息关联。

（5）全生命周期成本归集。成本构成与归集原则。资产的成本包括直接成本和间接成本。直接成本是指与资产直接相关（如资产级设备购置费），可直接归集其相应资产价值；间接成本是指一般只与项目相关（如建筑工程费、线材购置费等），但无法与资产建立直接对应关系，可按相关资产直接成本的比例进行分摊归集。

各阶段成本归集。规划设计阶段：项目核准前发生的前期费用无法直接对应资产，在项目实施期间按概预算结构进行计列，采用间接成本归集办法在决算转资时按比例分摊。设备采购阶段：设备购置费用可在项目决算转资时根据统一设备资产目录直接在相应资产归集。工程建设阶段：项目核准后发生的工程前期费用、建筑工程费用、设备安装费用及其他费用采用间接成本归集办法在决算转资时按比例分摊。生产运营阶段：此阶段发生的成本主要包括大修成本、日常运维成本、日常修理成本、损耗成本与故障成本。大修成本以项目形式计列费用，按间接成本法归集；在建立作业成本标准基础上，日常巡维与维护费用依照工单记录纳入成本；损耗成本以设备损耗电量计算；故障成本根据故障停电时间、设备平均负载、平均购售电价差及修复费用确定。退役报废阶段：报废处置费用直接归集在资产卡片，收益从中抵扣。如进行批量集中报废的，则按单项报废资产净值占该批次报废资产总净值的比例进行分摊。

成本归集应用。在资产的不同阶段，应用已量化归集的资产全生命周期成本，在方案优选及资产管理综合决策过程中充分体现成本因素。

（6）技术标准管理。标准制定的原则。技术标准应符合国标、上级单位标准的强制性要求，参考行业的、国际的相关推荐标准制定。技术标准应覆盖资产全生命周期所涵盖的规划设计、设备采购、工程建设、运行维护、退役报废等各环节所需的技术要求，各标准之间应保持一致性，避免存在交叉和矛盾。一般应包含电网规划导则、设计标准、设备技术标准、施工工艺标准、验收标准、设备运行标准、风险评估标准、报废鉴定标准等。技术标准应充分考虑电网特点，满足城市电网高负荷密度、高可靠性以及高电能质量的用电要求。

标准的管理。技术标准应由技术归口管理部门提出编制建议并经标准委员会审核同意后组织编制，编制完成后，应提交标准委员会审查批准，并统一印发执行。技术标准应在应用范围内公开，采取各种有效方式，确保各相关方方便获取并了解、熟悉技术标准的内容。企业全体成员在开展业务时，应首先了解所涉及的技术标准，并严格执行。

（7）资产盘点。在资产发生新增时，资产保管单位应动态进行清点，核对项目实施部门移交的资产台账及卡片与实物的对应情况；在发生资产变动、减少情况时，资产保管单位应动态进行清点，并在台账及资产卡片中做好记录。资产保管单位应按照实物资产归口管理部门的统一安排，每年对所管辖范围内资产采取抽查的方式进行盘点，对存在账卡物不一致的资产须说明原因，并上报实物资产归口管理部门和财务部门审查。

实物资产归口管理部门应每年对资产保管单位当年动态盘点结果进行复核。对存在账卡物不一致的资产须查明原因，并提交财务部门审查。

针对盘点后发现的账卡物不一致情况，财务部门应提出处理意见，并进行相应的账务处理，确保账卡物一致。

CHAPTER 8

第八章 资产管理绩效指标体系

第一节 资产管理绩效指标体系构成

一、资产管理指标体系基本原则

围绕“打造安全、可靠、绿色、高效的智能电网，为客户创造价值，并提供优质的电力和服务，重视投资回报，推动企业改革创新，实现资产全生命周期风险、效能和成本综合最优”的资产管理目标，按照“投资有所值，资产尽其用，风险受监控，绩效获提升，管理求卓越”的资产管理策略，制定具有电网企业特点的资产绩效指标体系，重点从风险、效能、成本三个维度梳理、筛选出反应电网企业资产管理水平的指标。

指标体系和绩效评估机制为资产管理情况提供科学、客观的评价依据，用以发现、弥补资产管理业务中的短板，推进资产管理的不断改进。在挑选指标时，一方面选取与电网企业资产管理关系密切的指标，避免体系大而全，导致绩效评估难以聚焦。另一方面根据企业目前资产发展阶段和资产管理中存在的问题选取合适的指标。资产管理指标体系的重点和指标的选取、定级、归类等，将随着资产管理的不断推进，进行动态调整和修订。

二、资产绩效指标体系的框架

根据指标体系设计的原则，电网企业资产绩效指标体系应分为风险、效能、成本三个维度进行衡量，同时按照资产管理目标和指标管控程度，对指标体系进行三级管控。

完整的资产管理评价指标体系共分为三个层级：一级、二级、三级指标。三个层级的指标有各自的关注点。其中，一级指标为决策支持指标，反映企业层面关注的安全、效能和成本三大维度的资产管理目标，以实现决策支撑，是企业资产管理决策支持关键指标，实行强管控。二级指标为业务驱动类指标，与企业内部各业务部门管理目标对应，反映部门管理层关注的重要指标，用来评价各业务运作情况，通过周期性计划及分解计划进行管控。三级指标为关注监测类指标，是企业执行层指标，对应企业岗位执行层，侧重反映行动举措的执行情况，通过异动分析进行管控。

第二节 电网企业资产管理绩效指标体系

结合电网企业资产管理业务实际和现阶段企业重点关注的业务，按照可统计、可监测、可分析的原则精心选取指标，以下案例可供参考。

共选取资产绩效指标 180 项，涵盖规划计划、物资采购、电网建设、运行维护、退役报废资产全生命周期全部环节，资产绩效一级指标（KPI 指标）共有 8 项，二级指标 47 项，三级指标 125 项，形成资产绩效指标体系。

一、 一级指标

一级指标共 8 项，为决策支持指标，见表 8－1。

表 8－1　　一　级　指　标

序号	维度	指标名称	指　标　释　义	管理部门	计量单位	统计周期
1	风险	电力安全与设备事故数量	统计期内发生的电网电力事故事件调查规程规定的电力安全和设备事故数量	安监部	起	月度
2		主设备综合可用系数	所有统计周期内运行的主网设备可用小时之和与统计期间小时之和的比值，衡量设备可靠性的指标。（含变压器、断路器、线路）	资产部	%	月度
3	效能	有效资产总额	有效资产是指在输配电价测算核定中，电网企业所拥有的，为提供输配电服务所需，且能够发挥输配电服务功能的资产，其可以计提输配电价格成本和合理收益	财务部	亿元	月度
4		净资产收益率	又称股东权益报酬率/净值报酬率/权益报酬率/权益利润率/净资产利润率，是衡量上市公司盈利能力的重要指标，是指利润额与平均股东权益的比值	财务部	%	月度
5		客户平均停电时间（低压）	用户在统计期间内的平均停电小时数（AIHC－1），衡量供电可靠性水平，反映用户平均中断持续时间，是影响用户满意度的重要指标之一。详见 DL/T 836—2016《供电系统用户供电可靠性评价规程》。按区域分为城市、农村，详见《高中压用户供电可靠性管理标准》	资产部	小时/户	月度
6		综合电压合格率	是指统计期内 A、B、C、D（含 D 类城市、D 类农村）类电压监测点电压合格运行时间占比的加权平均值，指导供电系统电压控制在允许的偏差范围之内，反映供电质量，是影响客户满意度重要指标之一。按区域分为城市、农村，详见《高中压用户供电可靠性管理标准》	资产部	%	月度
7	成本	万元固定资产运维成本	运维成本＝供电成本－职工薪酬－折旧－税费－摊销；税费包括：房产税、车船使用税、土地使用税、印花税；摊销包括：无形资产摊销、长期待摊费用摊销	财务部	元/万元	月度
8		报废资产净值率	统计周期内报废的设备资产净值之和与报废资产原值总和之比，反映资产报废损失程度	资产部	%	月度

二、二级指标

二级指标共 47 项，为业务驱动类指标，见表 8-2。

表 8-2　　二　级　指　标

序号	维度	指标名称	指标释义	管理部门	计量单位	统计周期
1	风险	三级及以上电力安全事件数量	统计期内发生的《南方电网电力事故事件调查规程》规定的三级以上电力安全事故	安监部	起	月度
2		三级及以上电力设备事件数量	统计期内发生的《南方电网电力事故事件调查规程》规定的三级以上设备事件数量	安监部	起	月度
3		出厂试验一次性通过率	反映供应商生产的设备出厂试验一次通过情况，并应用于履约评价	物流服务中心	%	月度
4		产品质量导致设备停运数量	主网设备质保期内因产品质量问题导致设备非计划停运的数量，含故障、跳闸、重大紧急缺陷消缺等。反应设备出厂质量	资产部	起	月度
5		施工质量导致设备停运数量	主网设备质保期内因施工质量问题导致设备非计划停运的数量，含故障、跳闸、重大紧急缺陷消缺等。反应设备施工安装质量	资产部	起	月度
6		综合强迫停运率	综合强迫停运情况	资产部	次/百台年	月度
7		主网生产设备消缺及时率	在统计周期内，主网设备缺陷按时消缺的比例	资产部	%	月度
8		维护检修计划完成率	在统计周期内，主网设备预试、定检、反措完成及时情况	资产部	%	月度
9		线路“N−1”通过率	电网中满足 N−1 条件的线路百分比，用于评估电网网架结构的安全可靠水平，校验正常运行方式下的电力系统中任一线路无故障或因故障断开，电力系统保持稳定运行和正常供电，保证其他元件不过负荷，电压和频率均在允许范围内的能力	资产部	%	年度
10	效能	固定资产原值	指企业、事业单位建造、购置固定资产时实际发生的全部费用支出，包括建造费、买价、运杂费、安装费等	财务部	亿元	月度
11		固定资产净值	也称为折余价值，是指固定资产原始价值或重置完全价值减去已提折旧后的净额。它可以反映企业实际占用固定资产的金额和固定资产的新旧程度。这种计价方法主要用于计算盘盈、盘亏、毁损固定资产的损益等	财务部	亿元	月度
12		流动资产净值	指企业可以在一年或者超过一年的一个营业周期内变现或者运用的资产净值，一般包括货币资金、短期投资、应收票据、应收账款和存货等	财务部	亿元	月度
13		无形资产净值	是指企业拥有或者控制的没有实物形态的可辨认非货币性资产净值。包括专利权，非专利技术，商标权，著作权，特许权，土地使用权等	财务部	亿元	月度

续表

序号	维度	指标名称	指标释义	管理部门	计量单位	统计周期
14	效能	逾龄资产占比	是指残值率为5%的固定资产原值占固定资产原值总额的比率	财务部	%	季度
15		固定资产成新率	固定资产成新率是指当期平均固定资产净值同固定资产原值的比率，反映了企业所拥有的固定资产的新旧程度，体现了企业固定资产更新的快慢和持续发展的能力	财务部	%	月度
16		资本保值增值率	是财政部制定的评价企业经济效益的十大指标之一，资本保值增值率反映了企业资本的运营效益与安全状况	财务部	%	月度
17		总资产周转率	指企业在一定时期内销售（营业）收入同平均资产总额的比值	财务部	%	月度
18		项目结算及时率	资本性投资项目完成后，截至统计月实际及时完成结算项目数所占的比例	资产部	%	月度
19		项目增资及时率	资本性投资项目完成后，截至统计月实际及时完成增资项目数所占的比例	资产部	%	月度
20		固定资产投资	指以货币形式表现的，在一定时期内建造和购置固定资产活动的工作量以及与此有关费用的总称	资产部	亿元	月度
21		固定资产投资计划完成率	在统计周期内，固定资产投资计划完成率	资产部	%	月度
22		账卡物一致率	从资产卡片统计口径，资产卡片、台账与实物的对应率	资产部	%	季度
23		固定资产利润率	是指一定期间，企业内实现的利润额与企业固定资产平均值的比率，它反映了企业固定资产的管理效果	财务部	%	月度
24		万元固定资产售电量	又称单位资产售电量，反映资产的使用效率，体现固定资产投资管理成效	市场部	度/万元	月度
25		资产负债率	指总负债占总资产的比例，反映企业债务风险的管控能力	财务部	%	月度
26		减少高峰用电量	即错峰电量，因电力供应不足、网络受限等原因，用户按照供电部门安排，减少用电的电力值	系统部	万千瓦时	月度
27		配网可转供电率	可转供电线路占全部线路的百分比。可转供电线路的定义：有联络关系的线路同时处于最大负荷运行方式下，某回线路的变电站出线开关停运时，其全部负荷可通过不超两次（含两次）转供电操作，转由其他线路供电，那么该线路称为可转供电线路	资产部	%	月度
28		计划停电实际转供电率	计划停电时10（20）kV馈线实施转供电条数与计划停电馈线总条数的比值	资产部	%	月度
29		中压线路故障率	在统计周期内，折算为一年的统计单位平均每百公里中压配电线路因故障引起跳闸的次数，反映中压线路健康状况，影响供电可靠性的支撑指标	市场部	次/百公里年	月度

续表

序号	维度	指标名称	指　标　释　义	管理部门	计量单位	统计周期
30	效能	客户平均停电次数（低压）	客户在统计期间内的平均停电次数（AITC-1），衡量供电可靠性水平，反映客户平均中断次数，是影响用户满意度的重要指标之一。详见 DL/T 836—2016《供电系统用户供电可靠性评价规程》。按区域分为城市、农村，详见《高中压用户供电可靠性管理标准》	资产部	次/户	月度
31		客户平均停电次数（中压）	用户在统计期间内的平均停电次数（AITC-1），衡量供电可靠性水平，反映用户平均中断次数，是影响用户满意度的重要指标之一。详见 DL/T 836—2016《供电系统用户供电可靠性评价规程》。按区域分为城市、农村，详见《高中压用户供电可靠性管理标准》	资产部	次/户	月度
32		客户平均停电时间（中压）	用户在统计期间内的平均停电小时数（AIHC-1），衡量供电可靠性水平，反映用户平均中断持续时间，是影响用户满意度的重要指标之一	资产部	小时/户	月度
33		配网设备消缺及时率	在统计周期内，配网设备缺陷按时消缺的比例	市场部	%	月度
34		平均电网故障复电时间	在统计周期内，平均每次故障停电的小时数	市场部	小时/户	月度
35		配网不停电作业率	不停电作业包括带电作业、旁路作业、发电车（机）临时供电等	市场部	%	月度
36		非化石能源电量占比	水能、核能、风能以及太阳能发电量占全部能源类型发电量的比重，体现电网及发电企业对环境保护和可持续发展的重视程度	资产部	%	月度
37		用户平均电压暂降次数	在统计周期内，用户平均发生电压暂降的次数	资产部	次/户	月度
38		中心城市（区）电压合格率	指中心城市（区）居民端实际运行电压偏差在限值范围内累计运行时间与对应的总运行统计时间的百分比	资产部	%	月度
39		城镇电压合格率	指城镇居民端实际运行电压偏差在限值范围内累计运行时间与对应的总运行统计时间的百分比	资产部	%	月度
40		频率合格率	统计期内频率在合格范围内的累计时间与频率监测总时间的百分比，即用于反映系统频率运行控制水平，也是衡量电能质量的重要指标	系统部	%	月度
41	成本	库存常规储备物资周转率	统计期间库存常规储备物资出库总金额占期间储备物资平均库存金额的比重，反映库存常规储备物资的周转情况	物流服务中心	%	月度
42		费用性项目预算完成率	在统计周期内，费用性项目投资预算完成率	资产部	%	月度
43		生产项目完成率	在统计周期内，生产项目完成数量情况	资产部	%	月度

续表

序号	维度	指标名称	指 标 释 义	管理部门	计量单位	统计周期
44	成本	资产折旧费	固定资产折旧费就是将记入固定资产价值的金额，随着固定资产的使用、损耗，将购置价款采用折旧的方法逐步转移到生产成本和相关费用中去	财务部	亿元	月度
45		闲置物资再利用率	闲置物资再利用金额占库存闲置物资金额的比值，反映逆向物资管理能力，用于对闲置物资再利用进行监控	资产部	%	月度
46		设备平均退役年限	指统计周期内各类退役设备使用寿命之和与相应类别退役设备台数之比的算术平均值，综合反映设备利用效率	资产部	年	月度
47		处置成本	处置损益，就是在资产转让过程中形成的损失或收益	财务部	万元	月度

三、 三级指标

三级指标共 125 项，为关注监测类指标，见表 8-3。

表 8-3 三 级 指 标

序号	维度	指标名称	指标名称释义	管理部门	计量单位	统计周期
1	风险	四、五级电力安全事件数量	统计期内发生的电网电力事故事件调查规程规定的四、五级电力安全事件	安监部	起	月度
2		四、五级电力设备事件数量	统计期内发生的电网电力事故事件调查规程规定的四、五级设备事件数量	安监部	起	月度
3		输电线路跳闸次数	在统计周期内，110kV 及以上输电线路跳闸次数	资产部	起	月度
4		变电设备跳闸次数	在统计周期内，110kV 及以上变电主设备跳闸次数（含变电站内 110kV 及以上主变、断路器）	资产部	起	月度
5		监造（含出厂试验）发现重大紧急缺陷数量	根据公司缺陷定级原则，统计在制造厂监造、试验期内发现的重大紧急缺陷数量	资产部	项	月度
6		物资需求计划准确率	实际采购金额或数量占需求计划总量的比重，反映物资需求计划准确性	物流服务中心	%	月度
7		7 天准时供货率	合同物资按照合同规定时间准时供应情况。合同规定时间前后 7 天内指 7 个自然日内；合同交货时间如有变更，以变更后的交货时间为规定时间	物流服务中心	%	月度
8		品控工作计划完成率	反映品控计划完成情况	物流服务中心	%	月度
9		工程遗留问题消缺及时率	主网基建工程投产后，遗留缺陷及时消缺情况，用以反映施工质量	资产部	%	月度
10		基建工程 WHS 完成率	统计时段内，10kV 及以上工程 WHS 抽检完成总点数占抽检总点数的百分比	基建部	%	月度

续表

序号	维度	指标名称	指标名称释义	管理部门	计量单位	统计周期
11	风险	变压器可用系数	所有统计周期内运行的变压器的可用小时之和与变压器统计期间小时之和的比值，衡量变压器可靠性的指标，详细参见DL/T 837—2012《输变电设施可靠性评价规程》。统计范围为35kV及以上变压器，包括35kV、110kV、220kV、500kV、800kV五个电压等级	资产部	%	月度
12		输电线路可用系数	所有统计周期内运行的输电线路的可用小时之和与输电线路统计期间小时之和的比值，衡量输电线路可靠性的指标，详细参见DL/T 837—2012《输变电设施可靠性评价规程》。统计范围为35kV及以上输电线路，包括35kV、110kV、220kV、500kV、800kV五个电压等级	资产部	%	月度
13		断路器可用系数	所有统计周期内运行的断路器的可用小时之和与断路器统计期间小时之和的比值，衡量断路器可靠性指标，详细参见DL/T 837—2012《输变电设施可靠性评价规程》。统计范围为35kV及以上断路器，包括35kV、110kV、220kV、500kV、800kV五个电压等级	资产部	%	月度
14		变压器强迫停运率	所有统计周期内运行的110kV及以上变压器的强迫停运次数之和与变压器统计百台年数之和的比值，反映变压器非计划停运情况和设备可靠性水平，详细参见DL/T 837—2012《输变电设施可靠性评价规程》	资产部	次/百台年	月度
15		输电线路强迫停运率	所有统计周期内运行的110kV及以上输电线路的强迫停运次数之和与输电线路统计百公里年数之和的比值，反映输电线路非计划停运情况和设备可靠性水平，详细参见DL/T 837—2012《输变电设施可靠性评价规程》	资产部	次/百公里年	月度
16		断路器强迫停运率	所有统计周期内运行的110kV及以上断路器的强迫停运次数之和与断路器统计百公里年数之和的比值，反映断路器非计划停运情况和设备可靠性水平，详细参见DL/T 837—2012《输变电设施可靠性评价规程》	资产部	次/百台年	月度
17		主网紧急缺陷消缺及时率	在统计周期内，主网设备紧急缺陷按时消缺的比例	资产部	%	月度
18		主网重大缺陷消缺及时率	在统计周期内，主网设备重大缺陷按时消缺的比例	资产部	%	月度
19		主网一般缺陷消缺及时率	在统计周期内，主网设备一般缺陷按时消缺的比例	资产部	%	月度
20		重大紧急缺陷次数	设备紧急、重大缺陷项数	资产部	%	月度
21		设备反措完成率	在统计周期内，主网按时完成反措工作比例	资产部	%	月度

续表

序号	维度	指标名称	指标名称释义	管理部门	计量单位	统计周期
22	风险	设备预试完成率	在统计周期内，主网按时完成预试工作比例	资产部	%	月度
23		设备定检完成率	在统计周期内，主网按时完成定检工作比例	资产部	%	月度
24		故障快速切除率	指故障快速切除次数与应评价故障快速切除次数的百分比。 故障快速切除指 220kV 及以上交流系统一次设备发生的故障，在满足系统稳定要求的时间内有效隔离或切除。系统稳定要求的时间一般按 220kV 系统 0.12s 内切除故障，500kV 系统 0.1s 内切除故障考虑	系统部	%	月度
25		安自装置正确动作率	投入电网运行的安全自动装置正确动作次数与安全自动装置动作总次数之比，反映安自装置的动作行为符合预定功能和动作要求的综合性指标	系统部	%	月度
26		220kV 及以上电压等级保护正确动作率	指继电保护装置正确动作次数与继电保护装置动作总次数的百分比	系统部	%	月度
27		生产实时控制业务通信通道平均中断时间	统计周期和统计范围内平均每条生产实时控制业务通信通道中断的时长	系统部	小时	月度
28		调度自动化主站系统失灵次数	统计期内调度自动化主站和厂站系统平均失灵次数的总和，用于反映全网自动化系统运行水平	系统部	次	月度
29		220kV 变电站轻载比例	在年高峰负荷时刻，变电站负载率小于 20%的变电站数量（轻载为连续三年高峰负荷负载率低于 20%）	资产部	%	年度
30		220kV 变电站重载比例	在年高峰负荷时刻，变电站负载率大于 80%的变电站数量	资产部	%	年度
31		110kV 变电站轻载比例	在年高峰负荷时刻，变电站负载率小于 20%的变电站数量（轻载为连续三年高峰负荷负载率低于 20%）	资产部	%	年度
32		110kV 变电站重载比例	在年高峰负荷时刻，变电站负载率大于 80%的变电站数量	资产部	%	年度
33		220kV 物理终端变电站数	仅通过单方向电源和主网联络的 220kV 变电站	资产部	座	年度
34		110kV 单线单变变电站数	110kV 单线单变变电站数	资产部	座	年度
35	效能	变电站数量	变电站数量	资产部	座	月度
36		主变总台数	110kV 及以上主变压器数量	资产部	台	月度
37		主变压器总容量	110kV 及以上变压器变电容量	资产部	万千伏安	月度
38		主网线路条数	110kV 及以上线路条数	资产部	条	月度

续表

序号	维度	指标名称	指标名称释义	管理部门	计量单位	统计周期
39	效能	主网线路长度	110kV 及以上线路长度	资产部	千米	月度
40		主网线路架空线长度	110kV 及以上线路架空线长度	资产部	千米	月度
41		主网线路电缆长度	110kV 及以上线路电缆长度	资产部	千米	月度
42		中压线路电缆化率	中压电缆长度占全部线路长度百分比	资产部	%	月度
43		10（20）kV 线路总条数	配网公用及专用馈线数量	资产部	条	月度
44		10（20）kV 线路长度	配网公用及专用线路长度	资产部	千米	月度
45		配电变压器台数	配电公用及专用变压器数量	资产部	台	月度
46		10kV 变电容量	配电公用及专用变压器容量	资产部	万千伏安	月度
47		用户资产线路占比	非公司属公用线路占配网馈线数量的百分比	资产部	%	月度
48		用户资产配电变压器占比	非公司属公用配电变压器占配电变压器数量的百分比	资产部	%	月度
49		变电设备资产	变电设备资产总额	财务部	亿元	月度
50		输电线路资产	输电线路资产总额	财务部	亿元	月度
51		配网资产	配网线路及设备资产总额	财务部	亿元	月度
52		营销资产	营销资产总额	财务部	亿元	月度
53		非电网资产	非电网资产总额	财务部	亿元	月度
54		流动资产原值	指企业可以在一年或者超过一年的一个营业周期内变现或者运用的资产（原值），一般包括货币资金、短期投资、应收票据、应收账款和存货等	财务部	亿元	月度
55		无形资产原值	是指企业拥有或者控制的没有实物形态的可辨认非货币性资产（原值）。包括专利权，非专利技术，商标权，著作权，特许权，土地使用权等	财务部	亿元	月度
56		投资转固金额	在统计周期内，资本性投资项目完成后，固定资产转固增资金额	资产部	万元	月度
57		电子化资料移交及时率	统计时段内，及时办理电子化移交基建工程与启动投产基建工程的比值	基建部	%	月度
58		在建工程资产总额	指企业固定资产的新建、改建、扩建，或技术改造、设备更新和大修理工程等尚未完工的工程支出	财务部	亿元	月度
59		电网项目固定资产投资额	指以货币形式表现的，在一定时期内电网基建领域建造和购置固定资产活动的工作量以及与此有关费用的总称	资产部	亿元	月度
60		小型基建项目固定资产投资额	指以货币形式表现的，在一定时期内小型基建领域建造和购置固定资产活动的工作量以及与此有关费用的总称	资产部	亿元	月度

续表

序号	维度	指标名称	指标名称释义	管理部门	计量单位	统计周期
61	效能	技改项目固定资产投资额	指以货币形式表现的，在一定时期内技术改造领域建造和购置固定资产活动的工作量以及与此有关费用的总称	资产部	亿元	月度
62		科技项目资本性投资额	指以货币形式表现的，在一定时期内科技项目领域建造和购置固定资产活动的工作量以及与此有关费用的总称	资产部	亿元	月度
63		信息化项目资本性投资额	指以货币形式表现的，在一定时期内信息化项目领域建造和购置固定资产活动的工作量以及与此有关费用的总称	资产部	亿元	月度
64		电网项目固定资产投资计划完成率	在统计周期内，电网项目投资计划完成率	资产部	%	月度
65		小型基建项目固定资产投资计划完成率	在统计周期内，小型基建投资计划完成率	资产部	%	月度
66		技改项目固定资产投资计划完成率	在统计周期内，技术改造投资计划完成率	资产部	%	月度
67		科技项目固定资产投资计划完成率	在统计周期内，科技项目投资计划完成率	资产部	%	月度
68		信息化项目固定资产投资计划完成率	在统计周期内，信息化项目投资计划完成率	资产部	%	月度
69		主网资产账卡物一致率	从主网资产卡片统计口径，主网资产卡片、台账与实物的对应率	资产部	%	季度
70		配网资产账卡物一致率	从配网资产卡片统计口径，配网资产卡片、台账与实物的对应率	资产部	%	季度
71		营销资产账卡物一致率	从营销资产卡片统计口径，营销资产卡片、台账与实物的对应率	市场部	%	季度
72		非电网资产账卡物一致率	从非电网资产卡片统计口径，非电网资产卡片、台账与实物的对应率	办公室	%	季度
73		负债总额	指过去的交易、事项形成的现时义务，履行该义务预期会导致经济利益流出企业，包括流动负债和长期负债。其中，长期负债是指偿还期在一年以上，或超过一年的一个经营周期的债务。负债总额按企业当年审计报告中“资产负债表”所披露的负债总额科目余额填列	财务部	亿元	月度
74		500kV变电设备电网容载比	500kV电压等级变电容量与最高负荷的比值，从整体上反映某一区域电网变电容量对负荷的供电能力。容载比应按电压分层分区计算，统计降压变电容量和相应降压负荷。一般应扣除同级电压网用户专用变电站的变压器容量和供电负荷及用于升压送电的变电站容量	资产部	%	年度

续表

序号	维度	指标名称	指标名称释义	管理部门	计量单位	统计周期
75	效能	220kV 变电设备电网容载比	220kV 电压等级变电容量与最高负荷的比值，从整体上反映某一区域电网变电容量对负荷的供电能力。容载比应按电压分层分区计算，统计降压变电容量和相应降压负荷。一般应扣除同级电压网用户专用变电站的变压器容量和供电负荷及用于升压送电的变电站容量	资产部	%	年度
76		110kV 变电设备电网容载比	110kV 电压等级变电容量与最高负荷的比值，从整体上反映某一区域电网变电容量对负荷的供电能力。容载比应按电压分层分区计算，统计降压变电容量和相应降压负荷。一般应扣除同级电压网用户专用变电站的变压器容量和供电负荷及用于升压送电的变电站容量	资产部	%	年度
77		公用配电变压器负载率	统计时间段内，全部公用变压器视在功率之和占全部公用变压器总容量的百分比	资产部	%	月度
78		公用馈线负载率	统计时间段内，全部馈线视在功率之和占全部公用变压器总容量的百分比	资产部	%	月度
79		公用配电变压器重载比例	重载配电变压器的定义：正常运行方式下，以低压侧额定相电流为基准值，统计 1 天内三相电流的算术平均值超过基准值 80%的持续时间，如果干变持续时间超过 1h、油变持续时间超过 2h，则计 1 次。如果 1 个自然月内累计出现 10 次，则判定该配电变压器重载	资产部	%	月度
80		公用馈线重载比例	重载线路的定义：正常运行方式下，以线路载流量为基准值，统计 1 天内馈线电流超过基准值 80%的持续时间，如果时间超过 1h，则计 1 次。如果 1 个自然月内累计出现 3 次，则判定该线路重载（过载）	资产部	%	月度
81		变电站 10kV 母线停电转供率	可转供电母线段数占全部母线段数的百分比。可转供母线段的定义：指变电站的 10（20）kV 母线故障或计划停运，其所接的公用中压线路在最大负荷运行方式下可以在两次转供电操作内转走全部负荷，那么该变电站的 10（20）kV 母线称为可转供母线段	资产部	%	月度
82		供电半径合格率	供电半径是指从电源点开始到其供电的最远的负荷点之间的线路的距离，供电半径过长，会导致线路末端电压过低，使线路损耗增大。供电半径的规划设计如下：（1）110kV 供电半径≤60km（2）35kV 供电半径≤30km（3）10kV供电半径：A+和A类≤3km、B类和C类≤6km、D类≤15km（4）0.4kV 供电半径：A+和A类≤200m、B类≤250m、C类≤400m、D类≤500m	资产部	%	月度
83		公用配电变压器过载比例	配电变压器在正常运行方式下，负载率超过 100%	资产部	%	月度
84		公用馈线过载比例	中压线路在正常运行方式下，负载率多次超过 100%	资产部	%	月度

续表

序号	维度	指标名称	指标名称释义	管理部门	计量单位	统计周期
85	效能	一级问题分支占比	问题分支的公用中压线路占全部公用中压线路的百分比。一级问题分支的定义：一条支线用户数占全线用户80%以上	资产部	%	月度
86		二级问题分支占比	问题分支的公用中压线路占全部公用中压线路的百分比。二级问题分支的定义：一条支线用户数占全线用户50%以上	资产部	%	月度
87		产品质量导致馈线跳闸次数	质保期内，因配网设备产品质量导致馈线跳闸次数	资产部	次数	月度
88		施工质量导致馈线跳闸次数	质保期内，因配网设备施工质量导致馈线跳闸次数	资产部	次数	月度
89		配网物资到货抽检合格率	对配网设备进行到货抽检合格数量占所有抽检数量的比例	物流服务中心	%	月度
90		中心城市（区）客户平均停电时间（低压）	中心城市（区）客户在统计期间内的平均停电时间，衡量供电可靠性水平，是影响用户满意度的重要指标之一（低压）	资产部	次	月度
91		城镇客户平均停电时间（低压）	城镇客户平均停电时间在统计期间内的平均停电时间，衡量供电可靠性水平，是影响用户满意度的重要指标之一（低压）	资产部	次	月度
92		用户故障出门率	在统计周期内，发生用户故障出门的次数与专用用户总数的比值	市场部	%	月度
93		配电变压器故障率	指在统计周期内，折算为一年的统计单位平均每百台中压公用配电变压器故障次数	市场部	%	月度
94		公用线路重复故障率	在统计周期内，发生两次及以上故障停电公用线路条数与总公用线路条数的比值	市场部	%	月度
95		缺供电量	在给定时间内，由一个或几个非正常条件而引起电力系统少供的电量。包括通过减负荷或切负荷的作用而造成的负荷中断或负荷缩减	资产部	千瓦时	月度
96		配网紧急缺陷消缺及时率	在统计周期内，配网设备紧急缺陷按时消缺的比例	市场部	%	月度
97		配网重大缺陷消缺及时率	在统计周期内，配网设备重大缺陷按时消缺的比例	市场部	%	月度
98		缺陷闭环率	在统计周期内，生产系统缺陷单闭环完成情况	市场部	%	月度
99		配网自动化覆盖率	描述配网自动化覆盖情况	市场部	%	月度
100		配网自动化故障定位准确率	描述配网自动化故障定位准确的情况	市场部	%	月度
101		配网自动化快速复电成功率	描述配网自动化快速复电成功的情况	市场部	%	月度
102		不停电作业次数	不停电作业次数。不停电作业包括带电作业、旁路作业、发电车（机）临时供电等	市场部	次	月度
103		非化石能源电量消纳率	按跨区交易电量中非化石能源电量占全社会用电比重	资产部	%	月度

续表

序号	维度	指标名称	指标名称释义	管理部门	计量单位	统计周期
104	效能	电压监测仪在线率	电压监测仪在线的比例	资产部	%	月度
105		低电压台区比例	低电压台区占全部台区比例	资产部	%	月度
106		无功补偿设备可用率	无功补偿设备可用的程度	资产部	%	月度
107	成本	基建工程造价控制指标	统计时段内，已结算基建工程项目造价控制指标的加权平均值	基建部	分	月度
108		基建工程变更费用占预算费比例	统计时段内已结算基建项目变更费用占预备费比例的加权平均值，反映变更费用控制情况	基建部	%	月度
109		生产修理项目预算完成率	在统计周期内，生产修理项目预算完成率	资产部	%	月度
110		营销修理项目预算完成率	在统计周期内，营销修理项目预算完成率	资产部	%	月度
111		其他修理项目预算完成率	在统计周期内，其他修理项目预算完成率	资产部	%	月度
112		专项费用项目预算完成率	在统计周期内，专项费用（试验检验、委托运行）项目预算完成率	资产部	%	月度
113		生产修理项目完成率	在统计周期内，生产修理项目完成率	资产部	%	月度
114		营销修理项目完成率	在统计周期内，营销修理项目完成率	资产部	%	月度
115		其他修理项目完成率	在统计周期内，其他修理项目完成率	资产部	%	月度
116		专项费用项目完成率	在统计周期内，专项费用（试验检验、委托运行）项目完成率	资产部	%	月度
117		配网设备修复率	统计周期内，退运的配电变压器及环网柜成功修复的比率	资产部	%	季度
118		变电一次设备平均退役年限	指统计周期内各类退役设备使用寿命之和与相应类别退役设备台数之比的算术平均值，综合反映设备利用效率	资产部	年	月度
119		变电二次设备平均退役年限	指统计周期内各类退役设备使用寿命之和与相应类别退役设备台数之比的算术平均值，综合反映设备利用效率	资产部	年	月度
120		输电线路平均退役年限	指统计周期内各类退役设备使用寿命之和与相应类别退役设备台数之比的算术平均值，综合反映设备利用效率	资产部	年	月度
121		配网设备平均退役年限	指统计周期内各类退役设备使用寿命之和与相应类别退役设备台数之比的算术平均值，综合反映设备利用效率	资产部	年	月度
122		用电计量设备平均退役年限	指统计周期内各类退役设备使用寿命之和与相应类别退役设备台数之比的算术平均值，综合反映设备利用效率	资产部	年	月度

续表

序号	维度	指标名称	指标名称释义	管理部门	计量单位	统计周期
123	成本	设备折旧年限	设备折旧年限是指固定资产的预计寿命，用以计算应计折旧额	财务部	年	月度
124		处置固定资产净值	要处置的固定资产净值	财务部	万元	月度
125		处置固定资产残值收入	拍卖要处置的固定资产所得收入	财务部	万元	月度

CHAPTER 9

第九章 资产管理体系评价标准

一、 资产管理体系评价标准设计思路

遵循 ISO 55000 系列标准对资产管理的要求，结合企业资产全生命周期管理体系导则与评价标准，针对电网企业资产管理体系各管理单元和各项要素，设计评价要点，开展体系综合评价。评价标准主要用于企业资产管理体系内部审核，目的是审核企业各项资产管理业务是否符合体系管理要求，发现体系运转存在的问题，并持续改进。

二、 资产管理体系评价原则

根据 PDCA 的管理方法，一是基于工作要求的查评，从工作的策划到执行，核查相关业务体制机制及落地实施的完整性、有效性以及执行程度；二是基于工作结果的查评，从工作的回顾到改进，核查是否以问题为导向，追根溯源，持续改进，形成闭环管理。

三、 资产管理体系评价方法

评价通过查阅及访谈的方式进行，其中，查阅是指对相关资料、记录、台账、文件及报表等的核查，访谈是指通过面对面的交谈来了解受访人员对资产管理相关要求、流程、方法的认知和掌握情况。按照重要程度及评价要点数量，对各要素单元设置不同的得分权重（见表 9－1），每一项评价要点得分范围为 0～4 分，根据查阅及访谈的结果，酌情对每一个评价要点进行打分，得分等级参考说明见表 9－2。

表 9－1　　体系管理要素评价权重与评价要点对应表

一级考评项目	权重	二级考评项目	三级考评项目评价要点数	总分
资产管理环境	4%	公司资产管理环境	1	4
		利益相关方期望	1	4
		确定资产管理体系适用范围	1	4
		资产管理体系	1	4
领导力	6%	领导力和承诺	4	16
		资产管理政策	3	12
		组织的角色、职责和权限	2	8

续表

一级考评项目	权重	二级考评项目	三级考评项目评价要点数	总分
管理策划	20%	应对资产管理风险	3	12
		资产管理目标	4	16
		资产管理策略	15	60
		资产管理计划	4	16
管理执行	35%	计划执行和控制	38	152
		变化管理	7	28
		外包	3	12
绩效评价	10%	监测、测量、分析和评估	5	20
		内部审核	2	8
		管理审查	3	12
持续改进	10%	不一致和纠正措施	1	4
		预防措施	1	4
		持续改进	1	4
管理支撑	15%	资源	1	4
		能力	2	8
		认知	1	4
		沟通	1	4
		文化	1	4
		体系文档	2	8

表 9－2　　　　得分等级参考说明

0 分	1 分	2 分	3 分	4 分
工作未开展	初步建立机制，未有效运转	初步建立机制，执行过程不到位	建立了机制，基本能有效运转	建立了机制，能有效运转，并能根据问题持续改进

四、 资产管理体系评价结果等级

最终得分将用于衡量企业资产管理体系成熟度评价，体系成熟度等级分为：1 钻、2 钻、3 钻、4 钻、5 钻（见表 9－3）。

表 9－3　　　　资产管理体系成熟度评价对应得分

	1 钻	2 钻	3 钻	4 钻	5 钻
总达标得分率	30%～45%	45%～60%	60%～75%	75%～90%	90%以上
一级考评项目得分率	≥15%	≥30%	≥45%	≥60%	≥75%

五、资产管理体系评价标准

（一）资产管理环境

本部分包括 4 方面内容，共 4 个问题。

1. 公司资产管理环境

编号	评价要点	评分等级说明	查评方法	评分	配合部门
1.1.1	公司应明确认知资产管理所处的内外部环境，为新时期公司资产管理的转型发展提供必要的认知基础	1. 充分理解经济新常态下，输配电价改革以及国家创新驱动发展战略对公司资产管理在电网资产、电网运营方面的新要求，并明确当前公司发展目标及资产全生命周期管理问题与现状的 3～4 分； 2. 部分了解经济新常态下，输配电价改革以及国家创新驱动发展战略对公司资产管理在电网资产、电网运营方面的新要求，并明确当前公司发展目标及资产全生命周期管理问题与现状的 1～2 分； 3. 对于公司所处内外部环境基本不了解的 0 分	1. 采用访谈的方式，抽查员工对于公司内外部环境的了解程度； 2. 外部环境方面，关注经济新常态下电网资产和电网运营方面的要求，输配电价改革对有效资产、运维成本等方面的要求的了解； 3. 内部环境方面，关注对公司资产管理体系及主要指标，以及固定资产管理基础薄弱制约公司未来的发展，资产绩效表现与世界一流有较大差距，资产精益管理水平亟需提升，电网规划与系统运行、资产采购与设备运维的矛盾较为突出，规划建设与设备运维对客户服务的支撑不足等问题现状的了解		企业管理部、资产管理部、基建部、财务部、市场及客户服务部

2. 利益相关方期望

编号	评价要点	评分等级说明	查评方法	评分	配合部门
1.2.1	公司应明确各利益相关方，识别利益相关方的要求和期望，制定一致的资产管理决策标准	1. 充分了解资产管理利益相关者的要求和期望，包括国资委、能源局、地方政府、网公司、客户、承包商、供应商和内部员工，并以公司发展目标为指导，建立统一的资产管理目标，确保决策的一致性的 3～4 分； 2. 部分了解资产管理利益相关者的要求和期望，包括国资委、能源局、地方政府、网公司、客户、承包商、供应商和内部员工，并以公司	1. 采用访谈的方式，抽查员工对于公司资产管理利益相关者要求和期望的了解程度。其中：国资委：国有资产保值、增值，提供稳定的回报；发改委和能源局：开展输配电价监管，包括五个方面：有效资产监管、运维成本监管、资产寿命监管、输配电价监管和服务绩效监管；地方政府：一方面地方政府代表监管机构开展输配电价监管，另一方面地方政府需要对电网公司的工程建设和改造等项目进行环保和路政等审批；网公司：满足网公司对公司经营		企业管理部、资产管理部、人力资源部、财务部、基建部、市场及客户服务部、物流服务中心

续表

编号	评价要点	评分等级说明	查评方法	评分	配合部门
1.2.1		发展目标为指导，建立统一的资产管理目标，确保决策的一致性的1～2分； 3. 不了解资产管理利益相关者的要求和期望，或未能建立统一资产管理目标，决策不一致的0分	考核的要求；客户：获得可靠、优质、可持续、经济的电能；承包商：帮助公司开展设计、施工、监理和运维检修等工作，期望能够获得长期的良好的合作关系；供应商：设备资产的供货单位，期望公司能够长期采购其设备资产，设备具有良好的性能，故障率较低，可靠性较高，运维成本较低；员工：建立和运作先进的资产管理体系，实现资产全生命周期工作最优，降低资产和作业风险，提升工作效率； 2. 检查资产管理决策标准，检查以公司发展目标为指导，建立统一的资产管理目标，并按照业务环节进行分解，各业务环节制定策略按照分解的业务目标进行决策和执行； 3. 检查输配电价监管报告及公司资产管理相关制度要求的记录和报告		

3. 确定资产管理体系适用范围

编号	评价要点	评分等级说明	查评方法	评分	配合部门
1.3.1	公司应明确资产管理体系的适用范围，包括涵盖的资产类别，以及应遵守本体系的组织架构和其他组织	1. 已明确资产管理体系的适用范围，包括涵盖的资产类别，以及应遵守本体系的组织架构和其他组织的3～4分； 2. 部分明确资产管理体系的适用范围，未清晰明确要求遵守本体系的组织架构，对其他组织是否遵守本体系未做明确要求的1～2分； 3. 未明确建立资产管理体系的0分	1. 检查相关资产管理体系文档，核查是否已明确资产管理体系的适用范围		资产管理部、基建部、财务部、市场及客户服务部、物流服务中心

4. 资产管理体系

编号	评价要点	评分等级说明	查评方法	评分	配合部门
1.4.1	公司应明确资产管理体系的范围和管理要素，建立完善的资产管理体系，并定期开展资产管理体系回顾	1. 已建立完善的管理要素，如资产管理政策、策略、计划、计划执行、绩效评价、改进与支持等，每年至少对资产管理实施情况进行一次检查和回顾，已确定资产管理体系符合相关的要求以及是否需要改进管理的 3～4 分； 2. 已建立相对完善的管理要素，但在资产管理政策、策略、计划、计划执行、绩效评价、改进与支持等方面尚有欠缺，或每年未对资产管理实施情况进行检查和回顾的 1～2 分； 3. 未建立资产管理体系的 0 分	1. 检查相关资产管理体系文档，核查是否包含资产管理政策、策略、计划、计划执行、绩效评价、改进与支持等方面； 2. 检查是否定期对资产管理体系进行回顾和检查，核查相关检查记录和报告		资产管理部、基建部、财务部、市场及客户服务部、物流服务中心

（二）领导力

本部分包括 3 方面内容，共 9 个问题。

1. 领导和承诺

编号	评价要点	评分等级说明	查评方法	评分	配合部门
2.1.1	公司高层管理人员应确保资产管理资源的可用性	1. 已经完成建立组织结构、工作机制、资源支持计划等基础保障工作，并明确资产管理工作投入资源，包括人、财、物及政策性资源支持的 3～4 分； 2. 部分建立组织机构、工作机制、资源支持计划等基础保障工作，并部分明确资产管理工作投入资源，包括人、财、物及政策性资源支持的 1～2 分； 3. 未建立资产管理资源基础保障机制的 0 分	1. 检查公司资产管理组织架构情况； 2. 检查资产管理工作机制建立情况； 3. 检查资产管理资源投入情况		资产管理部、人力资源部、财务部、基建部、市场及客户服务部、物流服务中心

续表

编号	评价要点	评分等级说明	查评方法	评分	配合部门
2.1.2	公司高层管理人员应传递资产管理和符合资产管理体系要求的重要性	1. 召开各层级资产管理工作会议和培训，宣贯资产管理理念、工作方法及管理要求，正式发文明确资产管理和符合资产管理体系要求重要性的 3～4 分； 2. 召开资产管理工作会议和培训仅覆盖部分层级，宣贯内容仅覆盖资产管理理念、工作方法及管理要求的部分内容，或未正式发文明确资产管理和符合资产管理体系要求重要性的 1～2分； 3. 未召开资产管理工作会议或培训，未发文明确资产管理重要性的 0 分	1. 检查资产管理相关工作会议纪要； 2. 检查资产管理相关培训计划及培训记录； 3. 检查资产管理工作相关发文或其他支撑材料		资产管理部、人力资源部、财务部、基建部、市场及客户服务部、物流服务中心
2.1.3	公司高层管理人员应促进组织内的跨职能协作	1. 建立资产管理协同机制，明确资产管理业务中各职能部门间权限职责，定期召开会议，集中解决资产管理工作中重点难点问题的 3～4 分 2. 仅建立资产管理协同机制及沟通机制，但未能实际应用，或应用效果不佳的 1～2 分； 3. 未建立资产管理协同机制及沟通机制的 0 分	1. 检查资产管理协同机制相关文档； 2. 检查资产管理相关会议纪要		资产管理部、财务部、基建部、市场及客户服务部、物流服务中心
2.1.4	公司高层管理人员应推动资产管理体系持续改进	1. 已建立资产管理体系工作回顾及持续改进机制，定期召开资产管理体系工作成果汇报会，形成资产管理体系提升方案及实施计划，实现闭环管控的 3～4 分； 2. 已建立资产管理体系工作回顾及持续改进机制，但未定期召开资产管理体系工作成果汇报会，或未执行提升方案或实施计划的 1～2 分； 3. 未建立资产管理体系工作回顾及持续改进机制的 0 分	1. 资产管理体系工作回顾记录； 2. 资产管理体系工作成果集； 3. 资产管理体系成果汇报会议纪要； 4. 资产管理体系提升方案及实施计划		资产管理部、财务部、基建部、市场及客户服务部、物流服务中心

2. 政策

编号	评价要点	评分等级说明	查评方法	评分	配合部门
2.2.1	公司设立的资产管理政策应源自组织战略规划并保持一致，并考虑资产管理风险、效能和成本的综合最优	1. 资产管理政策承接公司战略规划，从控制风险、提高效能和降低成本三方面制定本公司资产管理政策，应包含资产管理目标及资产管理策略，正式发文贯彻执行并定期回顾的 3～4 分； 2. 资产管理政策部分承接公司战略规划，从控制风险、提高效能或降低成本等方面制定本公司资产管理政策，但未能贯彻执行，或未能定期回顾的 1～2 分； 3. 未能承接公司战略规划，未考虑资产管理风险、效能和成本的综合最优的 0 分	1. 检查资产管理政策文件		资产管理部
2.2.2	资产管理政策应考虑相关者的期望、业务状况和业务需求，并传达给所有利益相关方，包括供应商和承包商	1. 建立常态化对外沟通机制，定期与政府机构、监管机构、上下游供应商及承包商等利益相关者就业务状况、业务需求等方面进行沟通交流的 3～4 分； 2. 仅建立对外沟通机制，但未能贯彻执行，未定期与外部利益相关方进行沟通交流的 1～2 分； 3. 未建立对外沟通机制，未与外部利益相关者进行沟通交流的 0 分	1. 检查对外沟通记录如会议纪要等		资产管理部
2.2.3	公司应定期审查资产管理政策，确保其有效性	1. 已建立资产管理政策回顾机制，对资产管理政策有效性进行评估、完善，并正式发文、宣贯的 3～4 分； 2. 已建立资产管理政策回顾机制，但未能应用机制对政策进行优化调整的 1～2 分； 3. 未建立资产管理政策回顾机制的 0 分	1. 检查资产管理政策回顾纪要； 2. 检查政策修编记录		资产管理部

3. 组织的角色、职责和权限

编号	评价要点	评分等级说明	查评方法	评分	配合部门
2.3.1	公司应当根据资产管理的需要设立相应资产管理组织架构，明确职责，并常态化运转	1. 已根据资产管理需要设立资产管理委员会，由公司领导牵头，各职能部门主要负责人参与，优化各环节资产管理相应职责，解决责任与业务领域不匹配的问题，并建立沟通、协调、人才培养等相关工作机制，实现常态化运转的3～4分； 2. 已根据资产管理需要设立资产管理委员会，但未由公司高层领导牵头，各职能部门主要负责人参与，优化各环节资产设备管理相应职责，解决责任与业务领域不匹配的问题，或工作机制尚不健全，或未实现常态化运转的1～2分； 3. 未根据资产管理需要设立各层级资产管理委员会的0分	1. 检查各层级资产管理委员会建立情况； 2. 检查资产管理委员会工作机制设立情况； 3. 检查资产管理委员会工作记录及会议纪要； 4. 检查全生命各阶段职责分工情况		资产管理部、人力资源部
2.3.2	公司应建立与其他体系管理委员会、归口管理部门的联络、沟通机制，与其共同开展工作，确保各体系的关联性	1. 已建立与其他管理委员会、归口管理部门的联络、沟通机制，并与其共同开展工作的3～4分； 2. 建立与其他管理委员会、归口管理部门的联络、沟通机制，未能共同开展工作的1～2分； 3. 未建立其他管理委员会、归口管理部门的联络及沟通机制的0分	1. 检查资产管理委员会对外联络、沟通机制； 2. 检查资产管理委员会对外联络、沟通记录及纪要		资产管理部、财务部、基建部、市场及客户服务部、物流服务中心

（三）管理策划

本部分包括4方面内容，共26个问题。

1. 应对资产管理风险

编号	评价要点	评分等级说明	查评方法	评分	配合部门
3.1.1	公司需要识别资产管理风险，包括资产投资风险、电网运行风险、资产失效风险、作业风险、资产生命周期不同阶段的相关风险以及由自然环境事件造成的电网或设备风险	1. 已按照公司要求建立风险信息库，并覆盖到资产投资风险、电网风险、设备风险、作业风险、资产生命周期不同阶段相关风险以及由自然环境事件造成的电网或设备风险，并对不同类型风险程度、发生概率、可能后果及相关职责等方面有明确规定的3～4分； 2. 已按照公司要求建立风险信息库，并部分覆盖到资产投资风险、电网风险、设备风险、作业风险、资产生命周期不同阶段相关风险以及由自然环境事件造成的电网或设备风险，并部分明确不同类型风险程度、发生概率。可能后果及相关职责等方面的1～2分； 3. 未建立风险信息库的0分	1. 检查公司是否建立了风险信息库； 2. 风险库是否覆盖各类风险类型，包括资产投资风险、电网运行风险、资产失效风险、作业风险、资产生命周期不同阶段的相关风险以及由自然环境事件造成的电网或设备风险等； 3. 检查是否包括风险程度、发生的概率、可能的后果、管控措施、容忍度以及相关职责； 4. 风险信息库是否定期维护、更新、审核		安全监管部、资产管理部、市场及客户服务部
3.1.2	公司应根据风险评估结果制定相应等级的风险控制措施并确保闭环执行，制定措施应考虑可行性、适用性、可操作性、经济性、资源保障和控制措施可能带来的新风险	1. 根据风险评估结果制定了风险控制措施，制定措施综合考虑了可行性、适用性、可操作性、经济性、资源保障和控制措施可能带来的新风险的3～4分； 2. 根据风险评估结果制定了风险控制措施，制定措施考虑了可行性、适用性、可操作性、经济性、资源保障和控制措施可能带来的新风险中的部分要素的1～2分； 3. 未根据风险评估结果制定风险控制措施的0分	1. 检查公司是否制定风险控制措施，检查风险控制措施与风险评估结果是否具备承接关系； 2. 检查制定风险控制措施时是否考虑充分，包括可行性、适用性、可操作性、经济性、资源保障和控制措施可能带来的新风险等		安全监管部、资产管理部、市场及客户服务部
3.1.3	公司每年至少应对资产风险控制措施的效果进行一次评估回顾，并酌情将相关结果反馈回资产管理策略、目标、计划以及相应培训计划和能力需求	1. 定期对资产风险控制措施的效果进行评估回顾，每年至少一次，并酌情将相关结果反馈回资产管理策略、目标、计划以及相应培训计划和能力需求的3～4分； 2. 每年至少对资产风险控制措施的效果进行一次评估回顾，并酌情将相关结果反馈回资产管理策略、目标、计划以及相应培训计划和能力需求，但反馈不完善或反馈信息不够及时的1～2分； 3. 未能每年对资产风险控制措施的效果进行评估回顾的0分	1. 检查资产风险控制措施的效果评估回顾的相关文件和记录； 2. 检查信息反馈记录		安全监管部、资产管理部、市场及客户服务部

2. 资产管理目标

编号	评价要点	评分等级说明	查评方法	评分	配合部门
3.2.1	公司应当建立和维护量化、统一的资产管理目标、指标，并考虑资产管理风险、效能和成本的综合最优	1. 制定了可量化、统一的年度资产管理目标、指标，并进行了分层分解的3～4分； 2. 制定了可量化、统一的年度资产管理目标、指标但未分层分解的1～2分； 3. 未制定相关量化、统一的目标、指标，或未分层分解的0分	1. 检查是否制定了年度资产管理目标以及关键指标； 2. 检查年度指标是否可量化，检查年度目标统一，避免局部目标最优、整体目标次优局面的重要手段，具有导向作用； 3. 检查相关目标及指标是否分解到直属单位层面； 4. 控制风险方面，检查是否制定电网安全稳定运行、设备健康水平、应急管理水平和应急处置能力、不发生较大的电力安全和设备事故等工作目标、指标； 5. 提高效能方面，检查是否制定了供电可靠性、电能质量、资产使用年限和利用率等工作目标、指标； 6. 降低成本方面，检查是否制定资产成本精益化管理、降低运维成本、降低报废资产净值率等工作目标、指标		资产管理部、基建部、财务部、市场及客户服务部、物流服务中心、直属单位
3.2.2	公司应当基于电改要求优化公司资产全生命周期指标体系，将资产的总体目标分解为各环节指标，并确保各环节指标与总体目标的统一	1. 承接公司总体目标建立资产管理指标体系，并将总体结果性指标分解为规划计划、物资采购、工程建设、运维检修及退役报废各环节过程性指标，并体现横向协同要求，明确权责部门、协同部门的3～4分； 2. 部分承接公司总体目标建立资产管理指标体系，将总体结果性指标分解为规划计划、物资采购、工程建设、运维检修及退役报废部分环节过程性指标的，但部分或个别目标、指标体现了横向协同的要求1～2分； 3. 未能承接公司总体目标进行指标分解，未建立资产管理指标体系的0分	1. 检查目标是否分解到各个业务环节； 2. 检查各个业务环节的管理指标是否可量化，是否明确目标值； 3. 检查各指标是否明确具体的责任部门及协同配合部门		资产管理部、基建部、财务部、市场及客户服务部、物流服务中心、直属单位
3.2.3	公司应制定实现目标和指标的实施计划，并定期对目标、指标和相应工作计划及完成情况进行监测、分析	1. 制定完成目标指标的提升举措、工作计划及过程管控计划的3～4分； 2. 制定完成部分目标指标的提升举措、工作计划或过程管控计划的1～2分； 3. 未制定完成目标指标的提升举措、工作计划或过程管控计划的0分	1. 检查目标、指标对应的提升举措； 2. 检查目标、指标实施的工作计划； 3. 检查目标、指标定期监测、分析计划、监测记录		资产管理部、基建部、财务部、市场及客户服务部、物流服务中心、直属单位

续表

编号	评价要点	评分等级说明	查评方法	评分	配合部门
3.2.4	公司每年应对资产管理目标指标的科学性、合理性以及完成情况进行回顾，并进行修正或更新	1. 建立相关机制对资产管理目标、指标的完成情况进行评估与回顾，并根据实际业务发展情况对目标及指标进行动态调整的 3～4 分； 2. 建立相关机制对资产管理目标、指标的完成情况进行评估与回顾，但未根据实际业务发展情况对目标及指标进行动态调整的 1～2 分； 3. 未建立相关机制对资产管理目标、指标的完成情况进行评估与回顾，且未根据实际业务发展情况对目标及指标进行动态调整的 0 分	1. 检查资产管理各级目标完成情况评估记录； 2. 检查资产管理各级目标调整情况记录； 3. 检查是否建有资产管理目标指标评估、回顾及调整工作方案或工作机制		资产管理部、基建部、财务部、市场及客户服务部、物流服务中心、直属单位

3. 资产管理策略

编号	评价要点	评分等级说明	查评方法	评分	配合部门
3.3.1	公司应当承接公司资产管理总体目标，建立和维护资产管理策略，并覆盖资产管理主要业务环节	1. 承接公司资产管理总体目标，制定了各业务环节的资产管理策略，包括总体策略、资产管理业务策略和执行策略的 3～4 分； 2. 部分承接公司资产管理总体目标，制定了部分业务环节的资产管理策略，包括总体策略、资产管理业务策略和执行策略的 1～2 分； 3. 未制定各业务环节的资产管理策略的 0 分	1. 检查资产管理策略相关程序、制度文件； 2. 检查资产管理策略是否包括总体策略、资产管理业务策略和执行策略； 3. 检查资产管理策略中是否包含以下业务单元：电网规划，投资管理，设备准入，物资采购与供应，工程建设，运维检修，资产改造，退役报废，综合管理等； 4. 检查资产管理相关策略制定、审批、发布的过程记录		资产管理部
3.3.2	公司应定期审查资产管理策略并确保其有效性	1. 定期审查资产管理策略并确保其有效性的 3～4 分； 2. 未能定期审查资产管理策略，或审查后反馈机制不完善，不能及时更新改进资产管理策略的 1～2 分； 3. 没有资产管理策略，或从未审查资产管理策略的 0 分	1. 检查资产管理策略审查的相关文件、记录		资产管理部、基建部、财务部、市场及客户服务部、物流服务中心

续表

编号	评价要点	评分等级说明	查评方法	评分	配合部门
3.3.3	电网规划业务策略应承接公司发展目标要求，推动电网规划落地，做优做强主配网，进一步提升深圳电网发展质量	1. 已建立负荷信息获取机制，开展电网风险评估及电网可靠性评估，并将评估结果应用到基于全生命周期的主、配网规划中的3～4分； 2. 已建立负荷信息获取机制，开展电网风险评估及电网可靠性评估，但尚未将评估结果应用到基于全生命周期的主、配网规划中的1～2分； 3. 未建立负荷信息获取机制，未开展电网风险评估或电网可靠性评估的0分	1. 检查是否建立负荷信息获取机制，并进行负荷预测； 2. 检查是否编制电网风险评估报告并运用到主网电网规划中； 3. 检查是否编制电网可靠性评估报告并运用到配网电网规划中； 4. 检查是否完成技术经济评价		资产管理部
3.3.4	公司应开展电网规划的滚动修编，持续优化规划编制的深度	1. 已建立电网规划的滚动修编机制，并按照计划持续优化规划的3～4分； 2. 已建立电网规划的滚动修编机制，但未按计划持续优化规划的1～2分； 3. 未建立电网规划的滚动修编机制的0分	1. 检查是否制定电网规划的滚动修编机制； 2. 检查电网规划修编记录		资产管理部
3.3.5	加强主配网规划协同，主网规划应充分考虑负荷分布和负荷特性，将变电站延伸进入负荷中心，为用户接入提供灵活便利的电源点；配网规划根据上级电网资源合理组网，同时将电源需求反馈至上级规划	1. 已建立主配网规划协同机制，主网规划充分考虑负荷分布和负荷特性，将变电站延伸进入负荷中心，为用户接入提供灵活便利的电源点；配网规划根据上级电网资源合理组网，同时将电源需求反馈至上级规划的3～4分； 2. 已建立主配网规划协同机制，但执行不到位，未能实现有效协同的1～2分； 3. 未建立主配网规划协同机制的0分	1. 检查是否建立主配网规划协同机制； 2. 通过规划案例检查协同机制的成效		资产管理部

续表

编号	评价要点	评分等级说明	查评方法	评分	配合部门
3.3.6	投资管理业务策略应符合公司经营目标，统筹开展投资规划，平衡各类投资需求分配，考虑投资需求和投资额度的平衡，开展项目优选，注重投入产出和资产长期价值创造能力的提升	1. 已建立完善的投资管理策略机制，包含但不限于平衡各类投资需求分配策略，根据投资需求和投资额度的平衡项目优选策略，均衡下达投资计划及基于全生命周期最优的后评价策略的 3～4 分； 2. 已建立完善的投资管理策略机制，部分包含平衡各类投资需求分配策略，根据投资需求和投资额度的平衡项目优选策略，均衡下达投资计划及基于全生命周期最优的后评价策略的 1～2 分； 3. 未建立完善的投资管理策略机制的 0 分	1. 检查是否建立投资管理策略机制，包含但不限于投资管理、项目储备库、项目优选、计划均衡下达、投资监控、后评价及应用		资产管理部
3.3.7	物资采购与供应业务策略应考虑设备准入，把好设备选型关，实现物资采购质优价宜，物资供应及时高效，为实现差异化物资采购、供应商评价、物资品控管理、品类优化、应急物资管理及全生命周期成本采购提供策略支撑	1. 已具备明确的采购策略和采购目标，策略上重视物资选型及品类优化，考虑通用和互换性，注重产品的质量和供应，建立起完善的供应商管理体系、多种方式相结合的物资品控管理体系、品类优化、应急物资管理及全生命周期成本采购策略的 3～4 分； 2. 已具备明确的采购策略和采购目标，策略上注重产品的质量和供应，部分建立完善的供应商管理体系、多种方式相结合的物资品控管理体系、品类优化、应急物资管理及全生命周期成本采购策略的 1～2 分； 3. 未具备明确的采购策略和采购目标的 0 分	1. 检查是否制定物资采购与供应策略； 2. 检查策略中是否包含但不限于：设备准入、物资需求计划管理、采购管理、供应商管理、品质控制、供应商履约评价、仓储管理、储备物资管理、物资配送、闲置物资管理、报废物资管理		资产管理部、物流服务中心
3.3.8	工程建设业务策略应当确保施工作业安全，实现工程质量优良、及时有序、造价经济，强化工程项目验收，确保项目的按期投产，及时结算转增资	1. 已建立完善的工程建设策略，包含但不限于工程项目管理、工程质量管理、工程造价管理、工程安全管理、工程进度管理及工程技术管理等策略，增资及时性满足要求的 3～4 分； 2. 已建立相对完善的工程建设策略，部分包含工程项目管理、工程质量管理、工程造价管理、工程安全管理、工程进度管理及工程技术管理等策略，增资有所滞后的 1～2 分； 3. 未建立相对完善的工程建设策略的 0 分	1. 检查是否制定工程建设策略； 2. 检查策略中是否包含以下内容：工程项目管理、工程质量管理、工程造价管理、工程安全管理、工程进度管理及工程技术管理等策略； 3. 现场检查是否执行标准设计与典型造价； 4. 现场检查投运设备电子化资料是否按要求移交，账卡物是否一致，结算转增资是否及时		基建部

续表

编号	评价要点	评分等级说明	查评方法	评分	配合部门
3.3.9	运维检修业务策略应当支撑高效经济开展运行，确保资产安全可靠，实现效能和成本最优，提升资产质量水平和综合可用率，延长资产使用寿命，考虑提升设备安全生产水平和投资效益开展资产改造	1. 已建立完善的运维策略，全面考虑以下因素，考虑利用状态监测等手段开展设备状态评价，考虑综合设备状态、风险和关键程度等开展差异化运维检修，结合停电计划等统筹安排综合生产计划，考虑电网设备受灾害损失后的恢复重建，考虑提升设备安全生产水平和投资效益开展资产改造的3～4分； 2. 已建立相对完善的运维策略，仅部分考虑以下因素，考虑利用状态监测等手段开展设备状态评价，考虑综合设备状态、风险和关键程度等开展差异化运维检修，结合停电计划等统筹安排综合生产计划，考虑电网设备受灾害损失后的恢复重建，考虑提升设备安全生产水平和投资效益开展资产改造的1～2分； 3. 未建立运维策略，或运维策略中未包含状态评价、差异化运维检修、综合生产计划及恢复重建的0分	1. 检查是否建立运维策略； 2. 检查运维策略中是否包含以下内容：状态评价、差异化运维检修、综合生产计划及恢复重建； 3. 检查策略制定是否考虑以下内容：生产计划管理、作业安全管理、资产健康档案管理、电网风险管理、状态监测应用、状态评价与风险评估及差异化运维策略； 4. 检查技改及检修项目计划		资产管理部
3.3.10	公司应按要求制定设备检修需求规划，并基于设备检修需求规划，确定设备的A、B、C类检修、检查性操作及技改等检修策略，并根据设备不同状态安排检修	1. 已依据检修规程、预试规程、维护检修手册、反措要求等内容，制定设备检修需求规划，需求规划须包括修理、技改、预试、维护检修、检查性操作等内容，并根据检修需求规划，确定设备的A、B、C类检修、检查性操作及技改等策略，并根据设备不同状态灵活安排检修的3～4分； 2. 已依据检修规程、预试规程、维护检修手册、反措要求等内容，制定设备检修需求规划，但是需求规划内容不全，或未根据根据检修需求规划，确定设备的A、B、C类检修、检查性操作及技改等策略的1～2分； 3. 未依据依据检修规程、预试规程、维护检修手册、反措要求等内容，制定设备检修需求规划的0分	1. 检查检修需求规划的内容； 2. 抽取各类设备检修需求规划是否满足相关要求； 3. 检查各类状态设备检修策略是否符合要求； 4. 检查不同管控等级设备延期申请是否按要求进行审批：对于严重状态的设备，应尽快安排检修；异常状态的设备，应在一年内安排检修；对于注意状态的设备，检修周期不超过检修规程和厂家说明书规定的周期；对于正常状态的设备，可延长A修周期，每次延长时间最长不超过3年，延期不超过2次；Ⅰ级、Ⅱ级管控设备的延期申请需经局长审批，Ⅲ级、Ⅳ级管控设备的延期申请需经分管副局长审批		资产管理部

续表

编号	评价要点	评分等级说明	查评方法	评分	配合部门
3.3.11	公司应在项目可行性研究环节建立设备退役决策机制	1. 在项目的可行性研究环节建立了完善的设备退役决策机制，覆盖全部项目类型、设备类型；且对报废资产净值率大于15%的设备，建立审批决策机制，对拆除原因、必要性及经济性进行充分论证的3～4分； 2. 在项目的可行性研究环节建立了设备退役决策机制，覆盖部分项目类型和设备类型；决策机制所列环节考虑不全的1～2分； 3. 未建立设备退役决策机制的0分	1. 检查是否在项目可研环节建立设备退役决策机制； 2. 检查设备退役决策机制是否覆盖到不同项目类型和设备类型； 3. 检查设备退役决策机制的环节设置		资产管理部
3.3.12	公司应根据资产不同类型建立规范的设备退役计划	1. 设备退役计划（或类似计划）所列项目考虑全面（包括了基建、技改、拆除、事件、到期等情况），且计划中明确资产处置方式、退出时间的3～4分； 2. 设备退役计划（或类似计划）所列项目考虑不全，或计划中未明确资产处置方式或退出时间的1～2分； 3. 没有设备退役计划（或类似计划）的0分	1. 检查是否建立设备退役计划； 2. 检查设备退役计划是否全面； 3. 检查设备退役计划是否明确资产处置方式、退出时间		资产管理部、市场及客户服务部、系统运行部
3.3.13	公司应建立统一规范的资产退役报废鉴定标准	1. 根据不同设备类型（一次、二次、计量、非电网）有针对性地明确鉴定资产状态的技术条件及依据，并细化各类型设备折旧年限的具体标准的3～4分； 2. 已明确部分设备类型的资产状态鉴定的技术条件及依据的1～3分； 3. 没有资产退役报废鉴定标准的0分	1. 检查是否建立资产退役报废鉴定标准； 2. 检查资产退役报废鉴定标准的细化程度		资产管理部、市场及客户服务部、系统运行部
3.3.14	公司应建立相关流程机制确保闲置物资的有效再用（再利用平台一可再利用设备清单、调拨机制、激励机制、实施细则）	1. 已建立设备修复和再利用机制，包括设备退役使用价值鉴定技术标准和流程，并设计资产调拨操作指引，促进闲置设备合理再利用3～4分； 2. 建立设备修复和再利用机制，包括设备退役使用价值鉴定技术标准和流程，但未设计资产调拨操作指引，闲置设备再利用不充分的1～2分； 3. 未建立或不了解闲置物资有效再用流程机制得0分	1. 检查是否建立闲置物资再利用机制； 2. 检查闲置物资有效再利用机制是否包括设备退役使用价值鉴定技术标准和流程； 3. 检查闲置物资再利用机制是否包括了内部交易的操作指引		资产管理部、基建部、物流服务中心

续表

编号	评价要点	评分等级说明	查评方法	评分	配合部门
3.3.15	公司应当建立和维护综合管理策略，贯彻执行并定期回顾，不断优化	1. 已建立综合管理策略并明确以下方面的管理选择、方法和要求：外委管理、承包商管理、统一设备资产目录、统一项目分类及编码、统一资产编码、全生命周期成本归集、财务预算管控、资产技术标准管理、资产盘点等，并定期回顾，为资产全生命周期其他综合管理活动提供框架和指导的 3～4 分； 2. 已建立综合管理策略，并部分覆盖到业务外委管理、承包商管理、统一设备资产目录、统一项目分类及编码、统一资产编码、全生命周期成本归集、财务预算管控、资产技术标准管理、资产盘点等的 1～2 分； 3. 未建立综合管理策略的 0 分	1. 检查是否建立综合资产管理策略，查评相关文件； 2. 检查综合管理策略中是否包含但不限于业务外委管理、承包商管理、资产目录、资产编码、项目分类及编码、成本归集、技术标准和资产盘点等； 3. 检查是否对策略执行情况定期回顾，查评回顾记录		资产管理部、人力资源部、基建部、财务部、物流服务中心

4. 资产管理计划

编号	评价要点	评分等级说明	查评方法	评分	配合部门
3.4.1	公司应当建立年度资产管理计划，资产管理计划应源自资产管理策略、承接资产规划并与其保持一致，并定期检查以保证其有效性	1. 建立了年度资产管理计划，资产管理计划源自资产管理策略、承接资产规划并与之保持一致，定期审查保证计划的有效性的 3～4 分； 2. 建立了年度资产管理计划，资产管理计划与资产管理策略、资产规划基本一致，进行了审查保证其有效性的 1～2 分； 3. 未建立年度资产管理计划的 0 分	1. 检查资产管理计划的相关文件，检查其是否与资产管理策略、资产规划保持一致； 2. 检查是否有定期审查资产管理计划的机制		资产管理部
3.4.2	资产计划应明确为完成资产管理目标的任务和活动所指定的职责和权限，安排相匹配的资源，明确措施和时间表	1. 资产计划明确了为完成资产管理目标的任务和活动所指定的职责和权限，安排相匹配的资源，明确措施和时间表的 3～4 分； 2. 资产计划基本明确了为完成资产管理目标的任务和活动所指定的职责和权限，安排相匹配的资源，制定了措施和时间表但个别细节不明确的 1～2 分； 3. 资产计划没有明确各任务的职责和权限，资源不够充足，没有明确措施和时间表的 0 分	1. 检查资产管理计划的相关文件，重点检查其中的权责划分、资源分配、任务时间计划表等； 2. 资产计划活动应包含：电网规划，投资计划、生产计划（包含运维计划、退役计划），项目储备库，投资优选，计划编制下达，投资管控，后评价等		资产管理部

续表

编号	评价要点	评分等级说明	查评方法	评分	配合部门
3.4.3	公司的资产计划应当以文本的形式记录并发布，传达给所有相关人员	1. 资产计划以文档的形式记录并发布，传达给所有相关人员的3～4分； 2. 资产计划以文档的形式记录但发布不及时，或并未传达给所有相关人员的1～2分； 3. 没有文档形式的资产管理计划或从未发布资产管理计划的0分	1. 检查资产管理计划的文档； 2. 检查资产管理计划的发布记录		资产管理部
3.4.4	公司应遵照资产计划所明确的时间表执行，并做好相应记录。应根据投资计划、运维计划制定年度生产计划，每月（周）分解落实	1. 严格执行资产计划中的时间表并做好相应记录，将任务分解落实到每月（周）的3～4分； 2. 执行了资产计划中的时间表但未做好相应记录，或未将任务分解落实到每月（周）的1～2分； 3. 没有资产计划，或未遵照资产计划的0分	1. 检查资产管理计划的落实情况，检查各业务部门是否根据资产管理计划制定了相应的每月（周）计划		资产管理部

（四）管理执行

本部分包括3方面内容，共48个问题。

1. 计划执行和控制

编号	评价要点	评分等级说明	查评方法	评分	配合部门
4.1.1	公司应建立相关机制确保资产管理计划的贯彻执行，使得全生命周期业务活动实现全过程协同	1. 已建立包括资产全过程、全生命周期协同的电子化移交、退役报废、技术标准、缺陷信息归集、成本模型等工作机制，并明确全生命周期各阶段业务事项的岗位及职责、业务指引并有效监控执行情况的3～4分； 2. 部分建立包括资产全过程、全生命周期协同的电子化移交、退役报废、技术标准、缺陷信息归集、成本模型等工作机制的1～2分； 3. 未建立相关全生命周期全过程协同机制的0分	1. 检查是否建立电子化移交工作机制，是否整体协同从项目设计到工程建设、物资采购、验收投产、转固增资全过程的业务管理要求，满足帐卡物一致性要求； 2. 检查是否建立资产全生命周期协同的技术标准，是否涵盖设备准入、年度计划、工程建设、物资采购、生产运维、退役报废等各环节各类型设备技术标准； 3. 检查是否建立资产全生命周期缺陷信息归集机制，实现各业务环节缺陷信息贯通统一记录； 4. 检查是否构建资产全生命周期成本模型，是否明确各阶段成本归集与分摊标准，是否实现全成本归集		资产管理部、基建部、市场及客户服务部

续表

编号	评价要点	评分等级说明	查评方法	评分	配合部门
4.1.2	电网规划方面，公司应优化主网结构，强化西电东送受端网络，打造更大范围资源优化配置平台，加强保底电网建设，全面提升电网抵御极端灾害和故障的能力，消除全市大面积停电风险。加强配网建设，全面提升供电能力和供电可靠性水平。加快智能电网试点及推广，全面承接网公司智能电网“五个环节＋四个支撑体系”九大领域发展任务，先行先试推动前海、坝光、高新南等智能电网示范区建设。建立基于资产全生命周期管理的模型，并基于资产全生命周期综合最优进行比选	1. 已制定优化主网、强化配网、提高配电网转供能力、智能电网等相关电网规划，基于资产全生命周期综合最优对电网规划工作进行比选，并基于规划有序开展工作的3～4分； 2. 已制定优化主网、强化配网、提高配电网转供能力、智能电网等相关电网规划，基于资产全生命周期综合最优对电网规划工作进行比选，但未基于规划有序开展工作的1～2分； 3. 未制定优化主网、强化配网、提高配电网转供能力等相关电网规划的0分	1. 检查电网规划中是否制定了优化主网、强化西电东送受电网络、加强保底电网建设、强化配网、提高配电网转供能力的规划； 2. 检查公司智能电网规划； 3. 检查是否建立基于资产全生命周期管理的模型、比选机制及比选记录； 4. 检查相关电网规划的执行情况及进度完成情况		资产管理部
4.1.3	电网投资方面，公司应预估未来每年的新增准许投资上限，开展未来五年的资产墙预测和分析，判断	1. 已结合未来电量增长预测和电价变化趋势及公司资产退役计划，预估未来每年的新增准许投资上限，并通过资产墙预测和分析，判断最大投资能力是否满足投资需求，并基于投资能力及业务需求，开展供电可靠性投资效益评价，优化基于可靠性的配网规划的3～4分；	1. 检查电网投资能力预测分析报告； 2. 检查电网投资需求预测分析报告； 3. 检查电网投资效益评价报告		资产管理部

续表

编号	评价要点	评分等级说明	查评方法	评分	配合部门
4.1.3	最大投资能力能否满足投资需求，开展供电可靠性投资效益评价，优化基于可靠性的配网规划	2. 已结合未来电量增长预测和电价变化趋势及公司资产退役计划，预估未来每年的新增准许投资上限，并通过资产墙预测和分析，判断最大投资能力是否满足投资需求，并基于投资能力及业务需求，但未开展供电可靠性投资效益评价，优化基于可靠性的配网规划的 1～2 分； 3. 未对公司投资能力及投资需求进行预测分析的 0 分			
4.1.4	投资计划方面，公司应建立公司资本性项目规划的统一协调、综合平衡和统筹规划机制，优化投资项目管理	1. 已建立并贯彻执行针对基建、技改等资本性项目规划统一协调、综合平衡和统筹规划机制，并不断优化投资项目管理流程，提高计划的综合性和准确度的 3～4 分； 2. 已建立针对基建、技改等资本性项目规划统一协调、综合平衡和统筹规划机制，并不断优化投资项目管理流程，但未贯彻执行的 1～2 分； 3. 未建立针对基建、技改等资本性项目规划统一协调、综合平衡和统筹规划机制，并不断优化投资项目管理流程的 0 分	1. 检查是否建立公司资本性项目规划的统一协调、综合平衡和统筹规划机制； 2. 检查项目内部审批审核材料完整性		资产管理部
4.1.5	后评价方面，公司应评价是否实现投资目标，并进一步优化电网规划，形成反馈机制	1. 已建立投资项目后评价机制，并定期根据生产运行中电网设备的风险评估结果和可靠性结果，评价是否实现投资目标，并进一步优化电网规划，形成反馈机制的 3～4 分； 2. 已建立投资项目后评价机制，并定期根据生产运行中电网设备的风险评估结果和可靠性结果，评价是否实现投资目标，但未应用评价结果，未能形成反馈机制的 1～2 分； 3. 未建立投资项目后评价机制，未定期根据生产运行中电网设备的风险评估结果和可靠性结果，评价是否实现投资目标的 0 分	1. 检查是否建立项目后评价机制； 2. 检查是否定期根据生产运行中电网设备的风险评估结果和可靠性结果，评价是否实现投资目标； 3. 检查是否应用投资项目后评价结果		资产管理部

续表

编号	评价要点	评分等级说明	查评方法	评分	配合部门
4.1.6	公司应规范物资采购工作，持续完善装备技术导则和技术规范书	1. 设备选型和采购严格执行标准技术规范，未采购非标设备的记录的3～4分； 2. 设备选型和采购能较好地执行标准技术规范，非标产品的使用较少的1～2分； 3. 未能严格执行标准技术规范，非标产品使用较多的0分	1. 检查采购的实施情况，是否严格执行公司标准技术规范； 2. 检查物资系统的需求记录，看是否存在非标产品的采购		物流服务中心
4.1.7	公司应持续推进物资品类优化，提升设备采购质量，建立基于LCC的采购能力	1. 设备选型标准化程度较高，招标规格型号较少，采购评审标准有考虑设备全生命周期内的成本因素的3～4分； 2. 设备标准化程度一般，规格型号存在进一步优化空间，采购评审标准对于设备全生命周期内成本的考虑不够全面的1～2分； 3. 设备标准化程度较差，规格型号较多，采购评审标准没有考虑设备全生命周期内成本的0分	1. 检查设备的品类和型号规格数量； 2. 检查招标方案和招标文件中的评审办法是否		资产管理部、物流服务中心
4.1.8	物资采购需要根据运行维护环节的数据反馈开展供应商评价，制定相关举措	1. 在日常招标采购中运用运行评价结果的项目较多，运行好坏情况能较好地反馈到评标环节的3～4分； 2. 运行评价结果在日常招标中运用频率一般，运行情况在评标中应用较少的1～2分； 3. 未开展设备运行评价工作，设备运行情况未在招标中反馈和应用的0分	1. 检查运行评价的开展情况； 2. 检查运行数据在招标项目的应用情况		资产管理部、物流服务中心
4.1.9	公司应加强项目过程管理，严格执行WHS质量管控，加强项目验收管理，把好工程质量移交关	1. 已建立项目过程管理及项目验收管理机制，并严格执行WHS质量管控，完善“谁验收、谁签字、谁负责”的责任追溯机制的3～4分； 2. 已建立项目过程管控及项目验收管理机制，但未严格执行WHS质量管控，完善“谁验收、谁签字、谁负责”的责任追溯机制的1～2分； 3. 未建立项目过程管控及项目验收管理机制的0分	1. 检查项目WHS质量管控资料是否按要求移交； 2. 检查现场实体与资料显示是否一致		基建部、直属各有关单位

续表

编号	评价要点	评分等级说明	查评方法	评分	配合部门
4.1.10	公司应加强资产信息管理，完善项目图档管理，规范资产移交管理，实现电子化移交，及时转资	1. 通过信息系统建设加强资产信息管理，实现电子化移交和价值评估，建立完善的项目图档管理工作机制，并得到执行，定期开展更新的 3～4 分； 2. 通过信息系统建设加强资产信息管理，实现电子化移交和价值评估，建立完善的项目图档管理工作机制，但未得到贯彻执行的 1～2 分； 3. 尚未建立项目图档管理工作机制、未规范资产信息管理的 0 分	1. 检查投运项目档案图档是否按要求移交； 2. 检查投运项目资产信息是否完整； 3. 检查电子化移交和价值评估记录		基建部、直属各有关单位
4.1.11	公司应积极推进设备状态监测和状态评价工作，开展智能技术在设备运维等领域中的应用	1. 已制定状态监测中心建设方案，构建状态评价分析决策系统，并按计划逐步实现“十三五”末实现 110kV 及以上主设备状态监测全覆盖，并不断引入监测检测、智能作业、设备仿真、大数据等先进技术及无人机、机器人等新设备在设备运维等领域的应用的 3～4 分； 2. 已制定状态监测中心建设方案，但未能按照计划贯彻执行，或未能开展智能技术在设备运维等领域的应用的 1～2 分； 3. 未制定状态监测中心建设方案，或未能开展智能技术在设备运维等领域的应用的 0 分	1. 检查状态监测中心建设情况； 2. 检查是否制定状态监测相关建设方案； 3. 检查建设方案中是否包含状态评价分析决策系统和新技术、新设备引进及应用方案		资产管理部、电力科学研究院
4.1.12	公司应基于状态评价结果推进主网、配网设备差异化运维	1. 主网设备运维应常态化开展设备状态评价、风险评估和管控定级，实现设备的分层、分级、分类和分专业管控且配网设备运维应按照设备健康度和重要度划分管控级别的 3～4 分； 2. 主网设备运维应常态化开展设备状态评价、风险评估和管控定级，实现设备的分层、分级、分类和分专业管控，但配网设备运维未按照设备健康度和重要度划分管控级别的 1～2 分； 3. 主网设备运维未能常态化开展设备状态评价、风险评估和管控定级，实现设备的分层、分级、分类和分专业管控的 0 分	1. 检查主网设备运维是否常态化开展设备状态评价、风险评估和管控定级，实现设备的分层、分级、分类和分专业管控，核查是否制定并执行主网设备差异化运维规程，抽查部分设备相关工作记录； 2. 检查配网设备运维是否按照设备健康度和重要度划分管控级别，核查是否制定并执行配网设备差异化运维规程，抽查部分设备相关工作记录		资产管理部、市场及客户服务部、系统运行部、电力科学研究院、输电管理所、变电管理一所、变电管理二所

续表

编号	评价要点	评分等级说明	查评方法	评分	配合部门
4.1.13	公司应结合检修规划和检修策略，制定年度检修计划，并分解到月度计划及周计划，实时调整、滚动修编	1. 已结合检修规划和检修策略，按时完成年度检修计划编制，包括年度设备修理计划、设备技改计划、设备维护检修计划、设备预试计划、设备检查性操作计划，并将年度计划分解为月度计划、周计划，同时，综合考虑设备巡视维护情况、设备状态评价和风险评估结果、反措要求和消缺等要求，实时调整、滚动修编的3～4分； 2. 已结合检修规划和检修策略，完成年度检修计划编制，并将年度计划分解为月度计划及周计划，但计划编制不及时、计划内容不完整或未能实时调整、滚动修编的1～2分； 3. 未能结合检修规划和检修策略，未能按时完成年度检修计划及分解计划编制的0分	1. 检修年度检修计划编制时间； 2. 核对年度检修计划和检修需求规划的差异； 3. 检查年度检修计划内容是否符合要求； 4. 检查月度、周计划修编情况； 5. 检查因停电原因无法开展检修工作的设备，是否按要求说明原因、签字确认并提出系统运行方面的预控措施		资产管理部、市场及客户服务部、系统运行部、直属各有关单位
4.1.14	公司应按计划组织实施检修工作，作业时应严格执行现场有关的安全工作工程和检修、试验等有关规程、规定，并严格执行检修规程和检修文件中的质量验收，并完成相关资料更新	1. 已按照周计划组织实施检修工作，检修工作按要求选取作业文件，落实控制风险的安全、技术和管理措施，并严格执行现有有关安全工作规程和检修、试验等有关规程、规定，且不存在设备超期检查性操作或超周期维修，并严格执行检修规程，完成资料更新的3～4分； 2. 已按照周计划组织实施检修工作，检修工作按要求选取作业文件，落实控制风险的安全、技术和管理措施，并严格执行现有有关安全工作规程和检修、试验等有关规程、规定，但存在设备超期检查性操作或超周期维修，或未严格执行检修规程，完成资料更新的1～2分； 3. 未按照周计划组织实施检修工作，检修工作按要求选取作业文件，落实控制风险的安全、技术和管理措施的0分	1. 抽查是否按照检修计划开展检修工作； 2. 检查作业文件内容； 3. 检查作业现场是够存在违规行为记录； 4. 检查作业文件内容与实际工作是否相符； 5. 检查测试仪器、各类设备（必须包含主变压器、断路器、GIS、隔离开关设备）是否存在试验超期情况，如果超期日否办理相关延期手续； 6. 检查检修记录中是否有值班人员确认验收； 7. 设备检修信息变化时，检查运行规程是否有更新记录（可检查电子版）； 8. 检查设备台账是否及时更新		资产管理部、市场及客户服务部、系统运行部、直属各有关单位

续表

编号	评价要点	评分等级说明	查评方法	评分	配合部门
4.1.15	公司应对设备缺陷按资产全生命周期阶段进行管理，并通过信息管理系统实现信息交互，及时反馈、按时消除、保留记录	1. 已对设备缺陷按照资产全生命周期阶段进行管理，物资、基建等阶段设备缺陷信息作为基础材料移交，设备运维部门保留设备制造运输阶段、施工安装阶段、运行维护阶段的缺陷记录，并通过信息管理系统实现信息交互，做到及时反馈、按时消除，坚持闭环管控与持续改进的3～4分； 2. 已对设备缺陷按照资产全生命周期阶段进行管理，物资、基建等阶段设备缺陷信息作为基础材料移交，设备运维部门保留设备制造运输阶段、施工安装阶段、运行维护阶段的缺陷记录，但未通过信息管理系统实现信息交互，未按规定对设备缺陷进行登记、报告或缺陷报送信息不正确或不完整、未能做到及时反馈、按时消除的1～2分； 3. 未对设备缺陷按照资产全生命周期阶段进行管理，全生命周期缺陷记录不全，未能通过信息管理系统实现信息交互，未能做到及时反馈、按时消除的0分	1. 查询信息系统中是否包含设备全生命周各阶段的缺陷信息； 2. 在信息系统中抽查缺陷记录，检查缺陷记录与相关的巡视、维护、预试、定检、检修等记录是否一一对应； 3. 检查缺陷报送信息是否正确，完整； 4. 检查发现缺陷后是否按要求开展设备状态评价； 5. 检查缺陷列表，检查是否存在疑似批次缺陷未上报情况； 6. 检查厂内监造、基建验收等资料		资产管理部、市场及客户服务部、系统运行部
4.1.16	公司应按时编制并上报年度反措实施计划，并纳入生产综合计划，实行闭环管理	1. 已按时编制并上报年度反措实施计划，并纳入生产综合计划，按规定将需要发生资金的反措计划列入技改、修理项目计划，实行闭环管控，对符合条件的反措按应急项目管理要求组织实施的3～4分； 2. 已按时编制并上报年度反措实施计划，并实行闭关管控，但未纳入生产综合计划，未按规定将需要发生资金的反措计划列入技改、修理项目计划，对符合条件的反措未按应急项目管理要求组织实施的1～2分； 3. 未按时编制并上报年度反措实施计划的0分	1. 检查近两年反措实施计划，是否按照反措要求编制并审核； 2. 检查近两年生产综合计划及实施情况资料，是否将反措实施纳入计划并实施闭环管理； 3. 检查近两年需要发生资金的反措计划，是否列入技改、修理项目计划并落实项目资金； 4. 检查反措计划是否执行文件规定，重大反措且完成时间要求比较紧急的项目是否按应急项目管理要求组织实施		资产管理部、市场及客户服务部、系统运行部、直属各有关单位

续表

编号	评价要点	评分等级说明	查评方法	评分	配合部门
4.1.17	公司应建立设备主人责任制，综合考虑设备重要程度、电压等级、人员技能水平等因素确定每台设备的责任人，并从设备台账、缺陷、试验、维护检修等维度进行监督，发现问题并及时整改，建立考核机制	1. 已建立设备主人责任制及设备责任人清册，熟悉并落实监督职责，并针对发现问题督促整改，针对事故事件中暴露的设备主人职责履行不到位进行追责的 3～4 分； 2. 已建立设备主人责任制及设备责任人清册，但不熟悉或未贯彻落实监督职责，未对发现问题进行督促整改的 1～2 分； 3. 未建立设备主人责任制及设备责任人清册的 0 分	1. 检查设备主人责任相关文件； 2. 检查是否建立设备责任人清册； 3. 检查监督内容是否落实到位； 4. 检查设备主人监督发现问题是否及时反馈并督促整改； 5. 访谈责任主人是否熟悉其职责； 6. 检查近期发生的事故事件中是否出现设备责任人履职不到位，是否进行了责任追究		资产管理部、市场及客户服务部、系统运行部、直属各有关单位
4.1.18	公司应推进生产精益化管理，应用精益管理的方法、工具，提升资源利用效率和管理效率	1. 已通过开展多层次、多模式的精益化管理培训，导入精益化管理理念，应用精益化管理工具，并在技改大修项目管理、设备运维管理和现场班组管理等方面大力开展精益化管理提升的 3～4 分； 2. 已通过开展多层次、多模式的精益化管理培训，导入精益化管理理念，应用精益化管理工具，但未在技改大修项目管理、设备运维管理和现场班组管理等方面进行精益化管理提升的 1～2 分； 3. 未开展多层次、多模式的精益化管理培训的 0 分	1. 检查精益管理培训方案及执行情况，核查是否开展面向领导干部、管理人员以及班组长的多层次培训工作； 2. 检查精益管理方法、工具的应用情况，核查在技改大修项目管理、设备运维管理和现场班组管理方面的应用实例		企业管理部、资产管理部、市场及客户服务部、系统运行部、直属各有关单位
4.1.19	公司应开展运维成本精益化管理，优化运维成本核算，实现运维环节成本的归集、分析	1. 已确定运维环节成本归集细项，确定成本分摊与归集方法与规则，完成在信息系统中进行固化，并已开始实际应用的 3～4 分； 2. 已确定运维环节成本归集细项，确定成本分摊与归集方法与规则，完成在信息系统中进行固化，但尚未试点推广应用的 1～2 分； 3. 尚未确定运维环节成本归集细项及成本分摊与归集方法与规则，且未在信息系统中进行固化的 0 分	1. 检查运维成本分摊与归集方案，是否对归集对象、归集方法、归集口径等内容做出明确说明；检查上述系统功能是否已经覆盖各电压等级的主要设备类型； 2. 检查运维成本分摊与归集相关系统模块建设情况，是否支持运维成本的分摊与归集功能的实现； 3. 检查运维环节成本分摊与归集的实际应用情况，包括试点经验总结及全面推广方案		资产管理部、市场及客户服务部、系统运行部、直属各有关单位

续表

编号	评价要点	评分等级说明	查评方法	评分	配合部门
4.1.20	公司应综合考虑内外部环境制定差异化接收策略，做好用户资产接收工作	1. 已制定用户资产差异化接收策略，综合考虑用户资产的状态好坏、使用年限、运维成本、竞争环境和社会效益等情况，明确资产接收后相关运维机制，并已在实际工作中贯彻执行的3～4分； 2. 已制定用户资产差异化接收策略，综合考虑用户资产的状态好坏、使用年限、运维成本、竞争环境和社会效益等情况，但未明确资产接收后相关运维机制，并尚未在实际工作中予以贯彻执行的1～2分； 3. 未根据用户资产的状态好坏、使用年限、运维成本、竞争环境和社会效益等情况制定差异化用户资产接收策略的0分	1. 检查是否建立用户资产差异化接收策略，核查相关方案及工作记录中是否包含对状态好坏、使用年限、运维成本、竞争环境和社会效益等方面的研究分析； 2. 检查是否制定资产接收后相关与的运维机制； 3. 检查实际工作中差异化接收策略应用情况，核查相关工作记录等		市场及客户服务部、各供电局
4.1.21	公司应充分引进、研究、应用新技术、新设备，全面提高设备装备和技术水平	1. 已建立新技术、新设备常态化研究机制，制定新技术、新设备引进及应用策略，形成项目计划并贯彻执行的3～4分； 2. 已建立新技术、新设备常态化研究机制，制定新技术、新设备引进及应用策略及项目计划，但未贯彻执行1～2分； 3. 未建立新技术、新设备常态化研究机制，未指定相关管理策略及项目安排的0分	1. 检查是否建立新技术、新设备研究、引进、应用的相关策略； 2. 检查是否依据上述策略制定相关项目安排； 3. 检查新技术、新设备引进及应用成果记录或报告		资产管理部
4.1.22	公司应定期开展未来三年技改投资及运维检修资源预测，提高技改修理科学性、合理性及经济性	1. 充分利用系统数据研究分析，从检修计划出发，定期开展未来三年技改投资及运维检修资源预测，并根据预测结果制定技改修理计划的3～4分； 2. 充分利用系统数据研究分析，从检修计划出发，定期开展未来三年技改投资及运维检修资源预测，但未根据预测结果制定技改修理计划的1～2分； 3. 未能定期开展未来三年技改投资及运维检修资源预测的0分	1. 检查技改投资及运维检修资源预测相关报告； 2. 检查是否依据技改投资及运维检修资源预测制定技改修理计划		资产管理部

续表

编号	评价要点	评分等级说明	查评方法	评分	配合部门
4.1.23	公司应研究开展技改修理投资项目优选工作，推广应用设备技改、大修项目的准入决策	1. 已建立技改修理投资项目优选及准入决策机制，并在公司范围内进行推广应用的3～4分； 2. 已建立技改修理投资项目优选及准入决策机制，尚未在公司范围内进行推广应用的1～2分； 3. 未建立技改修理投资项目优选及准入决策机制的0分	1. 检查是否建立技改修理投资项目优选机制； 2. 检查是否建立技改、大修项目的准入策略； 3. 检查项目优选及项目准入工作记录		资产管理部
4.1.24	公司应建立承包商资信评价机制，加强技改修理质量厂商管理，确保项目质量达到全生命周期管理要求	1. 已建立承包商资信评价机制，引入技改修理质量厂商负责制，并在实际项目开展中贯彻执行的3～4分； 2. 已建立承包商资信评价机制，引入技改修理质量厂商负责制，但未在实际项目开展中贯彻执行的1～2分； 3. 未建立承包商资信评价机制，未引入技改修理质量厂商负责制的0分	1. 检查是否建立承包商资信评价机制； 2. 检查是否制定厂商对技改修理质量负责的管理要求； 3. 检查项目开展过程中发生质量时的追责记录		资产管理部
4.1.25	公司应开展全过程技术监督，实现资产全生命周期各环节全覆盖，并以问题为导向开展专项技术监督工作	1. 已实现从策划、执行、评价的全过程、闭环的监督管理，在设备全生命周期包括规划计划、物资采购、工程建设、运维检修及退役处置各个环节开展技术监督工作，并做到以问题为导向，针对重点环节、重点设备开展专项技术监督工作的3～4分； 2. 未自主策划技术监督相关工作，但基本满足全过程、闭环监督管理要求，在设备全生命周期环节包括规划计划、物资采购、工程建设、运维检修及退役处置各个环节开展技术监督工作，并针对重点环节、重点设备开展专项技术监督工作的1～2分； 3. 未能满足全过程、闭环监督管理要求，技术监督工作执行不全面，未能覆盖资产全生命周期各个环节，且未能针对重点环节、重点设备开展专项技术监督工作的0分	1. 检查是否编制技术监督工作方案及实施计划，核查监督内容是够包含设计审查、招标采购、工厂监造、安装调试、运行维护、检修、技术改造等所有环节； 2. 检查是否编制技术监督专项工作方案及实施计划，是否以问题为导向，针对设备调试、检修、技术改造等重点阶段，以及在高峰负荷或故障后对输电线路、变压器等重点设备开展专项技术监督工作； 3. 检查日常监督与专项监督的监督报告、整改报告及相关月报记录		资产管理部

续表

编号	评价要点	评分等级说明	查评方法	评分	配合部门
4.1.26	公司应优化完善可靠性管理，系统推进供电可靠性提升	1. 建立了可靠性工作与规划建设、物资装备、生产运维、客户服务、科技创新的多线联动工作机制并明确了工作内容；建立了可靠性管理关键指标体系并开展国际对标的3～4分； 2. 仅梳理了可靠性工作与规划建设、物资装备、生产运维、客户服务、科技创新的相关工作内容未形成联动机制；仅针对可靠性管理关键指标开展了对标的1～2分； 3. 可靠性管理未与规划建设、物资装备、生产运维、客户服务、科技创新形成多线联动，未开展可靠性指标对标的0分	1. 检查是否编制可靠性提升工作方案，内容是否包括规划建设、物资装备、生产运维、客户服务、科技创新等领域工作内容； 2. 检查是否分解完善了可靠性管理关键指标体系，并开展国际对标		资产管理部
4.1.27	公司应持续开展电压质量问题分析和配电网低电压台区综合治理，提升对客户的电能质量服务能力	1. 已持续开展电压质量问题分析工作，并对配电网低电压台区开展综合治理，相关指标完成情况及客户投诉处理情况达到公司要求的3～4分； 2. 已持续开展电压质量问题分析工作，并对配电网低电压台区开展综合治理，但相关指标完成情况及客户投诉处理情况未能达到公司要求的1～2分； 3. 未能持续开展质量问题分析和配电网低压台区综合治理的0分	1. 检查电压质量问题分析报告； 2. 检查配网低电压台区综合治理工作记录； 3. 在系统中核查指标完成情况； 4. 核查客户投诉情况及处理结果		资产管理部
4.1.28	公司应贯彻实行可研阶段设备退役的决策机制	1. 严格贯彻可研阶段设备退役决策机制要求，在项目可研阶段论证了拆除原因、必要性及经济性，讨论了设备再利用的可能的3～4分； 2. 未全面贯彻可研阶段设备退役决策机制要求，未明确论证拆除必要性或未对设备再利用进行讨论的的1～2分； 3. 未建立或不了解可研阶段设备退役的决策机制的的0分	1. 抽查3～5份可研报告，核查是否结合运行评价结果，论证设备拆除原因、必要性，测算设备退役费用； 2. 检查非到龄设备退役是否按要求履行审批手续，具体核查相关会议纪要及审批表单		资产管理部

续表

编号	评价要点	评分等级说明	查评方法	评分	配合部门
4.1.29	公司报废设备退役应符合设备退役计划，并按照相关流程进行处置	1. 制定设备退役计划并在系统中同步维护，并按照退役计划完成相应的退役申请的3～4分； 2. 制定设备退役计划，但未在系统中进行维护的1～2分； 3. 未制定设备退役计划，且未在系统中进行维护的0分	1. 检查系统中是否制定设备退役计划； 2. 检查是否在系统中按照退役计划开展退役申请		资产管理部、直属有关单位
4.1.30	公司应对拟退役设备进行技术鉴定	1. 资产退出处置方式符合资产退役策略、与技术鉴定结果一致的3～4分； 2. 资产退出策略不鲜明或缺少退出策略；资产退出处置个别缺少技术鉴定或与技术鉴定结果不完全一致的1～2分； 3. 资产退出处置方式不符合资产退出策略或与技术鉴定结果不一致的0分	1. 检查是否按照技术鉴定标准进行退役设备的技术鉴定； 2. 检查系统中保存技术鉴定相关记录		资产管理部、直属有关单位
4.1.31	公司应根据技术鉴定结果，履行退役物资报废或再利用规定与相关流程	1. 退役物资处置方式与设备退役使用价值鉴定结果一致，并已实现在公司范围内闲置物资调拨工作的3～4分； 2. 部分退役物资处理方式与设备退役使用价值鉴定结果一致，基本实现公司范围内闲置物资调拨工作的1～2分； 3. 大部分退役物资处置方式与设备退役使用价值鉴定结果不一致，或大部分闲置物资未能实现公司范围内的调拨工作的0分	1. 检查资产退出处置方式是否与技术鉴定结果一致，核查入库记录是否完整； 2. 检查闲置物资再利用记录		资产管理部、直属有关单位
4.1.32	公司应建立完善设备维修再利用机制，完善设备退役使用价值鉴定技术标准和流程，降低报废资产净值率，提升资产利用效能	1. 建立了完善的设备维修再利用机制、设备退役使用价值鉴定技术标准和流程，设备维修再利用取得显著成效的3～4分； 2. 设备维修再利用机制、设备退役使用价值鉴定技术标准和流程有待完善，设备维修再利用工作成效不大的1～2分； 3. 未建立设备维修再利用机制、设备退役使用价值鉴定技术标准和流程，未开展设备维修再利用的0分	1. 检查设备维修再利用机制、设备退役使用价值鉴定技术标准和流程； 2. 检查设备维修再利用开展情况		资产管理部、直属有关单位

续表

编号	评价要点	评分等级说明	查评方法	评分	配合部门
4.1.33	公司应优化资产价值管理，建立资产全生命周期成本归集、分摊的标准和规范，制定成本归集分摊的流程，明确各相关部门的职责	1. 建立了资产全生命周期成本归集、分摊的标准和规范，制定了成本归集分摊的流程，明确了各部门职责的 3～4 分； 2. 初步建立了资产全生命周期成本归集分摊的标准和规范，初步制定了成本归集分摊的流程但不完善，或开始划分各部门职责但不明确的 1～2 分； 3. 未建立资产全生命周期成本归集、分摊的标准和规范	1. 检查是否建立资产全生命周期成本归集分摊的标准和规范； 2. 检查是否明确了各部门在成本归集分摊流程中的职责		资产管理部
4.1.34	固定资产新增、处置业务是否按照制度规定权限和程序进行审批或备案	1. 固定资产新增、处置业务按照制度规定权限和程序进行审批或备案的 4 分； 2. 固定资产新增、处置业务未按照制度规定权限和程序进行审批或备案，酌情的 0～3 分	1. 检查新增资产是否纳入预算管理，是否及时办理增资手续，在财务系统中增加资产卡片以及进行对应的账务处理； 2. 检查报废审批资料是否齐全，是否按照制度规定权限和程序进行审批或备案； 3. 检查年度报废净值率是否按下达指标完成		资产管理部、财务部
4.1.35	推行资产报废预算管理。将资产拆除、报废纳入全面预算管理，细化编制资产拆除报废费用性支出预算和涉及资产拆除报废的项目资本性支出预算。没有纳入年度拆除报废预算并按规定履行拆除报废审批程序的，原则上不得拆除报废	1. 将资产拆除、报废、修复纳入全面预算管理的 4 分； 2. 编制资产报废预算，但无特殊原因拆除未纳入年度报废预算的资产，分析原因，酌情的 1～3 分； 3. 未推行资产报废预算管理的 0 分	检查是否编制年度报废预算，拆除、报废的资产是否在年度报废预算范围内		财务部

续表

编号	评价要点	评分等级说明	查评方法	评分	配合部门
4.1.36	定期进行资产盘点，优化资产管理系统和财务管理系统的集成功能，及时传递实物与价值变动信息，确保资产台账、卡片与实物三者一致。	1. 定期盘点，优化系统集成功能，有效维护资产台账与卡片数据，实现帐卡物一致的4分； 2. 定期盘点，清理资产台账与卡片数据，基本实现帐卡物一致，酌情的1～3分； 3. 未进行资产盘点，帐卡物数据明显不一致的0分	1. 检查是否按期进行固定资产清查盘点； 2. 现场随机抽取资产卡片，检查卡片信息是否与台账、实物一致，是否一一对应，相关信息是否完整，身份证编码是否唯一，类别是否准确		财务部、资产管理部
4.1.37	公司应优化资产管理系统和财务系统功能，实现设备资产初始成本自主分摊，运行成本、检修成本、故障成本、退役处置成本的全过程管理	1. 通过系统优化，实现资产全生命周期成本分摊、归集的4分； 2. 部分实现资产全生命周期成本分摊、归集，酌情的1～3分； 3. 资产全生命周期成本不能实现分摊归集的0分	1. 检查资产全生命周期成本是否实现分摊与归集		财务部、资产管理部
4.1.38	公司应实现资产全生命周期管理成本的应用分析，实现成本的多维度分析，在可研比较、物资采购、技改修理项目辅助决策等环节引入LCC成本支撑决策	1. 实现资产全生命周期管理成本的应用分析，实现成本的多维度分析，在可研比较、物资采购、技改修理项目辅助决策等环节引入LCC成本支撑的3～4分； 2. 初步实现资产全生命周期管理成本的应用分析，实现成本的多维度分析，在少数几个环节初步引入LCC成本支撑的1～2分； 3. 未开始或不了解资产全生命周期管理成本的应用分析，或不了解LCC成本支撑的0分	1. 检查可研比较工作中是否应用全生命周期管理成本分析结果； 2. 检查物资采购工作中是否应用全生命周期管理成本分析结果； 3. 检查技改修理项目辅助决策工作中是否应用全生命周期管理成本分析结果		财务部、资产管理部

2. 变化管理

编号	评价要点	评分等级说明	查评方法	评分	配合部门
4.2.1	公司应识别导致资产、资产管理和资产管理体系变化可能带来的风险	1. 建立变化管理的标准，并充分识别适用现场的法律法规、标准，全面对工作现场进行风险评估，有效对工作现场风险进行控制或缓解的 4 分； 2. 建立变化管理的标准，识别适用现场的法律法规、标准不充分，对工作现场进行风险评估不全面，对工作现场风险进行控制或缓解有效性不足的 1～3 分； 3. 未进行风险识别的 0 分	1. 检查是否建立变化管理标准制度； 2. 检查工作现场风险评估记录		安全监管部
4.2.2	公司应在必要时成立问题解决小组，针对变化开展风险识别与评估，并制定控制措施	1. 从管理方面、生产条件、电网结构运行方式、设备及其参数发生的变化、供应商承包商的变化等方面，全面识别并控制变化可能带来的风险的 4 分； 2. 从管理方面、生产条件、电网结构运行方式、设备及其参数发生的变化、供应商承包商的变化等方面，风险识别不全面的 1～3 分； 3. 风险识别不全面，控制措施不到位的 0 分	1. 检查是否按要求风险识别分析报告； 2. 检查是否根据所识别的风险制定控制措施		安全监管部
4.2.3	公司应每年回顾变化管理的情况，必要时按程序修订、增加或废除相关标准，做好变化管理记录	1. 对流程和变化管理效率、实用性、变化涉及的风险、变化导致的事故事件原因等进行全面回顾的 4 分； 2. 对流程和变化管理效率、实用性、变化涉及的风险、变化导致的事故事件原因等部分回顾，回顾工作不全面的 1～3 分； 3. 未开展变化管理回顾的 0 分	1. 检查变化管理是否按年度进行回顾； 2. 检查变化管理标准变更记录		安全监管部
4.2.4	公司应明确如何管理、应对突发事件和紧急情况	1. 建立了完整的应急指挥机构，根据风险分析制定完善的应急预案和现场处置方案，并按要求开展了应急演练，年度成功应对各类突发事件的的 4 分； 2. 建立了应急指挥机构，根据风险分析制定应急预案和现场处置方案，并按要求开展了应急演练，但不完全的 1～3 分； 3. 未建立应急指挥体系的 0 分	1. 检查应急指挥机构建设情况； 2. 检查预案体系建设情况； 3. 检查各单位应急演练是否按照预案要求制定年度计划，并按计划完成； 4. 检查当年本单位应急处置情况		安全监管部

续表

编号	评价要点	评分等级说明	查评方法	评分	配合部门
4.2.5	公司应明确需配备的应急物资装备，并明确定期检查和测试要求	1. 制定了应急装备配置标准并按要求完成配置，按要求建立应急装备物资清册，定期试验并有检查试验记录，清册与现场实物一致，应急物资装备状态良好随时可调用的4分； 2. 制定了应急装备配置标准但配置不完全，按要求建立应急装备物资清册，定期试验并有检查试验记录不全，清册与现场实物不符用的1～3分； 3. 应急物资装备管理混乱，影响应急处置的0分	1. 检查应急指挥平台建设情况； 2. 检查平台互联互通情况； 3. 检查政企联动机制建设情况		安全监管部
4.2.6	公司应建立指挥平台，完善政企联动应急管理机制	1. 完成了应急指挥平台建设，全面实现了与政府应急指挥平台互联互通，并于地方政府及行业建立了完整的应急联动机制的4分； 2. 建立应急指挥平台，部分实现了与政府应急指挥平台互联互通，并于地方政府及行业建立了应急联动机制，但有缺失的1～3分； 3. 未建立应急指挥平台的0分	1. 检查应急指挥平台建设情况； 2. 检查平台互联互通情况； 3. 检查政企联动机制建设情况		安全监管部
4.2.7	公司应建立灾害补偿机制，设立应急专项资金	1. 按要求实施应急抢修、项目签证和结算、项目立项申报，手续资料完整项目流程规范的4分； 2. 按要求实施应急抢修、项目签证和结算、项目立项申报，手续资料不足的1～3分； 3. 应急抢修、项目签证和结算、项目立项申报管理混乱，流程不规范的0分	1. 检查应急抢修工程情况； 2. 检查应急项目立项及结算情况		安全监管部

3. 外包

编号	评价要点	评分等级说明	查评方法	评分	配合部门
4.3.1	公司应明确承包商管理活动的范围，且应由资产管理目标、策略和	1. 严格按照国家法律法规、公司相关管理规定，并根据资产管理目标、策略和计划，对承包商管理活动范围进行明确区分和分级管理的3～4分；	1. 检查是否严格按照国家和行业法律法规进行分级管理		资产管理部、基建部、直属各有关单位

续表

编号	评价要点	评分等级说明	查评方法	评分	配合部门
4.3.1	计划，乃至资产管理计划中的具体活动来确定	2. 严格按照国家法律法规、公司相关管理规定，对承包商管理活动范围进行明确区分和分级管理，但未充分结合资产管理目标、策略和计划进行完善补充的1～2分； 3. 未对承包商管理活动范围进行明确区分和分级管理的0分			
4.3.2	公司应明确并记录如何控制承包商管理活动，并将其整合到公司的资产管理体系中	1. 已明确承包商管理办法及工作要求，并将其整合到公司资产管理体系中的3～4分； 2. 已明确承包商管理办法及工作要求，但未将其整合到公司资产管理体系中的1～2分； 3. 未明确承包商管理办法及工作要求的0分	1. 检查是否严格执行承包商管理业务指导书； 2. 检查是否已制定承包商管理办法； 3. 核查资产管理体系中是否对承包商管理工作进行体现		资产管理部、基建部、直属各有关单位
4.3.3	公司应确保承包商活动得到有效的管控	1. 已建立承包商管控体系，实行承包商分级管理、承包商人员持证上岗管理、承包商违章扣分管理、承包商评价及承包商奖惩管理的3～4分； 2. 已建立承包商管控体系，部分实行实行承包商分级管理、承包商人员持证上岗管理、承包商违章扣分管理、承包商评价及承包商奖惩管理的1～2分； 3. 未建立承包商管控体系的0分	1. 检查是否严格执行承包商管理业务指导书； 2. 检查承包商管控体系文档，是否包含但不限于：承包商分级管理、承包商人员持证上岗管理、承包商违章扣分管理、承包商评价及承包商奖惩管理		资产管理部、基建部、直属各有关单位

（五）绩效评价

本部分包括3方面内容，共10个问题。

1. 监测、测量、分析和评估

编号	评价要点	评分等级说明	查评方法	评分	配合部门
5.1.1	公司应建立、执行和维护资产绩效评估的制度流	1. 已建立、执行和维护资产绩效评估制度流程，明确评估框架、方法及结果应用，监控、评价和分析资产绩效，定期回顾资产管理体系、	1. 检查资产绩效评估的制度流程的相关文件； 2. 检查绩效评价对象是否包括资产（设备）的状态及资产管理绩效（目标与指标的完成情况）；		资产管理部

续表

编号	评价要点	评分等级说明	查评方法	评分	配合部门
5.1.1	程，用以衡量资产体系、资产与电网的绩效	资产与电网的绩效表现的3～4分； 2. 已建立资产绩效评估制度流程，部分涉及评估框架、评估方法、评估结果应用及状态监测，但未开展定期回顾资产管理体系、资产与电网绩效表现的1～2分； 3. 未建立资产绩效评估制度流程的0分	3. 检查制度文件中是否涉及评估框架、评估方法、评估结果应用及状态监测指引等内容		
5.1.2	公司绩效评估框架应包括总体绩效评价，并覆盖到各业务环节	1. 公司绩效评估框架完整，覆盖以下全部内容：资产基本情况、综合绩效评价、各业务环节资产绩效评价、风险、效能、成本对标及影响因素分析以及策略建议的3～4分； 2. 公司绩效评估框架基本完整，覆盖以下部分内容：资产基本情况、综合绩效评价、各业务环节资产绩效评价、风险、效能、成本对标及影响因素分析以及策略建议的1～2分； 3. 公司未开展绩效评估，或不具备绩效评估框架的0分	1. 资产基本情况：资产的总体数量、价值、投资情况； 2. 综合绩效评价：本单位、基层单位、资产类型等风险效能成本的综合评价，评价综合最优的实现程度； 3. 各业务环节的资产绩效评价：通过资产全生命周期综合最优模型评价各业务环节的绩效情况； 4. 风险、效能、成本对标及影响因素分析：开展各维度和指标的对标，分析指标与目标的差距，分析主要存在问题及问题的原因； 5. 策略建议：通过开展资产绩效评价和分析，查找问题和提升点，制定关键举措，持续提升资产绩效		资产管理部、财务部、基建部、安监部、物流服务中心
5.1.3	公司应建立风险、效能、成本综合最优的评价模型，为资产策略的制定提供参考	1. 已建立风险、效能、成本综合最优的评价模型，对资产绩效进行评价，并已应用于设备类型、资产组等资产的综合评价中的3～4分； 2. 已建立风险、效能、成本综合最优的评价模型，但尚未应用于设备类型、资产组等资产的综合评价中的1～2分； 3. 尚未建立风险、效能、成本综合最优评价模型的0分	1. 检查公司是否建立资产绩效评价模型； 2. 检查资产绩效评价模型的应用情况		资产管理部、财务部、基建部、安监部、物流服务中心
5.1.4	公司应用资产绩效评估结果指导策略优化及指标提升工作	1. 已将资产绩效评估结果应用到制定资产管理提升举措之中，指导单项指标绩效分析与管理改进、综合绩效最优的分析与改进、资产策略的优化以及对于电改落实策略的持续优化的3～4分；	1. 检查是否应用资产评估结果进行管理提升； 2. 单项指标绩效分析与管理改进：针对资产管理体系和资产绩效表现与目标要求、对标指标存在较大偏差时发出预警，针对资产或电网的事故、事件、故障等绩效表现、资产可靠性和电压质量等效能绩		资产管理部、财务部、基建部、物流服务中心

续表

编号	评价要点	评分等级说明	查评方法	评分	配合部门
5.1.4	公司应用资产绩效评估结果指导策略优化及指标提升工作	2. 已将资产绩效评估结果应用到制定资产管理提升举措之中，部分涉及指导单项指标绩效分析与管理改进、综合绩效最优的分析与改进、资产策略的优化以及对于电改落实策略的持续优化的 1～2 分； 3. 尚未建立资产绩效评估结果应用机制的 0 分	效、资产成本等指标进行分析，并提供相关数据； 3. 综合绩效最优的分析与改进：分析资产类型、资产组在风险、效能、成本的综合表现，针对于单维度出现短板时开展详细分析，确保综合最优； 4. 资产策略的优化：需将绩效综合绩效评定的方法应用到资产的各个环节的策略中，例如，资产的投资优先级排序、资产的采购、资产的运维检修等，根据资产绩效综合评价结果，优化资产的策略评价模型和资产管理策略； 5. 对于电改落实策略的持续优化：需根据各省份监管机构制定的资产管理绩效指标、目标和要求开展资产绩效的分析和评定，确定对于监管机构要求的落实情况，持续优化落实策略		
5.1.5	公司应建立、执行和维护状态监测的制度和流程，用以监测资产体系、资产与电网运行的状态	1. 建立了有效的状态监测的制度和流程，并能严格执行和定期维护的 3～4 分； 2. 建立了状态监测的制度和流程，但未能严格执行或定期维护，或状态监测结果记录不完善或不能为后续工作提供数据支持的 1～2 分； 3. 未建立状态监测的制度和流程的 0 分	1. 检查状态监测是否定期监控、发布指标完成情况； 2. 检查状态监测是否实时监控工作计划完成情况； 3. 检查是否记录了监测和测量的数据结果，是否能为制定纠正与预防、持续改进措施提供数据支持		资产管理部、运营监控中心

2. 内部审核

编号	评价要点	评分等级说明	查评方法	评分	配合部门
5.2.1	公司应建立统一的资产管理体系评价和内部审核标准	1. 已建立统一的资产管理体系审核标准，覆盖到资产管理体系关键要素、流程及重要活动，考察体系运作的效率与效力，审核体系运作结果是否达到预期，并发现体系运行中存在的问题与不足的 3～4 分； 2. 已建立资产管理体系评价和审核标准，部分覆盖到资产管理体系关键要素、流程及重要活动，考察体系运作的效率与效力，审核体系运作结果是否达到预期，并发现体系运行中存在的问题与不足的的 1～2 分； 3. 未建立资产管理体系评价和审核标准的 0 分	1. 检查是否建立了资产管理体系评价审核标准； 2. 检查审核标准中是否覆盖到资产管理体系关键要素、流程及重要活动，考察体系运作的效率与效力，审核体系运作结果是否达到预期，并发现体系运行中存在的问题与不足的； 3. 检查是否设计制定了统一的标准化的审核方案/调查表		资产管理部

续表

编号	评价要点	评分等级说明	查评方法	评分	配合部门
5.2.2	公司应成立专门的审核小组，定期对资产管理体系进行审核，并做好审核结果记录及发布	1. 已成立由不同专业的员工组成的审核小组，每年对资产管理体系进行一次审核，做好审核结果记录并已发布审核结果的3～4分； 2. 已成立由不同专业的员工组成审核小组，每年对资产管理体系进行一次审核，但未做好审核结果记录或未发布结果的1～2分； 3. 未开展资产管理体系内部审核的0分	1. 检查审核小组建设情况； 2. 检查审核方案/审核计划； 3. 检查审核结果记录； 4. 检查审核结果发布情况		资产管理部

3. 管理审查

编号	评价要点	评分等级说明	查评方法	评分	配合部门
5.3.1	公司主要负责人每年应组织对资产管理体系进行回顾，确保体系具有长期适用性、充足性和有效性	1. 已建立资产管理体系定期回顾机制，并由资产管理委员会组织实施，决定解决问题所需的纠正措施及资源支持的3～4分； 2. 已建立资产管理体系定期回顾机制，但未能按计划执行的1～2分； 3. 未建立资产管理体系定期回顾机制的0分	1. 检查资产管理体系回顾的相关文件； 2. 检查资产管理体系回顾方案/计划； 3. 检查资产管理体系回顾组织机构建设		资产管理部、财务部、基建部、市场及客户服务部、物流服务中心
5.3.2	公司管理层回顾时应重点关注体系目标的完成情况、政策及体系设计的合理性以及资源保障情况等	1. 公司管理层回顾中包括但不限于合规性评估报告、过程表现、前次管理层回顾整改措施的跟踪和反馈、事故/事件统计分析结果、预定的目标、指标和绩效、资产管理政策的适应性、体系覆盖的充分性、体系审核报告、实施体系的资源保障情况及人员任务和职责的合理性的3～4分； 2. 公司管理层回顾中部分覆盖到合规性评估报告、过程表现、前次管理层回顾整改措施的跟踪和反馈、事故/事件统计分析结果、预定的	1. 检查管理层回顾的相关记录； 2. 检查管理层回顾分析报告是否覆盖合规性评估报告、过程表现、前次管理层回顾整改措施的跟踪和反馈、事故/事件统计分析结果、预定的目标、指标和绩效、资产管理政策的适应性、体系覆盖的充分性、体系审核报告、实施体系的资源保障情况及人员任务和职责的合理性		资产管理部、财务部、基建部、市场及客户服务部、物流服务中心

续表

编号	评价要点	评分等级说明	查评方法	评分	配合部门
5.3.2		目标、指标和绩效、资产管理政策的适应性、体系覆盖的充分性、体系审核报告、实施体系的资源保障情况及人员任务和职责的合理性的1～2分； 3. 公司未开展资产管理体系定期回顾的0分			
5.3.3	公司管理层应根据回顾结果优化资产管理目标、策略，并制定改进计划	1. 已根据资产管理体系回顾结果，制定了改进体系效力与管控过程的措施，并按需提出资源配置及资产管理政策、策略和目标的优化调整方案，明确绩效改进的目标与指标的3～4分； 2. 已根据资产管理体系回顾结果，部分制定了加强过程管控、资源配置、策略调整、目标优化等方面举措的1～2分； 3. 未能应用管理层回顾结果进行管理提升的0分	1. 检查是否编写管理层回顾报告； 2. 检查管理层回顾报告中是否覆盖过程管控、资源配置、策略调整及目标优化等方面的内容，是否明确中长期提升计划，以及下年度重点提升计划		资产管理部、财务部、基建部、市场及客户服务部、物流服务中心

（六）持续改进

本部分包括3方面内容，共3个问题。

1. 不一致和纠正措施

编号	评价要点	评分等级说明	查评方法	评分	配合部门
6.1.1	公司应建立、执行和维护相关制度和流程，处理和调查资产管理体系、资产与电网相关的缺陷、事故/事件及主要差异	1. 制定了调查处理资产全生命周期工程建设与生产运维环节资产缺陷、事故/事件的相关流程机制，可有效识别包括体系监测、状态监测、绩效监测、日常检查、专项检查等活动中发现的不一致问题及原因的4分； 2. 制定了调查处理资产全生命周期工程建设与生产运维环节资产缺陷、事故/事件的相关流程机制，但仅对审核、合规性评价发现的不一致问题进行识别分析的2分；	1. 检查是否制定工程建设、生产运维环节资产缺陷、事故/事件的识别及应对流程、制度、机制等； 2. 检查工程建设、生产运维环节资产缺陷、事故/事件的识别与应对工作记录		资产管理部、财务部、基建部、市场及客户服务部、安全监管部、物流服务中心

续表

编号	评价要点	评分等级说明	查评方法	评分	配合部门
6.1.1		3. 未制定调查处理资产全生命周期工程建设与生产运维环节资产缺陷、事故/事件的相关流程机制，且未对发现的不一致问题进行分析的0分			

2. 预防措施

编号	评价要点	评分等级说明	查评方法	评分	配合部门
6.2.1	公司应建立纠正与预防制度和流程，制定纠正与预防行动并跟踪落实，并评估行动效果，以防止类似问题再次发生	1. 制定了不一致问题纠正与预防相关流程机制，制定纠正与预防行动计划，跟踪落实包括管理层回顾、资产管理审核、合规性评估、流程变化、风险评估及事故/事件调查中所出现的问题，并对行动效果进行评估的3～4分； 2. 制定了不一致问题纠正与预防相关流程机制，但未制定纠正与预防行动计划，未能跟踪落实包括管理层回顾、资产管理审核、合规性评估、流程变化、风险评估及事故/事件调查中所出现的问题，未对行动效果进行评估的1～2分； 3. 未制定了不一致问题纠正与预防相关流程机制的0分	1. 检查是否制定工不一致问题纠正与预防相关流程机制； 2. 检查是否制定不一致问题纠正与预防行动计划； 3. 检查是否编写行动计划跟踪落实工作记录； 4. 检查是否对纠正与预防行动进行评估		资产管理部、财务部、基建部、市场及客户服务部、安全监管部、物流服务中心

3. 持续改进

编号	评价要点	评分等级说明	查评方法	评分	配合部门
6.3.1	结合对资产、资产系统和资产管理体系的监控措施及纠正措施，在整个公司范围内识别、评估并实施改进机会	1. 已建立持续改进机制，基于监控措施及纠正措施制定并管控改进计划，并对改进效果进行评估的3～4分； 2. 已建立持续改进机制，制定了改进计划，但未按计划进行实施，未对改进效果进行评估的1～2分； 3. 未建立持续改进机制，未制定改进计划的0分	1. 检查是否建立持续改进工作机制； 2. 检查是否制定改进计划； 3. 检查改进效果评估报告		资产管理部、财务部、基建部、市场及客户服务部、安全监管部、物流服务中心

（七）管理支撑

本部分包括 7 方面内容，共 11 个问题。

1. 资源

编号	评价要点	评分等级说明	查评方法	评分	配合部门
7.1.1	公司应明确并提供实现、维护和持续改进资产管理体系、满足资产管理目标和实施资产管理计划所需的资源，包括人力资源、资金资源、技术资源及设备、工器具资源，并建立、执行和维护相关制度和流程，确保对全生命周期活动所需的工具、设施和设备进行适当的保养和维护，并应按使用要求进行校准	1. 能够确保产管理体系运转和资产管理计划实施所需的各项资源，并建立了完善的制度流程，适当地保养、维护和校准全生命周期活动所需的工具、设施和设备的 3～4 分； 2. 能够确保产管理体系运转和资产管理计划实施所需的各项资源，并在一定程度上保养、维护和校准全生命周期活动所需的工具、设施和设备，但制度流程不够完善的 1～2 分； 3. 不能确保产管理体系运转和资产管理计划实施所需的各项资源，并未建立相关制度流程，或未能保养、维护和校准全生命周期活动所需的工具、设施和设备的 0 分	1. 检查资源管理的相关制度流程； 2. 检查资产管理资源计划：人力资源、资金资源、设备工器具资源和技术资源等； 3. 工具、设施和设备应包含：生产工具、特种设备、测试设备、用电设备、机动车辆等		资产管理部、人力资源部、财务部、基建部、市场及客户服务部、安全监管部、物流服务中心

2. 能力

编号	评价要点	评分等级说明	查评方法	评分	配合部门
7.2.1	公司应充分调查与评估资产管理活动所需的人力资源需求，合理核定人员定编，编制岗位说明书	1. 充分调查并评估了资产管理活动所需的人力资源需求，合理核定人员定编，编制岗位说明书的 3～4 分； 2. 对资产管理活动所需的人力资源需求进行过调查和评估，但调查或评估不完善，或人员	1. 检查人力资源需求调查/评估记录； 2. 检查人员定编文件； 3. 检查岗位说明书； 4. 价差人员选聘流程标准相关文件		资产管理部、人力资源部、财务部、基建部、市场及客户服务部、安全监管部、物流服务中心

续表

编号	评价要点	评分等级说明	查评方法	评分	配合部门
7.2.1		定编核定不够合理，或岗位说明书不完善的1～2分； 3. 未对资产管理活动所需的人力资源需求进行过调查和评估，没有核定人员定编，缺少岗位说明书的0分			
7.2.2	公司应依据能力需求分析结果，确定每一岗位的胜任力模型，为培训工作提供基准，应制定资产管理培训计划，并对培训效果进行评估	1. 依据能力需求分析结果，确定每一岗位的胜任力模型，为培训工作提供了基准，制定了资产管理培训计划的3～4分； 2. 依据能力需求分析结果，确定每一岗位的胜任力模型，为培训工作提供了基准，但资产管理培训计划不完善的1～2分； 3. 未依据能力需求分析结果，确定每一岗位的胜任力模型，或未制定资产管理培训计划的0分	1. 检查是否具备岗位胜任力模型； 2. 检查资产管理培训计划； 3. 检查培训教材/培训方案，培训内容应包括但不限于资产管理政策、目标和策略，资产全生命周期管理理念与方法，岗位职责、业务流程，资产维护操作的方法以及新设备、新技术的使用方法等； 4. 检查是否编写培训效果评估报告		资产管理部、人力资源部、财务部、基建部、市场及客户服务部、安全监管部、物流服务中心

3. 认知

编号	评价要点	评分等级说明	查评方法	评分	配合部门
7.3.1	资产管理相关人员对于资产管理体系具有清晰认知，并能够清晰地认知自身工作对于资产管理体系的贡献	1. 资产管理相关人员对于资产管理体系具有清晰认知，了解相关风险与其工作活动之间的联系，认识到资产管理能够为提升个人业绩带来的益处，了解自己在遵守资产管理政策、执行资产管理计划中的职责、能为资产管理体系优化和资产管理绩效提升所做的贡献以及偏离规定流程可能导致的后果的3～4分； 2. 资产管理相关人员对于资产管理体系具有较为清晰的认知，部分了解相关风险与其工作活动之间的联系，认识到资产管理能够为提升个人业绩带来的益处，了解自己在遵守资产管理政策、执行资产管理计划中的职责、能为资产管理体系优化和资产管理绩效提升所做的贡	1. 调查员工认知程度，包括是否了解到相关风险与其工作活动之间的联系，了解资产管理能够为提升个人业绩带来的益处，了解自己在遵守资产管理政策、执行资产管理计划中的职责，能为资产管理体系优化和资产管理绩效提升所做的贡献，了解偏离规定的资产管理流程可能导致的后果		资产管理部、人力资源部、财务部、基建部、市场及客户服务部、安全监管部、物流服务中心、各有关单位

续表

编号	评价要点	评分等级说明	查评方法	评分	配合部门
7.3.1		献以及偏离规定流程可能导致的后果的1～2分； 3. 资产管理相关人员尚未对资产管理体系形成清晰认知，不了解相关风险与其工作活动之间的联系，未认识到资产管理能够为提升个人业绩带来的益处，不了解自己在遵守资产管理政策、执行资产管理计划中的职责、能为资产管理体系优化和资产管理绩效提升所做的贡献以及偏离规定流程可能导致的后果的0分			

4. 沟通

编号	评价要点	评分等级说明	查评方法	评分	配合部门
7.4.1	公司应建立关于资产、资产管理和资产管理体系相关所需的内部与外部沟通机制，确保利益相关方理解并正确执行资产管理体系	1. 公司建立了关于资产、资产管理和资产管理体系相关所需的内部与外部沟通机制，确保利益相关方理解并正确执行资产管理体系的3～4分； 2. 公司建立了关于资产、资产管理和资产管理体系相关所需的内部与外部沟通机制但不完善，或沟通对象不全面的1～2分； 3. 公司未建立关于资产、资产管理和资产管理体系相关所需的内部与外部沟通机制的0分	1. 检查是否建立内部与外部沟通机制，机制是否完善； 2. 与上级的沟通，包括：主要资产绩效指标情况、资产管理体系执行情况； 3. 与监管机构的沟通，包括：电改相关内外沟通机制、历史投资情况、各类型设备折旧年限及选择依据、可靠性目标及奖惩规则、重大自然灾害估算与补偿机制、运维成本历史情况及上限建议比例； 4. 与客户的沟通，包括：可靠性和电能质量的情况、资产管理体系中如何保证服务绩效目标实现； 5. 与外包商和供应商的沟通，包括：外包商和供应商的服务质量、设备资产的风险效能和成本的指标情况、设备资产的重大风险事件； 6. 与内部人员的沟通：制定资产管理策略目标和计划、资产管理相关标准制度和流程的制定、风险评估和控制措施的制定、事故事件的调查、资产管理体系的持续改进		资产管理部、人力资源部、财务部、基建部、市场及客户服务部、安全监管部、物流服务中心

5. 文化

编号	评价要点	评分等级说明	查评方法	评分	配合部门
7.5.1	公司应积极通过宣传手册、报刊、杂志、海报、视频、讲座、论坛等多种形式，在公司内部及利益相关方中培育资产管理文化，在实际业务开展中引导并鼓励广大员工结合本职工作，主动学习领先实践，积极开展资产全生命周期管理新技术、新方法的研究，提出合理化建议	1. 公司建立了资产管理文化宣传机制，通过宣传手册、报刊、杂志、海报、视频、讲座、论坛等多种形式，开展了卓有成效的文化宣传，组织广大员工开展资产管理创新实践，资产全生命周期管理深入人心的 3～4 分； 2. 公司通过宣传手册、报刊、杂志、海报、视频、讲座、论坛等多种形式，开展资产管理文化宣传，资产管理的理念得到了宣传但还不够深入人心，资产管理实践开展程度一般或不足的 1～2 分； 3. 公司未建立资产管理文化宣传机制，为开展有效的资产管理理念宣传的 0 分	1. 检查资产管理文化宣传工作执行情况		资产管理部、宣传文化部、人力资源部

6. 体系文档

编号	评价要点	评分等级说明	查评方法	评分	配合部门
7.6.1	公司应建立资产管理文档体系，包括资产管理手册、程序文件，资产管理目标、策略等	1. 建立了资产管理文档体系，所含内容全面的 3～4 分； 2. 建立了资产管理文档体系，所含内容基本全面，有部分内容缺失或不完善的 1～2 分； 3. 未建立资产管理文档体系的 0 分	1. 资产管理体系的文档包括：资产管理体系的主要构成元素及其相互关联的描述以及相关文件的说明；资产管理政策、策略以及目标；建立文档管理的相关流程和运行标准；建立最新的文档，并及时更新和维护；决定文档要求的范围和存储方式； 2. 需文档化的程序包括：新设备的设计、采购、制造、安装和投运；合同的审核、批准和控制；工厂和设备运行；检修、维护和检查；工器具及检测设备的校验和维护；设备的更新、技改、检修和处置		资产管理部

续表

编号	评价要点	评分等级说明	查评方法	评分	配合部门
7.6.2	公司应制定、维护和应用资产全生命周期各环节的管理制度及流程、技术标准及作业标准，并对其实用性和有效性进行审核，在必要时修订	1. 制定、维护和应用资产全生命周期各环节的管理制度及流程，技术标准及作业标准，并对其实用性和有效性进行审核，在必要时修订的 3～4 分； 2. 部分制定、维护和应用资产全生命周期各环节的管理制度和流程，技术标准及作业标准，但未对实用性和有效性进行审核和修订的 1～2 分； 3. 未制定、维护和应用资产全生命周期各环节的管理制度及流程，技术标准及作业标准的 0 分	1. 检查管理制度和流程是否包含以下内容：电网规划、资产计划、投资管理、建设与改造、运行检修、退役报废、物资采购与供应、财务管理； 2. 检查技术标准是否包含以下内容：电网规划导则、装备技术导则、设计标准、设备技术标准、采购物资技术标准、采购物资品质控制技术标准、施工工艺标准、验收标准、设备运行标准、设备维护检修标准（手册）、设备状态评价与风险评估标准、报废鉴定标准； 3. 检查作业标准是否包含作业指导书（包含巡视、维护、试验、检修、验收等作业），是否明确资产全生命周期相关活动的操作和使用方法		资产管理部、基建部、市场及客户服务部、系统运行部

7. 信息管理

编号	评价要点	评分等级说明	查评方法	评分	配合部门
7.7.1	公司应建立覆盖资产全生命周期的信息系统	1. 建立了覆盖资产全生命周期的信息系统，系统实现所要求的全部功能的 3～4 分； 2. 建立了覆盖资产全生命周期的信息系统，系统实现所要求的部分功能的 1～2 分； 3. 未建立覆盖资产全生命周期的信息系统的 0 分	1. 检查信息系统管理相关程序文件； 2. 信息系统的功能应包括：固化资产管理策略，横向贯通资产全生命周期业务流程，监控公司资产管理绩效，记录资产全生命周期的活动，存储资产全生命周期的数据，归集资产全生命周期的成本，实现资产实物归集、价值管理与信息管理的统一		资产管理部、创新及科技信息部、信息中心
7.7.2	公司应通过资产管理信息系统积累资产全生命周期数据，数据应确保一致性、完整性、规范性、准确性	1. 通过资产管理信息系统积累资产全生命周期数据，数据确保了一致性、完整性、规范性、准确性的 3～4 分； 2. 通过资产管理信息系统积累资产全生命周期数据，个别数据质量存在缺陷的 1～2 分； 3. 未通过资产管理信息系统积累资产全生命周期数据，或未建立资产管理信息系统的 0 分	1. 一致性：台账信息、接线情况与现场的一致性，财务系统固定资产卡与生产系统资产级设备台账的一致性； 2. 完整性：台账信息的完整性，资产卡片的完整性，系统数据的完整性； 3. 规范性：台账参数规范，系统其他数据规范； 4. 准确性：设备台账、资产卡片、系统其他数据准确		资产管理部、创新及科技信息部、信息中心、直属各有关单位

续表

编号	评价要点	评分等级说明	查评方法	评分	配合部门
7.7.3	公司应该为资产管理策略、目标及计划等方面提供充分的信息并进行辅助决策	1. 已经建立资产管理的运营管控平台、资产分析决策平台，开展基于大数据的设备运行状态评价与风险评估，并针对公司各级管理人员分层分级展示资产管理相关信息的3～4分； 2. 部分建立资产管理的运营管控平台、资产分析决策平台，开展基于大数据的设备运行状态评价与风险评估，并针对公司各级管理人员分层分级展示资产管理相关信息的1～2分； 3. 信息系统建设尚未支撑辅助决策的0分	1. 检查资产管理运营监控平台建设及应用情况：是否实现资产绩效指标的统计、查询、分析和挖掘功能，是否能够按照组织、电压等级、资产类型、各业务环节等实现展示和分析； 2. 检查资产分析决策平台建设及应用情况：是否实现资产的规模、风险、效能、成本的分析，是否建立资产策略模拟和辅助决策模型，包括基于LCC的采购策略、技改修理项目投资预测、技改修理项目准入、设备选型策略优化、供应商评价、检修策略优化等辅助决策模型； 3. 检查是否实现覆盖设备年龄、价值、规格、缺陷、故障、时空环境之间的关联的设备资产多维度分析工作； 4. 检查是否针对公司各级管理人员设计分层分级的资产管理相关信息展示界面		资产管理部、创新及科技信息部、信息中心、运营监控中心

PART 3

第三部分

电网企业资产管理良好实践

近几年，国内部分电网企业积极开展资产全生命周期管理体系建设，研究构建并实施了适应电网企业的资产管理体系，在建设过程中，围绕资产基础管理，以及规划、投资、采购、建设、运维、退役等资产全生命周期各环节，开展了资产管理良好实践，帮助企业优化业务流程，促进横向业务融合，纵向执行落地，提升管理效率，从而使资产为企业创造更大价值、降低运营成本，实现经营绩效的持续提升。

CHAPTER 10

第十章 资产管理组织架构探索与实践

一、 资产管理组织架构概述

组织架构是实现资产管理目标的保障，通过建立以流程管理为导向、流程与职能结合驱动的跨部门协作管理模式，促进管理部门之间、管理层次之间进行充分的信息共享和交互。组织架构优化是指从企业战略发展目标与任务出发，对组织要素和系统的组织配合方式不合理的地方进行调整，对原有的组织机构进行优化完善，以提高组织的整体功能，强化各部门资产全生命周期管理的职责，为资产管理目标的实现提供组织保障。

组织架构优化要考虑到企业管理的各个环节，因此，需要遵循以下原则：紧密结合企业资产管理策略，有针对性地解决目前管理工作中存在的突出问题和薄弱环节；精简高效，循序渐进，尽量不在短时间内产生太大的变动，尽量避免调整的负面影响和引起太大的震动；各部门（机构）之间的职能分工要既无遗漏，又无重复，遗漏将导致部分工作无法找到对应的负责部门，重复则会导致互相推托，影响执行效率。

开展资产管理组织架构优化，重点是分析资产管理业务的价值链和业务流程，纵向需考虑企业与上下级单位的管控模式，特别是专业技术条线上的归口管理，横向需划清各业务部门的管理界限，分析各项具体工作的流程、目前的分工合作关系形成的历史原因、存在的问题以及改变的风险等。对相关信息进行综合分析后，对部门职责界定模糊、重叠交叉或者职能缺失等不合理之处进行优化调整。组织架构的分析和优化，就是要确保企业资产管理的组织架构与企业资产管理战略的一致性，并能有效支撑资产业务管理模式和业务流程。具体而言，需从以下几个方面着手：

（1）适应流程化管理的要求。资产管理流程化，即要建立起标准化、规范化的资产管理流程，使得资产管理流程横向可以为参与该流程的企业各部门人员共同使用，纵向贯穿于企业的多个层面。一方面对员工业务行为进行规范、约束、监督，克服工作的随意性。另一方面，管理人员可以对流程的全过程进行跟踪，实时掌握整个企业资产管理业务状况以及各岗位工作人员的工作情况，对员工工作绩效进行评价。同时，在进行组织架构优化时，要考虑适应流程化管理的要求，应更好地促进协同作业，减少部门壁垒，从资产全生命周期业务流程的整体角度出发，引导各部门追求全局利益最优和全流程效益的最大化。

（2）体现资产专业化管理。传统的资产管理过于注重资产实物技术管理，而忽略了资产价值管理。随着企业的不断发展，电网资产规模不断发展壮大，专业化分工也越来越细，资产在不同专业领域所体现的价值形式也各不相同，资产全生命周期的每个阶段需要的专业管理也不一样。因此，资产全生命周期管理优化组织架构，需要体现不同专业资产价值管理的细化分工，梳理全员资产管理的业务，明确管理的职责，充分发挥各部门、各专业的专业管理能力，对资产进行专业化分工管理，从而提升资产管理的综合效益。

（3）加强资产一体化管控能力。一体化管理是现代企业提高效率与效益的基本取向，一体化经营具体要改善管理分散、业务互不关联的状况，整合各种管理的信息资源和服务资源，建立与一体化管理相适应的管理模式，实现企业管理效率和经营效益的最大化。因此，在开展资产管理组织架构优化时，也需要加强资产一体化管控能力，集中各类资源，提高管理效率，降低管理成本。

二、资产管理组织架构探索与实践

（一）国内外资产管理组织架构模式

通过对国内外电网企业资产管理的组织架构研究分析，概括起来，主要有三种模式：弱管控、均衡管控、强管控。

（1）弱管控。在某个资产主要职能管理部门下内设资产管理的相应机构。负责组织、协调其他有关部门共同开展资产管理相关工作。传统的电网企业基本采用这种组织模式，如国内的电网企业。该模式的优点是基本保持传统电网企业的业务分工模式，对现有管理冲击最小，缺点也较明显，仍然是分段式管理，管控力度有限，管理层级多，集约化程度低。

传统电网企业资产管理核心职能一般分散在多个部门。资产管理目标、活动、资源方面未能有效统一，资产管理的系统性和一致性不强，传统电网企业资产管理组织架构见图10－1。

（2）均衡管控。不成立单独的资产管理部，由某个资产管理部门直接行使资产管理的规划、运维、技术标准、绩效等职能，其他若干职能部门共同开展资产管理工作。提升资产管理的地位，资产管理部门主要发挥组织、策划、协调等功能。资产管理的职能一定程度分散在包括资产管理部在内的各职能部门。法国配电网公司、新加坡能源电网公司等国际先进的电网企业采用这种组织模式，该模式的优点是管理层级提升，协调力度增强，资产管理的集约化已经开始显现，缺点是分段式管理仍未能得到根本性改变。法国配电网公司在总部设置技术部，技术部负责电网运行、绩效、技术政策、电网发展规划、运检策略、支撑系统及数据管理。此模式有利于协调总部和基层，规划建设与生产运行需求，制定统一的技术政策和标准并监督执行。

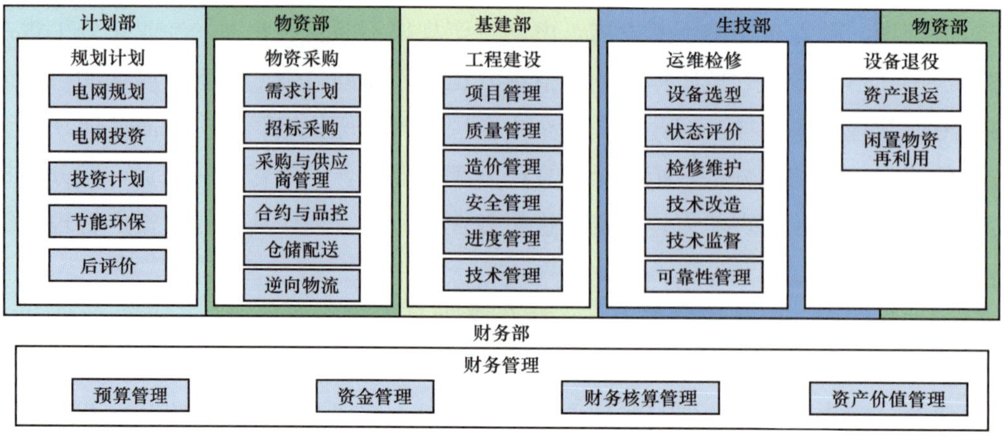

图 10-1 传统电网企业资产管理组织架构图

（3）强管控。整合重组原有部门，设立独立的资产管理部门，资产管理的规划、采购、运维及绩效管理等核心职能高度集中。可系统性规划资产管理工作，减少内部协调。香港中华电力公司、英国国家电网公司等电网企业采用了这种组织模式，该模式的优点是实现一体化的资产管理，管理层级减少，在资产管理业务整体策划、实施、检讨、改进等全业务流程方面效率最高，有利于整合优势资源，实现综合最优。

强管控组织架构的特点是资产部集中管理电网规划、投资、入网、采购、运维、绩效、系统开发等资产管理核心业务，有利于资产全生命周期统筹管理和决策。

（二）电网企业资产管理模式建议

总体上建议按照强管控模式进行优化，成立独立运作的资产管理部门，整合规划、投资、采购、运维、退役等资产管理核心职能，基本实现了由同一部门负责资产全生命周期规划、投资、采购、建设、运维及退运的全过程管控，保证了策略的一致性和责权对等，资产管理职能在企业内部高度集中。优化后电网企业资产管理组织架构见图10-2。

1. 各部门主要职责

资产全生命周期管理委员会，该委员会由资产管理各相关领导及部门领导组成，主要负责审议资产管理体系、制度、相关文件及重大决策事项。

资产管理部，作为综合职能管理部门，是资产全生命周期管理工作的归口管理部门，统筹负责推进资产全生命周期管理体系建设，贯彻执行企业规划、计划、投资、采购、品控、运维及退运等资产全生命周期相关制度与标准，制定企业相关业务管理策略、制度、标准并组织实施。负责电网资产的规划、投资、采购策略、履约品控、运维及退运全业务流程的具体管理工作。

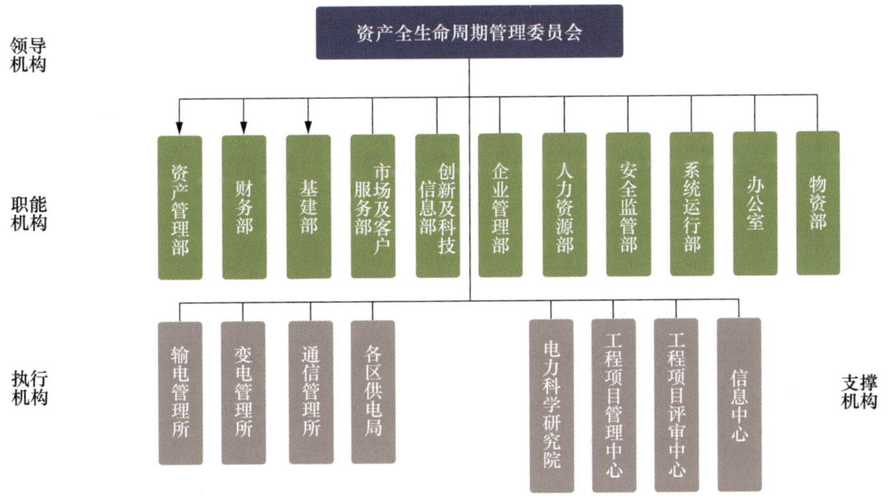

图 10－2　优化后电网企业资产管理组织架构（示例）

财务部负责企业运营、财务政策及预算管理等工作，支撑资产价值管理工作。

基建部负责企业固定资产投资计划基建项目建设的归口管理，负责制定企业基建相关管理制度、标准、策略。

办公室根据统一的策略及标准，负责非电网资产的专业管理工作。

系统部根据统一的策略及标准负责二次资产的专业管理工作。

信息部负责企业资产全生命周期管理信息系统、技术支持平台、信息基础设施的建设、运维服务、运营归口管理。

安全监管部负责资产全生命周期风险监督管理，安全事故（事件）管理，负责制定风险监督和安全事故（事件）的管理制度、标准、策略。配合政府及电力监管机构开展系统安全事故调查处理，组织系统生产安全事故及重大不良影响安全事件的调查处理。

人力资源部负责资产全生命周期管理相关人员的配置及培训管理。

物资部负责资产具体采购及物流配送等工作。

输电管理所、变电管理所、各区局负责所辖区域输电、变电、配电资产的运维检修、退役报废，以及基建、技改及修理项目的实施与验收。

2. 资产管理部内部设置

内设六个机构，资产管理部内部组织架构见图 10－3，主要职责分工如下。

资产发展：负责资产体系及制度、技术标准、采购策略及品质控制、流程优化及资产管理信息系统功能需求统筹，以及资产管理工作计划统筹等工作，强化资产制度、标准、策略、流程及计划的统一管控，特别是资产入网质量的管控。

资产绩效管理：统筹资产运营监控，做好综合计划、资产管理核心指标（可靠性、电能质量、报废净值）管控及考核，强化资产风险、成本、效能综合监控分析，通过资

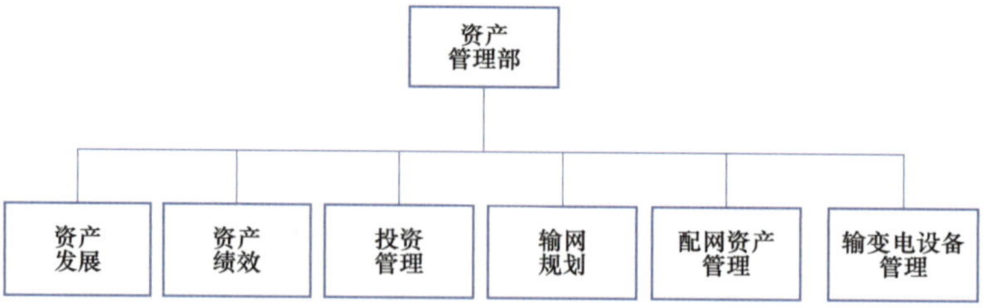

图 10-3 资产管理部内部组织架构

产绩效分析指导资产管理策略的持续改进。

投资管理：强化固定资产及成本投资全过程管控，统筹全局投资策略、投资规划、工程建设、改造及大修投资计划、成本项目管理，参与增资退运及卡片审核管理、开展资产全生命周期成本标准的制定、分析及监控改进工作，提高资源统筹能力。

输网规划：负责制定输网规划准则及标准、组织编制电网建设及改造规划、开展系统接入审批、节能环保管理等工作。

配网资产管理：负责制定配网规划准则及标准、组织编制配网建设及改造规划、开展系统接入审批等工作；负责制定配网入网及运维检修策略、配网自动化策略及技术管理。

输变电设备管理：负责组织输变电技改、修理项目申报，组织输变电基建、技改和修理项目验收，组织制定输变电运维检修策略及计划并实施，开展状态评价和退运鉴定，提出采购技术标准、策略优化需求建议。

（三） 资产管理组织架构优化成效

成立独立运作的资产管理部门，将传统的电网企业的生产技术部门和计划发展部整合起来，在承接电网资产规划、投资、运维、技术管理等核心管理职能的同时，吸收了物资采购领域的资产采购、品控及履约策略管理职能以及财务价值管理的增资、退运职能，总体上实现了资产管理“想、做、用”三分开，建立了定位清晰、职责明确的资产管理架构，从企业内部实现了对业务的统筹和引领，更有利于整合优势资源，实现综合最优，同时，也促进了全生命周期各环节联动，为实现电网安全及资产回报率、实现资产实物管理和经济价值管理的统一，以及为后续解决资产全生命周期管理业务横向协同、纵向执行落地等难题，提供了坚实的组织保障和管理基础。

CHAPTER 11

第十一章 资产基础数据管理

一、 概述

资产基础数据管理主要指资产账卡物一致管理，电网资产量多面广，由于历史缺少有效的管控机制及信息技术手段，长期以来电网资产生产台账、固定资产卡片及现场实物未能实现联动，导致生产台账、固定资产卡片及现场实物信息一致率较低，影响电网企业全面精准掌握资产现状，影响资产运营管理效率。尤其在新的输配电价机制下，输配电价的核算将以电网有效资产为基础，如未能全面准确掌握资产信息，将影响电网企业的核准成本，以及存在账实不符等突出问题。为实现账卡物一致，有必要将设备分类与固定资产目录梳理后进行合并，将原有固定资产目录与设备台账类别规范合二为一，形成统一的资产目录，为建立资产设备对应关系提供依据，为自动转资以及账卡联动奠定基础。

二、 工作方法

（一） 建立统一资产目录

固定资产目录是电网企业按照会计规则对电网资产进行分类的目录，财务部门按照该目录判断新增资产是否纳入固定资产管理；设备台账规范是电网企业根据生产运行工作需要建立的台账规范，设备运维单位按照该规范进行设备参数及运维信息的记录。由于历史上财务对固定资产管理及设备运维部门对设备台账管理缺乏协同，导致两个目录的层级结构、资产名称和颗粒度均不一致，因此，应建立统一资产目录，确保资产卡片与台账的统一，统一资产目录包含以下层级：

一级目录。保留统一的固定资产目录划分，即按照固定资产用途分为 15 类，包括输电线路、变电设备、配电线路及设备、用电计量设备、通信线路及设备、自动化控制设备及仪器仪表、发电及供热设备、水工机械设备、制造及检修维护设备、生产管理用工器具、运输设备、非生产用设备及器具、房屋、建筑物、土地。

二级及三级目录。结合固定资产目录第二级、第三级划分和设备类别规范，结合生产和财务管理的要求，对原有分类进行梳理和优化。

四级目录及以下。以设备类别规范为主，对固定资产目录进行细分和优化。

（二） 账卡物一致管理

（1）开展存量数据清理。

1）建立清理工作机制。由于引起资产账卡物不一致的原因较多，且量大面广，清理过程需调用大量人力物力，以及需要大量的沟通协调，在机制和资源上要予以充分的保障才能有效完成任务。因此，在工作启动之前，需充分研究制定清理工作方案，成立清理组织机构，明确清理目标、任务、责任人及考核要求。

2）制定清理工作指引。为确保清理工作有序规范推进，需组织统一制定清理工作方法、典型问题处理指引及相关工作模板，甚至研究开发相关清理辅助工具，把工作做在前面，减少后续大方面沟通协调的成本，提升清理工作效率人员。例如，制定现场核查表单，明确现场账物核查的数据核对和填写要求；统一质量检查标准，确定账物核对质量检查评价规则和账卡核对质量控制标准。

3）重视现场清理问题的解决。由于受到农电资产合并接收、用户资产接管、迁改资产配网移交等工作影响，导致资产账卡物不一致原因复杂，清理过程需及时掌握情况，及时开展针对性研究明确解决意见。一线工作法是最有效解决问题的方法，只有现场了解问题表象及本质，才能提出符合现场实际的解决方案。

（2）建立长效管控机制。在开展存量清理的同时，需着手研究建立长效管控机制，避免前清后乱。

1）优化业务流程。以问题为导向，全面梳理优化账卡物管理相关业务流程，减少业务流程节点，强化关键节点管控职责。针对基层单位普遍存在账实账卡管控职责缺失，责任不清的问题，要求各单位明确一名账实管控责任人及一名账卡管理责任人，确保管控职责清晰，失职能够有效追责。

2）强化业务联动。梳理业务交接点，并通过系统固化，确保相关业务能刚性联动，例如开展用户资产移交后能够自动触发电子化移交流程，避免遗漏电子化移交工作，完成电子化移交后能够自动形成资产级设备清单，并触发增资流程，减少信息重复录入，提升增资工作效率。

3）提升系统支撑水平。由于资产数据量庞大，单靠人工盘点核对难以保障其准确性，必须依靠技术手段。例如账卡一致率数据看板，可以实时掌握账卡一致情况，对不一致的数据，能够有效地进行跟踪及督促整改。

通过数字化、信息化手段提升账卡物一致管理水平，通过基于移动扫码的物料安装开展电子化移交，确保账物动态一致。

（3）将资产卡片的创建和变动统一通过台账发起，按照“卡随账动”的原则，在资产系统完成台账和卡片的调整后推送至财务系统确保账卡一致。

三、 应用案例

1. 以统一资产目录为纲，开展全面资产清查

（1）存在问题。在统一资产目录建立之前，设备台账与资产财务卡片之间的管理缺乏协同，设备的资产级属性只是财务管理上的定义，存在设备资产级属性误判的情况。

（2）解决方案。建立统一资产目录，明确设备台账与资产卡片之间的映射关系，实现设备台账与资产卡片的协同管理。以现场实物为准，以统一资产目录为纲，清理台账中存在大量冗余数据，纠正了设备资产级属性误判的情况，排查非公司产权资产，快速厘清有效资产规模，有效提升了固定资产账卡物一致率。

2. 账卡物一致长效管控信息化支撑

（1）存在问题。电子化移交脱离在项目管理之外，缺乏信息化手段关联项目管理流程，依靠手动发起流程难以保证及时性，影响增资及时性。同时，设备基础数据多头录入，可能导致台账与卡片字段不一致，影响资产账卡一致率，台账及卡片管理流程图（优化前）见图 11－1。

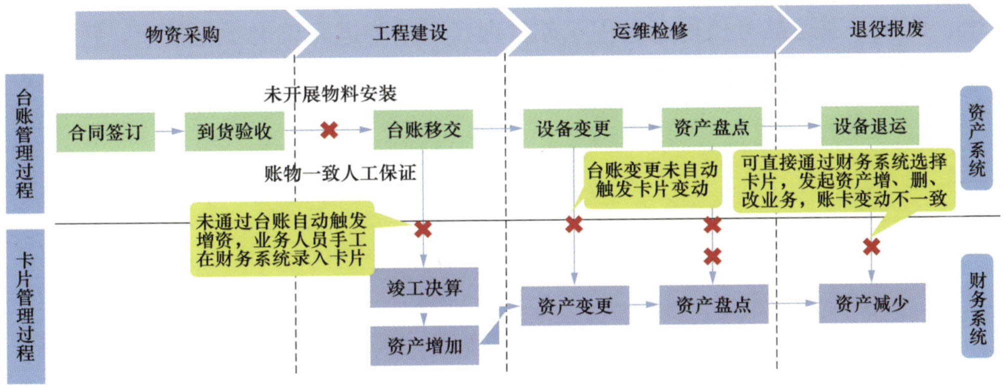

图 11－1 台账及卡片管理流程图（优化前）

（2）解决方案。

1）通过项目流程触发电子化移交，避免项目完成后遗漏启动电子化移交，同时可以保证电子化移交的及时性。例如主网基建工程开工环节触发电子化移交，用户资产移交在营销系统创建销户工单环节触发电子化移交等。

2）实现资产系统与财务系统的联动，电子化移交完成后，自动形成资产级设备清单，进行物料安装后，直接推送至财务系统发起项目增资，解决电子化移交与项目增资同一信息多头录入问题，有效提升台账和卡片字段的一致性，同时缩短增资流程，提升增资效率，台账及卡片管理流程图（优化后）见图 11－2。

3）开发账卡物一致数据质量看板，实时监控账卡物一致率指标，有效支撑固定资产清查。

四、实施成效

该电网企业自启动资产清理工作以来，历时一年半时间完成了 235 万余资产账卡物核查，主网资产账卡物一致率提升至 98%以上，配网资产账卡物一致率升至 95%以上。

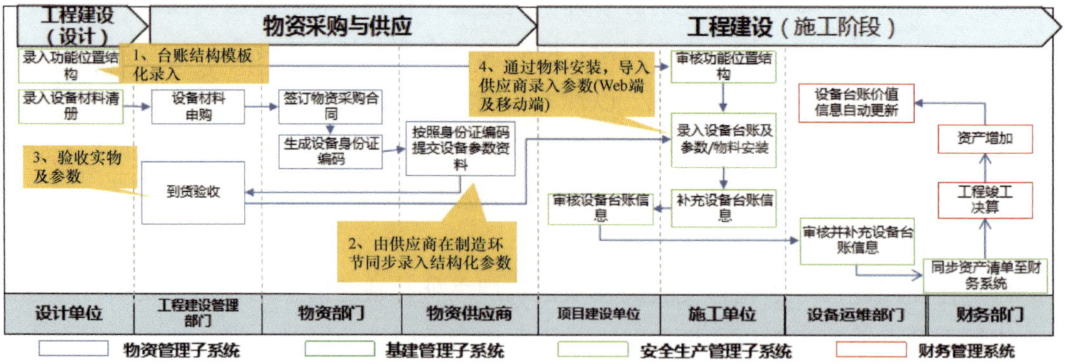

图 11-2　台账及卡片管理流程图（优化后）

在清查过程中，编制管理制度《电网固定资产实物管理实施细则》，规范电网资产实物从新增、调拨、退运及考核等全过程业务管理，不断改进完善电子化移交、转增资等业务流程，提升了增量资产账卡物一致管控水平。

CHAPTER 12

第十二章 电网规划

第一节 推动城市电网规划落地

一、概述

电网规划是资产管理的源头，为从规划源头推动资产管理水平高质量发展，在规划方案满足技术经济最优前提下，必须注重规划方案的可落地性，才能切实提升电网发展质量和安全运行水平。但随着城市快速发展，土地资源日渐稀缺，电网建设难度日益增大，因此推动城市电网规划落地显得尤为重要。

二、工作方法

（一）加强主配网规划联动，提升规划深度和效率

（1）加强主配网规划联动，推动高压配网变电站规划属地化。通过建章立制，充分调动属地单位的自身优势，将高压配网（110kV、220/20kV）变电站布点及时序规划纳入属地供电局的职责范畴，指导属地供电局跟踪辖区内负荷发展热点，通过网格化工具精细化开展“自下而上”负荷预测，同时梳理辖区内电网问题及新增变电站布点需求，从而强化主配网规划的联动，将上级变电站布点需求和配网中压出线结合起来，使得变电站布点更加匹配实际负荷需求，提升规划效率。

（2）加强规划和项目可研深度。在电网规划方面，加强与电网运行、设备运维相结合，在规划方案编制中注重可实施性，同时延伸考虑停电问题；另外，以典型负荷日（最高负荷日）问题为导向，梳理重点项目，动态调整变电站投产时序，明确来年重点建设计划。

在规划工具方面，优化制定项目可研深度规定和可研报告模板，提升可研深度，进一步保障项目可实施性。

（二）争取政府对电网发展的支持，推动电网规划纳入城市规划

电网规划方案积极与市区两级政府沟通汇报，争取政府认可，推动市政府批复，提升电网规划的刚性和效力；此外，在输配电价监管的背景下，需大力推动投资监管部门批复年度或三年主网基建投资计划，为项目立项、开展前期及建设工作提供依据及投资保障。

配合市政规划部门完成电力设施及高压走廊专项规划，提前研究远景电网网架结构，提出远景变电站布点、线路通道需求，并积极向市政规划部门反映，争取在电力专

项规划中纳入，为后续规划输变电工程的选址选线提供依据。

做好综合管廊规划和电网规划的衔接工作，积极参与全市、各区综合管廊的可研、设计、施工图及竣工验收的全过程管控，最大限度降低电网实施风险。在城市大力推动综合管廊建设的背景下，持续跟进综合管廊规划和电网规划时序配合问题，及时发现问题并向综合管廊建设单位反馈，与电力主管部门、管廊主管部门建立常态沟通机制，及时反映、推动解决。

配合政府、特别是能源和电力主管部门做好远景能源布局分析，积极向政府相关部门提出电网未来发展需求和电源发展规划建议，推动电网和电源的协调发展。

（三）主动适应城市发展特点，推动电网建设与城市发展相协调

作为城市电网的建设者，需主动适应城市发展的特点。在土地资源日益紧张的趋势下，推动电网建设用地集约化，与城市发展相协调。在电网规划层面，要制定适应城市发展特点的电网建设原则与策略，提升政府、地块开发商、民众等主体对电网设施建设的接受度，保障电网建设可有效落地。一方面，开展电网发展“两化一型”（即变电站小型化、线路电缆化、走廊紧凑型）研究，开展多种类型的变电站小型化研究与建设工作，包括500kV变电站小型化户内化布置，研究并开展嵌入式附建变电站、全地下变电站的试点建设，提升变电站建设用地效率，与周边环境相协调；中心城区新建线路均采用电缆敷设，开展500kV线路电缆化、GIL等新技术用于城市输电的前期研究。另一方面，提前预控站址、通道，积极争取电网发展空间。及时掌握城市更新等大型市政项目的进展，做好负荷评估，积极与各方沟通并反映电力设施的建设需求，推动政府在城市更新项目中同步落实变电站站址。开展土建电气分步建设变电站的试点研究，在部分负荷增长未达预期、但站址条件良好的项目中，优先建设变电站土建部分，待负荷增长后再安装电气设备，达到提前预控站址的效果，消除商业或居民落户周边后阻挠变电站建设的风险。

三、应用案例

（一）配合市政规划部门完成电力专项规划

配合市政规划部门开展电力专项规划。由电网企业开展远景目标网架研究，梳理远景变电站布点需求和系统接线方案，将需求反映至市政规划部门，市政规划部门根据需求落实变电站站址城市坐标及线路路径通道。

电力专项规划由市政府审查通过并印发，具备规划执行的法律效力，为后续变电站选址、线路选线提供了依据。电网企业与市政规划部门在过程中紧密配合，将电网发展需求纳入城市规划中，为电网发展预留了充足空间，提升了电网规划可实施性。

（二）开展变电站分步建设试点

某区域暂无明显负荷需求，站址建设条件良好，周边未来规划建设住宅、学校、医

院等，处于敏感区域。若待周边已经开发、负荷需求增长时再开展建设工作，预计会受到阻挠。因此，拟对该类型变电站采用土建、电气分步建设。

开展了首座分步建设变电站 110kV 松子坑站建设试点，该站周边暂无负荷，土建部分投产后可有效预控站址。同时通过试点，总结并印发了相关技术报告、管理办法，理顺了技术要求和管理流程，为该类变电站建设落地提供了技术和制度的保障。

（三）电网辅助规划系统优化方案

包含主、配网辅助规划两个关键业务解决方案：

1. 存在问题

(1) 信息化程度不高：缺乏信息化支撑，需要人工收集、归档、整理、统计规划所需数据资料，工作量巨大。

(2) 数据处理效率不高：规划业务所需要的数据分散在不同系统中，无法实现数据联动，效率不高。

(3) 缺乏辅助决策支持：工作中更多依赖个人经验和积累，电网规划管理业务见图 12-1。

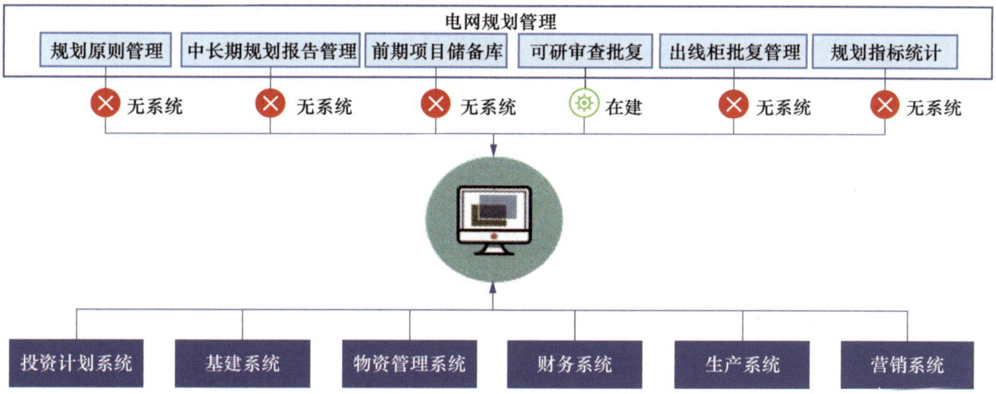

图 12-1 电网规划管理业务图

2. 解决方案

(1) 建立主网规划系统，完善规划数据获取、积累和维护手段，同时引入 GIS 系统实现可视化分析，提升规划方案的可实施性。

(2) 建立配网网格化系统，以目标网架及问题为导向、以网格管理为载体、以项目管控为抓手，实现规划过程全维度管理，项目全过程管控；以网格为基础，对配网问题库、出线柜、项目等 7 项业务统一管理，有效支撑配网规划与运行业务的有效整合；基于地图、网格、图表等可视化手段，实现规划网格、配网风险、项目全过程的可视化展示。

四、 实施成效

“十三五”期间开展上述措施以来，各项举措有效落地，电网规划深度有效提升，电力专项规划、电网规划、投资计划等获市政府批复，有效推动了电网建设落地，电网建设完成情况较之前得到大幅提升。

第二节 电网规划与运行联动解决电网运行风险

一、 概述

探索电网规划与运行联动的管控机制，动态调整电网风险管控与规划项目库，着力加强主配网规划和输变电运行的协同配合，注重规划落地和安全保障的有效结合，从规划源头有效解决或降低运行中存在的问题及风险。开展规划与运行联动、解决运行风险等实际问题：

（1）局部区域电网结构有待进一步完善，关键规划电网项目需按时投产，加强各片区电网间的互相支援能力，为电网运行提供良好基础。

（2）变电站设计原则和方案不断发展，部分早期设计的变电站不能适应城市电网供电可靠性不断提高的要求。技术原则和方案需要根据电网发展的实际情况同步提升。

（3）城市核心区电网安全标准需进一步提高，需加强对严重事故灾害的电网安全动态校验和事故预想推演。

（4）城市负荷密度高，电力高压走廊狭窄，有必要优化规划项目方案，避免工程建设接入时难以安排停电，增加电网安全风险影响。

二、 工作方法

（一） 查找电网规划方案短板， 制定措施消除电网潜在隐患

结合国务院 599 号令以及南网事故调规规定，持续完善电网规划工作，根据网架结构的变化，逐年进行电网风险分析研究并滚动开展规划修编工作。2015 年开展“十三五”规划研究工作，2016 年推动市政府发布《电网“十三五”规划》，并针对电网供电安全风险，重点加强了城市中心区的 220kV 网络的优化力度。

（二） 强化与系统运行的协同配合， 做好规划和运行原则统一

对调度和规划运行原则进行统一，尽可能做到规划原则和运行方式原则基本一致。一是统一数据计算原则，参数设置、计算标准等应达成一致，在同一平台上对电网风险进行分析；二是问题导向，每年编制网架完善解决措施，对于一级电力事件及以上电网风险，逐一提出规划解决方案。同步梳理二三级事件风险，提出解决建议，每年结合典

型负荷日（最高负荷日）电网运行情况，梳理提升网架安全及解决重过载的重点项目，并按计划抓好落实；三是编制系统运行报告，每年共同编制高峰负荷日报告和三年运行方式报告，强化协调配合；四是将停电方案等研究内容前移，并在规划方案研究中充分听取系统部意见。

（三）审视自身电网特点，广泛学习借鉴，制定符合实际的电网规划准则

广泛学习和借鉴香港中华电力、新加坡等国际先进电力企业电网规划设计原则，在电网规划设计技术导则基础上，根据城市电网的实际特点，制定了《110kV 及以上电网规划设计技术实施细则（系统一次部分）》，在设计标准化和防范电网大面积停电方面明确要求，形成较为完备的规划原则体系。

（四）优化网架、电源布置保障电网运行安全

开展保底电网规划，从保障城市核心区域和重要用户供电入手，“以点带面”构建覆盖城市主要核心区域的保底电网，并提出抗灾保障电源配置方案。强化设备设施设计标准保障运维安全。研究沿海强风区域内差异化建设及改造措施，包括推广新建电缆线路加户内变电站布置，改造提高强风区架空线路设防标准，设置相应档、排水设施提升电网防汛能力。

三、应用案例

在优化网架、电源布置保障电网运行安全方面，强化大电网联络支撑，确保 3 个城市中心区域保底电网均由 2 个不同 500kV 变电站供电，形成坚强的骨干网架。开展保底电网规划，从保障城市核心区域和重要用户供电入手，“以点带面”构建覆盖城市主要核心区域的保底电网，并提出抗灾保障电源配置方案。

与生产运行联动，每年以典型负荷日（高峰负荷日）分析为基础，从提升网架安全性和解决重过载的角度提出重点规划项目，重点抓好落实，同时每年开展网架完善措施分析，及时解决运行中存在的问题。

四、实施成效

印发《110kV 及以上电网规划设计技术实施细则（系统一次部分）》，在设计标准化和防范电网大面积停电方面明确要求，形成较为完备的规划原则体系。按照该规划原则完成电网规划，针对电网风险提出网架完善措施，有效提升供电能力及供电安全水平。完成保底电网规划并适时修编，覆盖城市核心区域、全部一级重要用户和 80%以上的二级重要用户，任何一座 220kV 及以上站点失压不会造成任何一个行政区域全停。提出 20 项新增保底电网建设项目，解决网架结构风险，通过提升电网防灾保障能力，有效保障电网运行安全。同时形成保底电网站点和线路清单，为开展防风改造或差异化运维提供基础。

第三节　建立完善配电网规划体系

一、 概述

规划是对未来整体性、长期性、基本性问题的思考，是指导未来行动的整体方案。对以建设运营电网为核心业务的电网企业而言，规划是企业发展和电网发展的龙头，具有引领作用。其中，配电网规划作为电网规划的重要组成部分，重在阐明配电网“过去、现在、未来”的关系，一套完整的配电网规划体系就是用最简洁的语言表达规划区电网现状存在的问题、将来达到的目标及如何达到目标。需要强调的是，规划目标的确定是规划中最重要的问题，规划目标既要满足未来的负荷发展需求，又要在现状的基础具有很强的实现可能。

总的来说，配电网规划整体是以一个地区、一个省甚至全国范围的国民经济发展为基础，测算配电网在一定时期内的发展速度和合理规模，估算发展所需的投资需求；具体以上级电源布局、用电负荷的发展与分布为边界条件，确定电力用户接入、配电网网络建设等具体实施方案，明确工程建设时序和投资计划。因此，配电网规划的主要任务包括：

（1）研究配电网发展需求，提出发展目标。分析配电网现状和存在问题，研究电力负荷发展需求，分析论证配电网供电可靠性、电能质量、目标网架和装备水平等远景及阶段性发展目标。

（2）制定网络布局和建设方案。根据电力负荷空间分布，提出变配电设施布局需求、网架结构和电力通道需求。通过潮流计算、短路电流计算、技术经济分析等技术手段，研究确定变配电设施、线路设施和电力通道的建设规模和分阶段实施方案，估算投资规模，分析技术经济成效。

（3）服务电力用户接入。根据各类用户可靠性需求，结合电网规划，提出满足电力用户接入的技术方案。针对分布式电源、电动汽车充换电设施、电气化铁路、机场、地铁、医院、学校等特殊电力用户，论证接入电压等级、供电电源和接入点等。

（4）针对重大问题开展专题研究。针对规划期内配电网的重大技术问题进行必要的专题研究，主要包括：目标网架、无功规划、电力设施布局、分布式电源及多元化负荷规模化接入、配电自动化、通信网络等。

配电网规划年限应与国民经济和社会发展规划的年限保持一致，有利于与城乡发展规划、输电网规划等相互衔接。由于配电网的外部条件变化较快，规划期年限一般为 5 年，重点是以提高供电能力和供电可靠性为目标，提出配电网建设与改造的方案，按照目标网架预留变配电设施站址和线路通道，确定逐年项目计划。

当城乡总体规划、土地利用总体规划、控制性详细规划等较为详细时，配电网规划可扩展至10～15年。根据远景年的饱和负荷需求，初步确定配电网的发展方向，编制远景年的目标网架及网架过渡方案，并提出满足远景年配电网用电需求对上级电源建设规模、电力设施布局、建设时序等方面的相关建议。

配电网规划的主要内容包括：

（1）对配电网现状进行评估，分析配电网存在的主要问题和发展面临的形势。

（2）对规划期内电力负荷的发展进行预测，并对用电负荷的构成及特性进行分析。

（3）对配电网进行供电区域划分，确定各类供电区域内配电网的总体发展目标和高、中、低压配电网的规划技术原则。

（4）优化网络建设方案，包括电压等级、网络结构及过渡方案。

（5）进行无功平衡和电气计算，提出保证电压质量、可靠性要求的技术措施。

（6）提出包括变配电设施布局、网络结构、站址和线路通道等在内的规划方案。

（7）提出与配电网规划相适应的二次系统、通信网络、分布式电源接入等相关技术方案。

（8）提出配电网建设与改造规模和投资需求，提出资金筹措方案。

（9）分析规划的技术经济指标和经济效益。

以上介绍了规划意义、规划主要任务及内容，但在具体开展配电网规划工作中，特别是在创世界一流电网企业过程中，还存在如下问题：

（1）现行的规划技术标准及指标体系，往往不能有效匹配电网企业创世界一流的要求，对开展实际规划业务存在不足。对电网企业而言，配网规划内外部环境已发生显著变化，外部变化如电动汽车及储能的快速发展、配网装备技术水平的提升等，内部变化如降低客户平均停电时间、优化营商环境、提升获得电力指标、降低报废资产净值率等创建世界一流电网的各项关键指标，都对配网规划技术标准提出更高要求。

（2）配网网格化规划成果对配网资产全生命周期管理的引领性不够。目前，电网企业在配电网管理中普遍采用网格化管理，网格化可以使复杂接线“标准化”，电网发展“有序化”，重复建设“趋零化”，但在网格化如何深化应用还有许多问题亟待解决。如技术上，怎么划网格才算一个合格的网格，如何精准定位配网“不平衡不充分”区域，并做到精准立项，如管理上如何深化网格化对配网关键业务的协同支撑，如何更好实现主配网联动，规划与运维协同。

（3）配网“条块化”“分段式”管理已不能适应电网企业创世界一流的需要。目前，大部分电网企业配网管理仍是职能驱动型，“条块化”组织架构和“分段式”管理，各环节可能存在目标不一致，策略不协调，流程不衔接，标准不统一，甚至出现重复管理或管理真空的情况；同时配网管理缺乏一套有效贯穿配网全业务的技术支撑体系，管控能力弱，体系化和标准化不足，配网全业务整合和效率提升仍有很大空间。

（4）配网规划业务缺乏信息系统支撑。对大部分电网企业而言，开展规划业务所需数据如配电网负荷、问题、资源、用户、指标等数据缺乏信息系统支持，仍需人工收集、归档、整理、统计，工作量巨大，业务处理效率低。另外，规划业务所需要的数据分散到不同系统中，无法实现联动。

二、 工作方法

针对配网规划业务的存在问题，按照“系统分析，重点管控”的工作原则，围绕电网企业建设世界一流电网的目标，以网格化管理为抓手，以规划运维协同为保障，着力优化完善配网规划业务的顶层设计，重点夯实筑牢配网规划业务的基层落地，确保各项规划业务顺利闭环、持续改进，做到规划业务思路清晰、原则明确、方法有效，落实有序，切实提升配网规划业务水平。

（一） 完善顶层设计， 优化规划原则， 健全规划工具方法

1. 完善规划原则，优化指标体系

（1）优化配网规划指标体系，切实提升配网实际供电能力。通过优化配网规划指标体系，形成符合电网发展目标的特色化指标体系。坚持面向用户可靠性的规划理念，重新审视配网规划指标体系，将指标评价因子由电网转向客户、由中压转向低压。同时，指标充分考虑配网运维实际情况及存在问题，与运维能力（不停电作业能力）形成互补和协同，共同支撑供电可靠性。具体开展以优化配网自动化覆盖率指标，取消配电网一、二级问题分支比例，补充分支、节点相关指标等措施对指标体系进行优化完善。

（2）研究“世界一流特征电网”，有效指导分区域电网规划建设。开展基于可靠性目标的“世界一流电网特征电网”研究，在差异化分析国内外典型接线基础上，通过仿真分析，测算不同供电分区（高可靠性区域、A＋类、A 类、B 类）、不同典型可靠性目标值在典型接线方式下的关键参数要求，明确不同供电分区的建设标准，描绘出“世界一流特征电网”。

2. 丰富规划工具，精细技术指导

（1）开展配网规划技术实施细则修编，固化规划研究成果。适应输配电价改革试点工作，贯彻落实资产管理政策，稳步提升电网有效固定资产的质量和规模，实现“两个转变”，即配网设备向高质量、高可靠性转变，管理模式以设备资产为核心的方向转变，补齐“两个短板”，即设备资产价值管理短板、设备资产管理短板。具体做法：一是梳理并固化配网规划业务研究成果及配网装备技术导则最新要求；二是研究低压报装接入容量提高、电动汽车发展等内外部要求变化后的技术应对方案；三是面向客户侧需求和综合能效提升以及资产全生命周期价值最优，做好标准完善和协同，开展配网规划技术导则修编工作。

（2）制定配网标准网格规划建设评价标准，强化网格化对配电网资产全生命周期关键业务贯穿式协同的支撑。在网格化供电的基础上，建立并实践了基于网格化的一流配电网规划业务“6+1”体系，见图12-2，加强网格化对配网资产全生命周期关键业务的协同，落实以网格为单元的配网规划、运维、项目、资源管控。体系中“6”分别指：“网格分层原则”“网格划分原则”“网格星级评价标准”“网格立项原则”“网格规划与运维协同原则”和“网格主人制度”，体系中“1”指“配网网格化规划信息系统”，通过将体系中“6”内容固化到信息系统中，使复杂和复杂联络的配电网接线容易向标准接线过渡，使网架由原生态自然发展向有目标网架有序发展。可保证规划思路延续，降低重复建设风险，在配电网网架管理上获得高回报绩效，同时整个过程成本可控，保证网格化管理体系“显性化”运转，实现配网“蓝图绘的准、管理看得见、问题找得准、方案协同深，责任落得实”。

图12-2 基于网格化的一流城市配电网规划业务“6+1”体系架构

（3）按网格做好配网问题及项目统筹管理。以网格为基本单元，通过建立一套网格星级评价标准，便于精准定位局部配网发展“不平衡不充分”区域，从而做到精准立项，高效推动配电网高质量发展。以统一管理为主要原则和手段，资本类项目通过一个项目的方式实现刚性整合，成本类项目通过在关键业务节点统筹管理的方式实现柔性整合，整合面向同一资产、同一客户的不同类型项目，降低项目管理成本和电网资源占用，减少人、财、物的重复投入，避免重复停电。

3. 开发信息系统，提高工作效能

开发配网网格化规划信息系统。以网格化工具为抓手，开发配网基础数据、网格地图、重过载监控预警、配网问题库、项目前期管理、出线柜管理、规划辅助决策等模块的开发工作，力争实现配网规划业务数据电子化处理及辅助决策功能。提升配网资产全生命周期业务管理水平，形成信息化、可视化、全维度、全过程的管理模式，并将网格化管理体系固化到信息系统，确保网格化精益管理体系运转的“显性化”。

（二）加强组织保障，强化机制协同，确保规划有效落地

1. 成立规划业务协同工作组，夯实规划运维协同机制，加强规划业务力量保障

立足市区两级配网规划立项业务管理机制，组织各属地单位成立规划及项目前期领导小组和工作小组，规划运维人员共同参与，形成职责清晰、协同高效的中低压配网规划运维联动机制，全力做好配网规划统筹协调工作，精准高效地解决问题。其中，领导小组由各属地单位负责人牵头；工作小组由各单位分管配网规划领导牵头，包含配网规划、建设、营业负责人及业务骨干，重点组织制定并跟踪配网规划、前期工作计划、定期召开配网规划会议、定期汇报规划工作进展、定期协调解决工作问题、定期开展技术讨论等方面工作。

2. 均衡化开展项目前期工作管控，提高项目可研编制质量

强化各属地单位可研和设计的主体责任，抓好可研评审信息平台的应用，均衡化开展批次配网储备项目的可研编制和审查，并按周通报各属地单位可研送审情况，对于进度滞后或均衡化开展较差的，根据严重程度采取口头警告或约谈各属地单位分管领导的形式督促整改。

3. 提高网格化规划与运维业务协同力度，加强网格化全生命周期管控

编制配电网网格化规划与运维指导意见，统一“交互语言”，明确配网网格分层和划分、网格化规划与运维所应遵循的标准，指导各供电局配网资产管理关键业务的网格化管理，提升配网规划与运维业务协同力度。改变传统按照一条线路或者单点设备进行运维管理，通过以网格进行综合巡视，将设备的电网络、地理分布、周边环境属性进行整合，实现运维资源的优化配置，提升运维效率，有效应对配网设备量大，分布分散带来的问题。

4. 优化高峰负荷期间电网问题管控方式，采取月度变频管控机制，避免连续重满载情况的发生

优化高峰负荷期间配网问题管控方式，年度按月采取变频管控机制，以实现当年发现比较突出的重满载问题在次年高峰负荷来临前完成改造为目标，倒排工作周期，调整管控频度和节点。

（三）加强培训考核，开展常态督查，强力推进闭环管控

1. 开展基层规划业务能力培训及考核，补齐短板

随着时间推移，配网规划、项目前期、配网自动化、信息系统等业务深化应用和更新迭代，加之规划业务及设计人员的变动，持续加强规划业务及协同人员理论水平和实践技术水平，组织对各属地单位配网规划人员开展摸底考核和基础能力提升培训，组织开展规划业务技能竞赛和星级网格评比，营造良好的学习氛围，未来将根据业务需要，常态化开展配网规划能力专题培训。

2. 建立配网规划督查机制，及时发现问题并整改

在电网企业系统内选取具备扎实专业基础和丰富工作经验、拥有较高业务水平和工作能力的专家，建立内部配网规划审查及督导专家库，逐步培养挖掘规划业务领域技术专家。常态化组织内外部专家对年度配网规划滚动修编成果、规划落地情况进行交叉审查，以配网规划建设的实施成效和管理规范性为重点，对配网规划立项、可研质量、专项工作完成情况等方面进行督导，查找存在的问题，制定整改提升措施。

3. 加强常态化指标考核，提高管控力度

研究建立常态化考核评价标准，进一步加强对配网规划立项工作的监督和考核。尤其抓实规划指标体系调整和项目前期管理各项要求的落地，同时结合规划督查结果，做好基层各单位规划工作的常态考核评价。

三、 应用案例

案例一：配电网网格化规划

利用配网网格化管理工具，某建成区配电网改造提升流程思路见图 12-3。

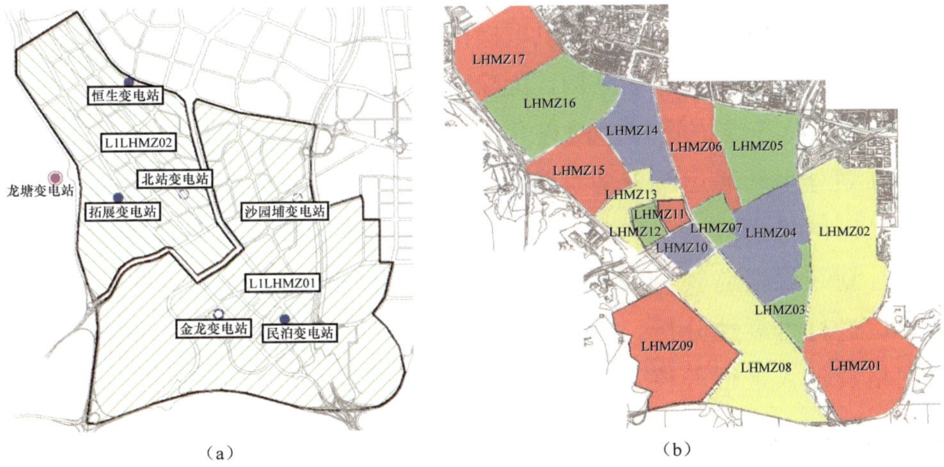

图 12-3 某建成区配电网改造提升流程思路

(a) L1 网格划分；(b) L2 网格划分

首先，对该片区进行了网格梳理，根据城市规划和负荷发展情况、现有电源及网架情况进行了高、中、低压网格修编，共划分了 2 个 L1 网格（以 3～5 个 110kV 或 220kV 电站为单元的区域），17 个 L2 网格（以 1～3 组馈线组为单元的区域），如上图所示，并开展了各个网格的负荷预测，同时对 110kV 变电站提出布局建议。

其次，在梳理现状问题的基础上，综合考虑电网发展需求及在建项目的影响，建立以网格为单位、涵盖各专业需求的统一的配网问题库。根据饱和年网格负荷、网格建设标准和高压布点分布，确定目标网架，共形成 39 组标准接线，12 组开闭所，涉及公用线路 163 回。

最后，应用用唯一的网格编号，形成以配网网格为单位，包括配基、配自、业扩等项目的前期项目包，提出 29 个项目。

预计通过此次规划，配网问题解决率为 82.6%，线路满足供电安全水平通过率为 94.4%，线路可转供电率达到 100%，典型接线比例达 96.24%。

案例二：配电网网格化运维

在网格化供电基础上，开展配网网格化运维，主要体现在配网运行管理和网格化设备维护上。网格化运维可以改变传统按照一条线路或者单点设备进行运维管理，通过以网格进行综合巡视，将设备的拓扑分布、地理分布、周边环境属性进行整合，实现运维资源的优化配置，提升运维效率。下面以广东某片区为例进行介绍：

（1）网格化运行管理。针对网格化改造成熟的片区，以“三确一固定”为原则实施配网网格化运行管理，“三确一固定”指接线方式精确、开关状态准确、断路器设置正确、运行方式固定。

通过开展配网网格化运行管理，方便运维人员熟悉网架结构；实现停电事件预案化管理，提升快速复电的效率；减少转供电操作地点，提升操作票执行效率；易于直观发现配网运行状况；便于梳理网架结构，为配网改造立项提供依据。

（2）网格化设备维护管理。网格化设备维护管理是以网格化为工具将运维对象进行精细划分来开展运维业务。该片区将管辖片区按四个班组进行划分，在每个片区中又以网格为最小单位确定责任人，以网格化的基础资料为依据，制定相应的巡视计划，根据巡视结果制定维护策略。每月根据跳闸情况，以片区（网格）为单位进行可靠性分析，分析故障原因并找出问题片区和责任网格，对责任班组及网格责任人进行考核。

四、 实施成效

通过建立网格化资产管理体系、完善规划标准、创新管理工具、开展培训督查、开发信息系统手段，构建支撑一流配电网的一流常态规划业务管理体系，推动我国配电网运营水平体系化升级，改善了诸如重满载问题后知后觉、项目与规划脱节、规划业务低效低质等老大难问题；有效解决了配电网供电范围不清晰、网架发展不确定、转供电和故障处理时间长、运维管理工作粗放的问题，提高了配网可靠性和运维效率管理水平，减少平均停电时间而减少因电力中断造成的工业生产、商业服务和居民生活的损失，取得了良好的经济社会效益。

第四节 供电可靠性创世界一流管理实践

一、概述

供电可靠性是衡量电网发展水平的核心指标，综合反映了供电系统规划设计、电网建设、设备选型、生产运行及供电服务等方面管理水平。高供电可靠性是电网企业对外展示最直观的名片，也是电网企业内部发展的战略要求。世界领先电网企业客户平均停电时间小于0.5h，目前国内较先进的电网企业客户平均停电时间小于1h，达到世界一流电网企业水平，但与新加坡、日本东京等世界领先水平电网企业差距较大。

二、工作方法

在可靠性管理领域中引入PDCA循环管理理念（Plan策划—Do执行—Check检查—Action改进），通过寻找差距、分区规划、制定方案、系统推进、持续改进五个工作环节实现可靠性全过程闭环管理，可靠性工作标准体系见图12-4。

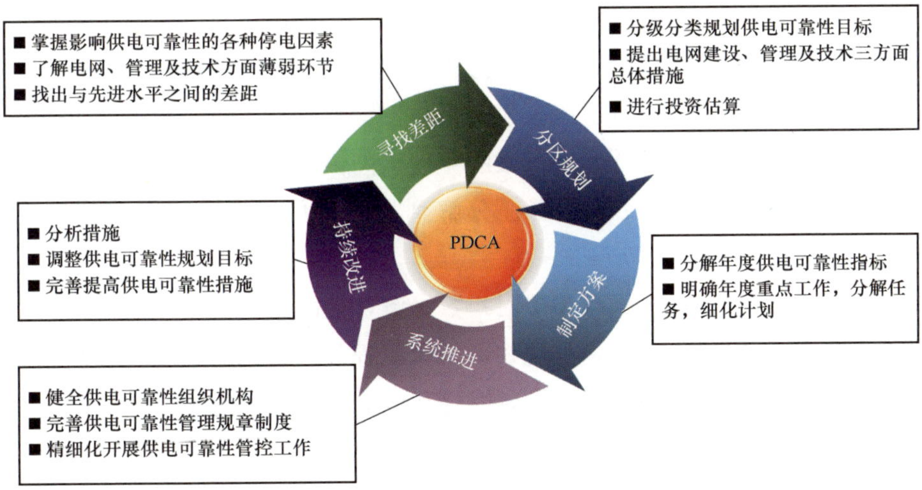

图12-4 可靠性工作标准体系图

1. 寻找差距

通过现状分析掌握影响供电可靠性各种停电因素以及相关管理、技术方面的薄弱环节；通过与先进企业对标，找出与先进水平之间的差距；学习先进企业在电网规划及建设、管理和技术等方面的先进做法。

寻找差距首先分析可靠性指标、电网结构、可靠性管理和可靠性技术四个方面的关键指标，并对照国内外可靠性先进水平，从中找出指标、电网、管理和技术方面的差距，为可靠性管理策略的制定提供决策依据。

在现状分析的基础上，从可靠性指标、电网结构、可靠性管理和可靠性技术四个方面进行对标。指标对标包括 RS－1、RS－3、AIHC－1 和 AIHC－3 等关键指标；电网结构对标包括容载比和可转供率等关键指标。停电管理对标涉及综合停电管理、转供电管理、作业时间标准、设备巡视维护管理和故障抢修管理。可靠性技术对标涉及故障查找和抢修技术、在线检测/带电作业检测技术、状态检修技术、配电自动化技术和带电作业技术等。[注：RS－1 为供电可靠率；RS－3 为供电可靠率（不计系统电源不足）；AIHC－1 为用户平均停电时间；AIHC－3 为用户平均停电时间（不计系统电源不足）]

2. 分区规划

综合考虑城市（地区）功能定位、社会经济发展需求、城市规划、电网规划以及供电企业电网、管理和技术水平现状，确定供电分区，制定分区规划目标，并对各分区进行可靠性规划。可靠性分区规划的主要任务和难点是制定和优化可靠性提升措施，并根据供电企业现状可靠性水平，提出合理的应用原则和策略组合。因此措施策略是可靠性工作的核心。

3. 制定方案

承接分区规划内容，以分区规划的思想编制可靠性规划，根据供电可靠性规划目标，制定年度供电可靠性指标分解方案，明确年度提高供电可靠性重点工作任务，并细化工作推进计划。以核心指标为目标，以过程指标为管控手段，通过精细管控可靠性指标和各项过程指标，全面系统推进提高供电可靠性综合管理工作。根据供电可靠性规划目标，制定年度供电可靠性指标分解方案和年度提高供电可靠性工作方案，指标分解将时户数指标、关键过程指标及预控责任分解到相关部门，以明确任务、责任并加强考核。

停电时户数分解包括停电类型停电时户数分解，如故障停电时户数，预安排停电时户数；相关部门停电时户数分解，如规划部门、工程部门、调度部门和运行部门等。

关键过程指标分解将临时停电率、延时停送电率、重复停电率、计划停电执行率和工作时间标准定额执行合格率等指标分配到相关部门以便考核。

4. 系统推进

健全供电可靠性管理组织机构，完善管理制度及工作流程，建立供电可靠性管理体系，系统推进供电可靠性管理工作，实现供电可靠性的闭环管理和全过程精细化管控。

系统推进首先应健全企业供电可靠性管理体系、制定管理制度及工作流程、严格考核制度及工作流程，以及完善组织保障和制度保障。其次是进行精细管控，精细管控的关键环节包括指标管控和过程管控。以每日快报、每周通报、每月简报的形式实现对关键指标的监控，以可靠性管理年度专题会、可靠性工作网月度例会、工作督导、现场诊断分析会等形式实现可靠性管理的过程管控，以可靠性工作要点、工作质量评价、奖惩实施方案等制度实现可靠性管理的全过程考核。

5. 持续改进

按照 PDCA 循环管理的科学程序，以年度为周期，在开展寻找差距、分区规划、制定方案、系统推进四项工作基础上，分析措施成效，调整供电可靠性规划目标，完善提高措施，实现持续改进供电可靠性管理工作目标。

持续改进是依据成效分析，进行目标调整，并提出改进措施，其中成效分析是关键。成效分析包括指标成效分析和措施成效分析。指标成效分析涉及的关键指标分别为：年度用户平均停电时间指标减少幅度及比例；故障停电平均停电时间减少幅度及比例；预安排停电时间减少幅度及比例；主网原因平均停电时间减少幅度及比例；配网原因平均停电时间减少幅度及比例。

措施成效分析涉及的关键指标包括：电网措施减少的停电时户数；管理措施减少的停电时户数；技术措施减少的停电时户数。

三、 应用案例

1. 客户平均停电时间管理实例

（1）寻找差距。在现状分析的基础上，分别对影响供电可靠性中计划停电时间和故障停电时间的关键影响指标进行对标，发现 13 项影响供电可靠性的关键因子，见图 12－5。

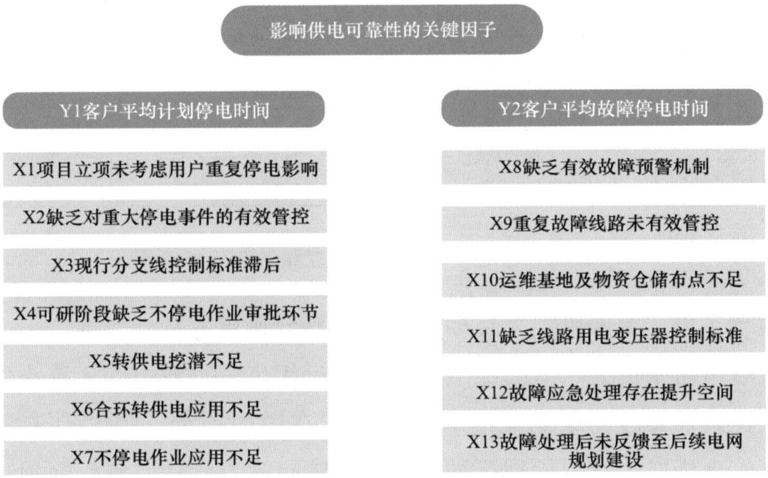

图 12－5　影响供电可靠性的关键因子

（2）制定方案。针对影响客户停电时间主要因素，以问题为抓手、以目标为导向，按照“抓责任传递、抓突出问题、抓措施落实”的总体思路，以“追求零停电”为目标，制定供电可靠性提升管理措施体系见图 12－6，系统推进可靠性精益管理提升工作。

（3）系统推进。以三个“零”为目标，系统推进客户平均停电时间指标持续提升。

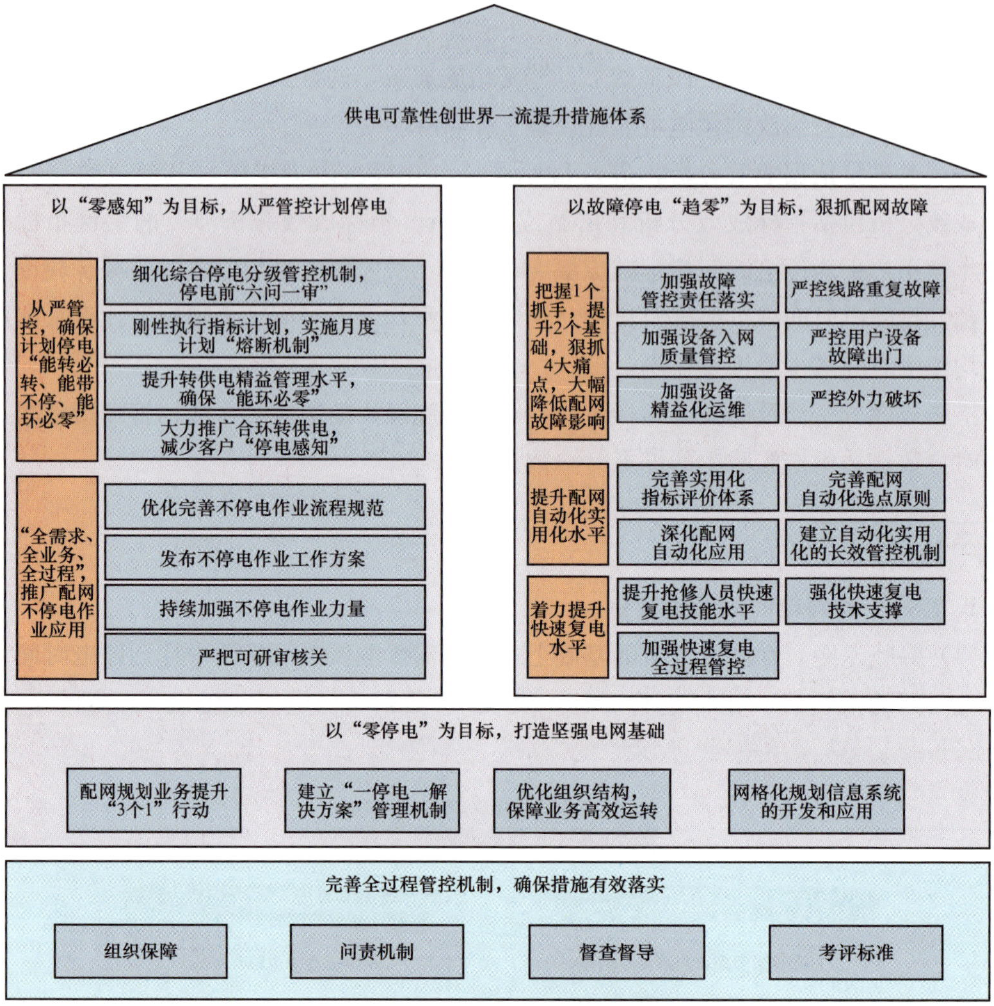

图 12-6 供电可靠性提升管理措施体系示意图

关键举措一：以“零停电”为目标，打造世界一流电网。

世界一流城市需要世界一流的配电网支撑，近年来一直致力于从源头做好供电可靠性管理，不断探索可靠性与规划深度联动，并走在国内前列。以“追求零停电”为目标，以网格化管理为抓手，以规划运维协同为保障，着力优化完善配网规划业务的顶层设计，持续完善主配网网架，将规划理念由电网转向客户、由中压线路、变压器等转向低压配电设施；研究重点提升电网的转供电能力，同时积极提升电网自动化水平，实现负荷转供用户零感知。积极借鉴国际先进经验，结合城市及电网现状，优化规划方法。

关键举措二：以“零感知”为目标，从严管控计划停电。

随着电网投资的不断加大，停电需求不断增多，停电影响越来越大，为了将计划停电对用户的影响降至最低，严格按照“能转必转、能环必零、能带不停”的原则，从严开展计划停电管控。一是细化综合停电分级管控标准，对中压停电影响超过 150 时户，低压超过 3000 时户的停电提级到企业总经理审核。二是成立综合停电管控小组，加强停电方案的审查，停电前“六问一审”（能否转供电、能否不停电作业、能否搭单合并停电、是否重复停电、能否压缩停电时长、是否影响居民用户，综合停电管控小组会审），确保“能转必转”。三是结合生产规律、季节负荷变化，逐条梳理线路转供电窗口，挖掘转供电潜力。主动与大客户做好沟通，保障其正常生产生活用电前提下，商定转供电时间，严格审批由于重过载无法转电的停电申请，确保“能环必零”。四是大力推广合环转供电，减少客户“停电感知”。组建合环转供电专项技术团队，定期开展合环潮流计算培训，根据电网年度运行方式，评估片网是否具备合环运行条件，提前“锁定”可合环线路。五是积极推广配网不停电作业应用。针对中压线路电缆化率全国最高的特点，构建了符合自身特色的不停电作业技术体系，总结出 12 种典型的电缆临时供电作业方法，并通过完善不停电作业流程机制、制定专项不停电工作方案、成立专业带电作业队伍，加大不停电作业在配网项目中的应用，确保“逢停必审”“能带不停”，提升对可靠性的支撑力度。

关键举措三：以故障停电“趋零”为目标，狠抓配网故障。

在配网故障管控方面，把握“1 个抓手”，提升“2 个基础”，狠抓“4 大痛点”，并依托配网自动化、不停电作业等先进技术，缩短故障停电对用户影响，大幅降低配网故障影响。

把握“1 个抓手”：以配网故障次数为抓手，制定了降低配网设备故障率工作方案和大幅降低配网故障次数工作方案；编制了配网中压线路设备主人清单和低压台区设备主人清单；建立了配网故障分析专家团队，每周召开配网故障专题分析会，深挖管理问题；进一步加强故障现场实时信息跟踪；严格管控故障到位、隔离复电等时间。

提升“2 个基础”：以提升设备和运维基础为目标，编制了配网设备风险评级及重点运维策略，以规划网格为基础，推进配网设备网格化、差异化运维；推广实施 LCC 采购，提升增量设备采购质量；推进配网电缆附件制作人员持证上岗，健全电缆附件制作资质及质量全过程管控机制。

狠抓“4 大痛点”：狠抓重复故障、设备家族性缺陷、外力破坏及用户故障出门四大痛点。一是加大投资推动重复故障线路“一线一策”整治措施落实，并按照“五个到位”原则（设备到位、检查到位、分析到位、措施到位、整改到位）全面梳理整改情况，重复故障线路同比大幅下降。二是针对存在家族性缺陷的环网柜开展专项局放测试及消缺，并积极通过不停电作业完成架空线残旧刀闸、避雷器、绝缘子专项整治。三是制定了防外力破坏管控工作指引及典型案例，同时强化了与水务、燃气、地铁等单位联动，深化地下管线联盟合作，做好野蛮施工破坏的预防。四是严防用户设备故障出门，按“公用侧设防为主，用户侧管控为辅，增量简单适用配置，存量逐步改造调整”原则，制定断路器配置策略；梳理用户设备运行工况，建立用户设备黑点档案 485 份，并纳入配网问题库；全面梳理用户分界断路器安装情况，专项整改熔丝不匹配、定值整定不合理等问题，并积极联合政府做好用电安全检查。

持续提升配网自动化实用化水平。完善了实用化指标评价体系，提出有效覆盖率指标，进一步推动优化自动化建设策略；以自愈为目的修编配网自动化选点原则，并在规划方面适当超前，深化配网自动化应用；积极通过遥控合环转电等推进调度对遥控功能的应用，利用自动化告警信号等判断故障位置，缩短查障时间，推进自动故障定位功能的应用，配网自动化覆盖线路故障平均复电时间仅 4.6min。

提升快速复电水平。编制了快速复电指引手册，规范了故障处理方法，积极应用不停电作业技术等手段先复电后抢修，规范出线开关试送机制，提高故障查找速度，强化快速复电技术支撑；细化全过程时间监控，明确管控目标值，优化抢修复电监控功能，实现全过程可视化。

（4）持续改进。为确保措施落地，实现持续改进，制定客户平均停电时间工作质量评价标准，加强过程指标评价考核，建立督查机制重点督查客户平均停电时间提升措施落实推进情况。

2. 计划停电管控实例

随着电网投资的不断加大，停电需求不断增多，停电影响越来越大，为了将计划停电对用户的影响降至最低，严格按照“能转必转、能环必零、能带不停”的原则，从严开展计划停电管控。

（1）寻找差距。通过现状分析掌握影响计划停电的各种因素以及相关管理、技术方面的薄弱环节，通过先进对标，找出与先进水平之间的差距，学习先进企业在计划停电管控方面的先进做法。

首先，定义计划停电管理方面的关键指标，涉及综合停电管理、转供电管理、作业时间标准等方面。

其次，对照国内先进水平，从中找出指标、电网、管理和技术方面的差距，为提升策略的制定提供决策依据。

（2）制定方案。根据计划停电管理目标，制定年度指标分解方案和年度工作方案。指标分解时将关键指标及预控责任分解到相关部门，以明确任务、责任并加强考核。

计划停电提升方案主要包含细化综合停电分级管控标准、成立综合停电管控小组、挖掘转供电潜力及推广合环转供电共 4 个方面。

（3）系统推进。健全管理组织机构，完善计划停电管控制度及工作流程，建立管理体系，系统推进计划停电管理工作，实现计划停电的闭环管理和全过程精细化管控。

一是细化综合停电分级管控标准，对中压停电影响超过 150 时户，低压超过 3000 时户的停电提级到企业总经理审核。

二是成立综合停电管控小组，加强停电方案的审查，停电前“六问一审”（能否转供电、能否不停电作业、能否搭单合并停电、是否重复停电、能否压缩停电时长、是否影响居民用户，综合停电管控小组会审），确保“能转必转”。

三是结合生产规律、季节负荷变化，逐条梳理线路转供电窗口，挖掘转供电潜力。主动与大客户做好沟通，保障其正常生产生活用电前提下，商定转供电时间，严格审批由于重过载无法转电的停电申请，确保“能环必零”。

四是大力推广合环转供电，减少客户“停电感知”。五是积极推广配网不停电作业应用。针对深圳电缆化率全国最高的特点，构建了具有自身特色的不停电作业技术体系，总结出 12 种典型的电缆临时供电作业方法，并通过完善不停电作业流程机制、制定专项不停电工作方案、成立专业带电作业队伍，加大不停电作业在配网项目中的应用，确保“逢停必审”“能带不停”，提升对可靠性的支撑力度。

（4）持续改进。持续改进是依据成效分析，进行目标调整，并提出改进措施，其中成效分析是关键。2018 年电网计划停电管理关键指标成效分析如下：

计划停电实际转供电率达 85.1％，同比增加 14 个百分点。2018 年，在计划停电同比增加 20％的情况下，停电影响同比下降 80％，保持在每月平均计划停电 1 分钟左右的水平。全年开展合环转供电 2082 次，同比增加 276％；不停电作业 15700 次，同比增加 4.55 倍，仅不停电作业一项，减少了客户平均停电时间 5.3h。

四、 实施成效

随着供电可靠性全过程闭环管控体系及配套措施的落地，该电网企业供电可靠性管理有了全面、持续的提升。2018 年，该电网企业客户平均停电时间为 0.68h，同比下降 73.9％。同时，建成了高可靠性示范区，客户平均停电时间为 1.93min，供电可靠率达 99.9996％，达到世界顶尖水平。

CHAPTER 13

第十三章 投资管理

第一节 投资全过程管控

一、概述

2015年3月15日，中共中央、国务院出台了《关于进一步深化电力体制改革的若干意见》（中发〔2015〕9号），揭开了新一轮电力体制改革的序幕。作为新一轮电力体制改革的核心内容之一，输配电价改革也随着《输配电定价成本监审办法（试行）》（发改价格〔2015〕1347号）、《省级电网输配电价定价办法（试行）》（发改价格〔2016〕2711号）和《区域电网输电价格定价办法（试行）》《跨省跨区专项工程输电价格定价办法（试行）》、《关于制定地方电网和增量配电网配电价格的指导意见》（发改价格规〔2017〕2269号）的相继颁布而率先落地。输配电价改革将深刻影响电网企业的固定资产投资管控模式，因此，电网企业应推行投资项目全过程管控，把控投资规模节奏，提升有效资产转化率，提高投资效益。

二、工作方法

按主网基建、配网基建、小型基建、生产技改、营销技改、科技和信息化等专业划分，根据现行管理模式和可支撑的基础数据，设计形成一套可持续改进的事前预警、事中控制、事后改善的全过程管控体系工具。

（1）年度新增项目，在完成可研等前期手续并纳入投资项目储备库后，可根据项目实施紧迫性及实施条件，开展项目投资优选工作。

（2）为保证进入投资计划的项目，均衡开展项目实施，需要从项目储备、计划下达、建设时序三个方面进行管控。

（3）重点关注开工、投产、结算、增资四个环节的完成情况，分专业设立了关键计划节点管控表，开展月度跟踪。共分为主网基建、配网基建、小型基建、生产技改、营销技改、科技和信息化专业类别，基于各专业项目特点，设定里程碑关键节点，在计划下达环节为所有关键节点排定计划完成时间，形成关键计划节点管控表。基于企业关注重点，选取开工、投产、结算、增资四个环节，做月度跟踪通报。

（4）逐月发布固定资产投资全过程管控工作月报，分析数据、暴露问题。以《固定资产投资全过程管控工作月报》为载体，分析各领域各环节较排定计划完成时间的实际完成情况，分类梳理滞后项目，暴露薄弱环节，为后续深层挖掘分析背后的原因提供数据支撑。

(5) 不定期召开固定资产投资全过程管控会议，提级协调重点难点问题。定期整理项目推进中发现的各薄弱环节，组织相关专业分析滞后的具体原因，协调相关职能部门在会上进行推演，积极应对管理协同等方面的问题。

(6) 按照“强化投资全过程管控，提升资产效益”的总体思路，为刚性执行项目增资转固要求，承接资产绩效指标体系，提升项目增资转固水平，编制并印发了《提升增资转固水平工作方案》，对增资转固流程进行分析，深入挖掘影响增资转固效率的主要原因，制定针对性改善措施，明确责任部门和完成时限，并制定指标考核方案。

经多轮调整优化和实践检验，将成熟的可常态化开展的管理要求在制度文件中予以固化。

三、应用案例

(一) 项目优选

年度新增项目，在完成可研等前期手续并纳入投资项目储备库后，可根据项目实施紧迫性及实施条件，开展项目投资优选工作，具体如下：

(1) 判断项目是否属于“投资负面清单”。“投资负面清单”包含禁止类条款和特别监管类条款，禁止类条款项目不允许投资、特别监管类条款项目可按照项目决策权限履行完决策程序，列入投资计划实施前，按权责将项目资料报送上一级单位审核把关。

(2) 按照“年度投资策略”对项目进行分类。年度固定资产投资策略主要包括年度固定资产总体投资策略及年度固定资产专业投资策略。其中，年度固定资产总体投资策略明确了投资安排总体原则；年度固定资产专业投资策略以解决存在问题为导向，按紧迫程度将投资项目分为一、二、三、四、五类，明确各类投资项目的准入原则和优选顺序。

固定资产投资年度计划编制时，需依据项目解决目的，结合年度固定资产专业投资策略对所有新增的年度项目进行分类，并汇总形成各专业投资计划项目策略分类明细表，项目优选汇总表见表 13-1。

表 13-1 项目优选汇总表

单位	分类（亿元）	电网基建		小型基建		技改项目		科技项目		信息化项目	
		项目总投资	年度需求	项目总投资	年度需求	项目总投资	年度需求	项目总投资	年度需求	项目总投资	年度需求
供电局	一类										
	二类										
	三类										

续表

单位	分类（亿元）	电网基建		小型基建		技改项目		科技项目		信息化项目	
		项目总投资	年度需求	项目总投资	年度需求	项目总投资	年度需求	项目总投资	年度需求	项目总投资	年度需求
供电局	四类										
	五类										
	合计										

（3）按照“投资储备库出库条件”对项目进一步核查。结合各专业固定资产投资储备库出库条件，对拟新增的年度项目，开展进一步核查项目可实施性、项目紧迫性等。不具备可实施性或是项目其他方面不满足要求的均不可出库，不得纳入年度投资计划建议。

（4）根据“项目优选评分模型”评分结果进一步管控投资规模。在项目可研时，需依据“项目优选评分模型”对项目进行评分，并在可研批复时，将评分信息同步录入投资计划系统。在固定资产投资年度计划编制过程中，存在投资需求规模不断调整优化的情况。当出现个别专业投资需求大于投资规模的情况时，可应用“项目优选评分模型”评分结果，对投资策略分类归为同一类的项目进行更深层级的项目优选，确保优化后投资需求与投资规模相匹配。

（二）投资项目均衡化实施

为保证进入投资计划的项目，均衡开展项目实施，需要从项目储备、计划下达、建设时序三个方面进行管控，具体如下：

（1）项目储备均衡安排。结合年度投资策略及各专业问题库，按季度均衡安排各专业固定资产投资项目储备工作计划，并设立投资项目储备库目标库存量达标率，用于定期管控各专业固定资产投资项目储备完成情况，确保在年度固定资产投资计划编制或投资计划预下达编制时，有足够的符合条件的项目，用以满足计划编制需求。

（2）计划下达均衡安排。在常规年度计划编制一年两次的基础上，进一步完善年度投资计划预下达机制，建立“班车制”年度投资计划预下达模式，并设置“常规班次”和“紧急班次”两种流程，“常规班次”原则上一年四次，主要用于满足常态开展储备的规划项目，“紧急班次”随到随走，主要用于政府或上级部门要求等突发情况产生的特殊项目。通过多形式、多批次的计划下达管理模式，确保项目计划下达均衡性，为后续项目均衡实施提供保障。

（3）建设时序均衡安排。严格按照项目里程碑计划安排投资，均衡项目投产时间，避免项目扎堆投产，相互争抢招标、设计、施工、停电等资源。细化类别，明确提出投产时间的要求。以生产技改为例，纯购置类项目，要求在 10 个月内完成；非停电类项目，原则上不安排在年底投产；防风加固类，安排在 6 月底前投产；频繁停电项目，安排在 4 月底前投产。避免项目扎堆在年底投产、结算。

（三） 项目关键节点设定

根据投资专业建设特点及管控要点不同，针对每类投资项目设置 6～18 个管控关键节点，各专业投资项目关键节点设置情况见表 13－2。

表 13－2　各专业投资项目关键节点设置情况

专业类别	关键节点数量	关　键　节　点
主网项目	18	可行性研究批复时间、项目核准时间、首次列入投资计划时间、设计招标完成时间、初步设计批复时间、主设备申购完成时间、主设备合同签订完成时间、施工招标完成时间、三通一平完成时间、工程开工时间、土建工程完成时间、电气工程完成时间、线路完工时间、启动验收完成时间、竣工总结算完成时间、决算批复完成时间、转资完成时间、变电站房产证办理完成时间
配网项目	9	可研批复时间、计划下达时间、施工图及预算时间、监理施工招标完成时间、工程开工时间、工程投运时间、竣工结算时间、决算批复完成时间、转固完成时间
生产、营销、其他技改项目	8	计划下达时间、施工图完成时间、物资到货时间、施工合同签订时间、开工时间、投产时间、结算时间、正式转固时间
科技项目	10	计划下达时间、开题完成时间、外委单位确定时间、合同签订完成时间、关键技术难点研发完成时间、中期评审完成时间、成果应用完成时间、验收完成时间、结算时间、正式转固时间
信息化项目	6	计划下达时间、招投标完成时间、初设完成时间、终检完成时间、结算时间、正式转固时间

（四） 项目计划协同

1. 存在问题

各类计划相对独立，缺少信息共享，系统对项目全过程进度管控缺乏有效的支撑。具体包括：投资完成情况、物资到货计划、验收计划与项目进度计划缺少协同联动；项目进度计划与停电计划缺少协同联动。项目计划管理业务图见图 13－1。

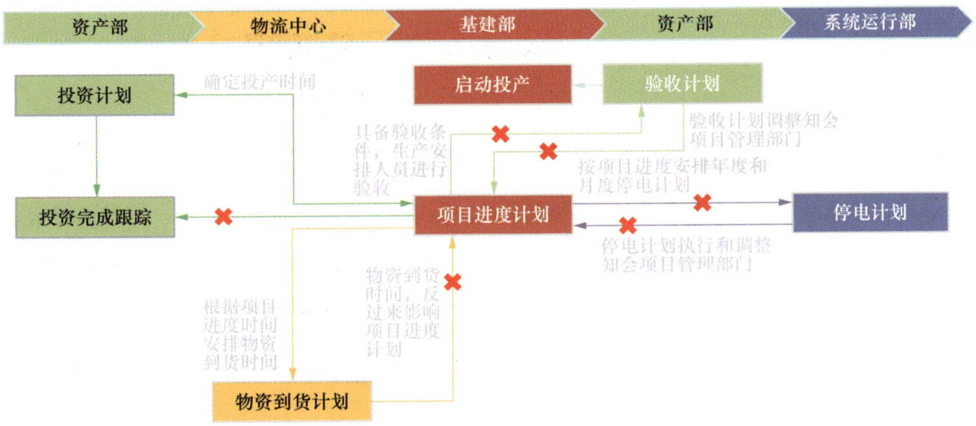

图 13－1　项目计划管理业务图

2. 解决方案

围绕项目进度计划为核心，打通项目系统与物资、生产、投资、财务等系统的接口，在系统实现项目实施相关工作计划及数据的共享及横向协同。在系统实现项目实施相关工作计划及数据的共享见图 13－2。

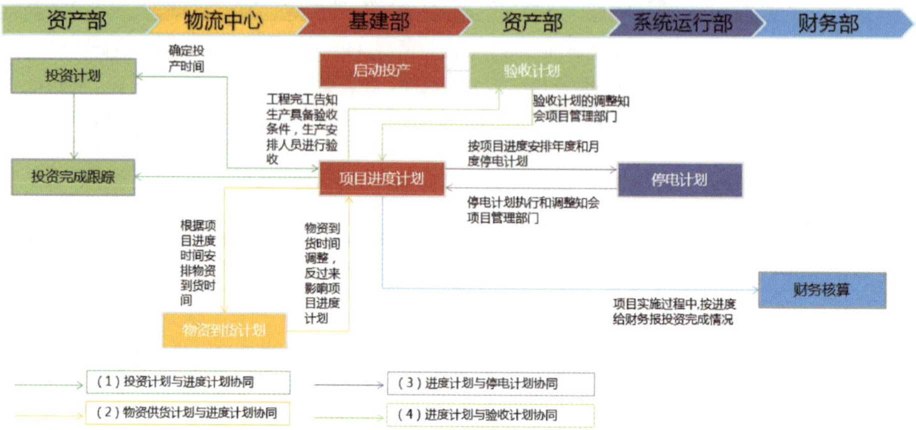

图 13－2　在系统实现项目实施相关工作计划及数据的共享

（五）决算转资

1. 存在问题

（1）业务运转困难：系统间数据流转业务量大，且资产与财务系统接口不畅。

（2）部分业务线外流转：资产购置价值等决算所需数据需要线下收集整理，容易出现错误；前期费用、其他费用等项目成本数据未纳入资产系统管理，无法支撑项目结算。

（3）流程串行耗时长：退料、审价、结算、决算、审计串行开展，环环相扣，审批节点多，耗时长。决算转资流程见图 13－3。

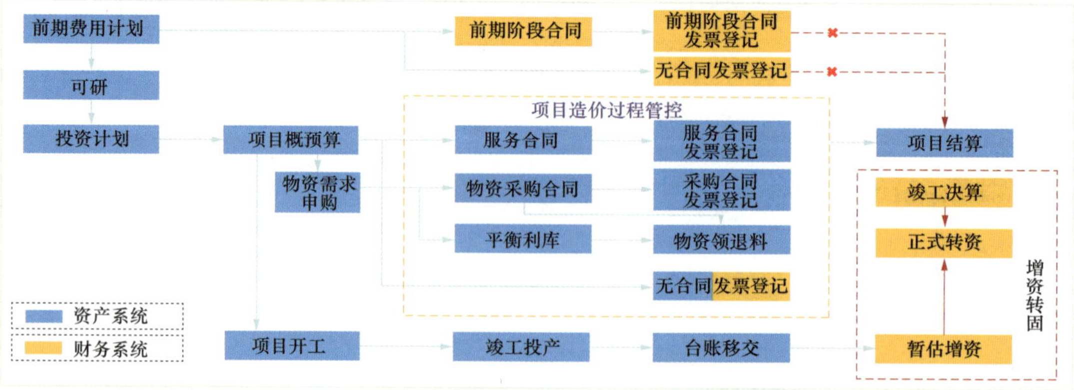

图 13－3　决算转资流程

2. 解决方案

优化资产系统、财务系统接口，项目完成后在资产系统发起付款申请和转资，实现除主体设备购置费外的其他费用（设计、监理、施工、材料、建筑等）一键分摊，提高转资效率，保障项目决算工作及时完成。决算转资优化解决方案见图13-4。

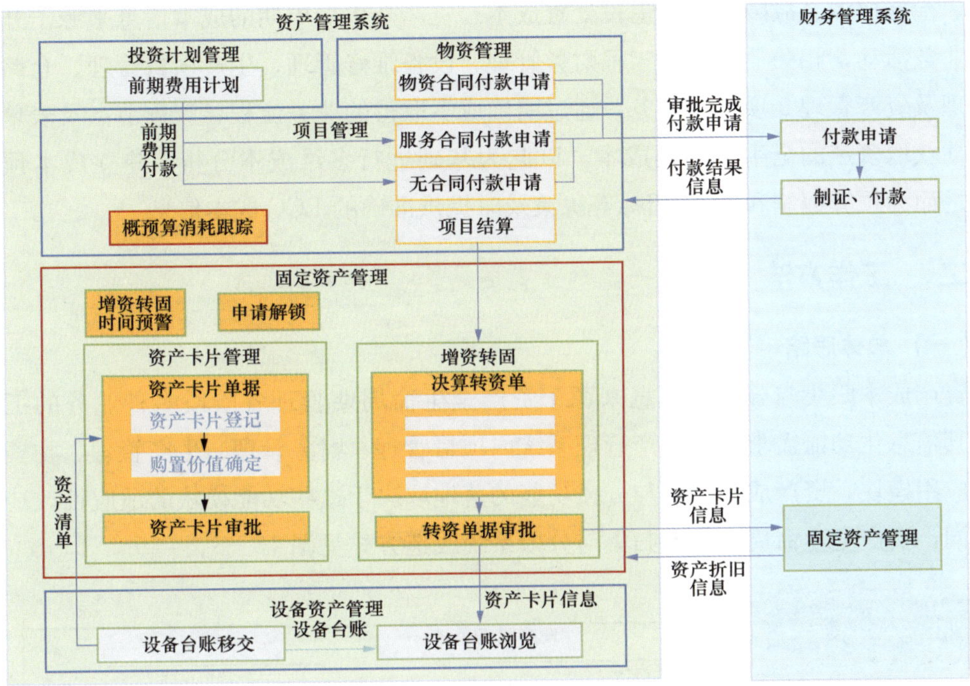

图13-4 决算转资优化解决方案

四、实施成效

以“增加定价有效资产”为核心，按照“全面清理、不留死角；全过程管控、促进有效资产形成；完善制度、建立长效机制”的思路，不断强化固定资产投资全过程管控工作要求，明确管控节点从计划下达起，一直延伸到转固环节。近年来，固定资产投资全过程管控工作要求全面推行，覆盖8个投资领域，共7千余项目，纳入的管控的全过程关键节点7万余条。通过实施全过程管控实现了固定资产投资项目的闭环管控，促进管制类固定资产投资年度投资完成率同比大幅提升，管控效果显著，为电网企业电力体制改革实施及投资规划落地提供了有力的投资保障，同时确保了投资有效性，结算及时率、增资及时率明显提高。结算及时率同比提升38个百分点；增资及时率同比提升65个百分点。

第二节 全生命周期成本归集

一、概述

根据资产全生命周期管理的阶段，LCC 模型将资产成本分为初始投资成本、运行成本、检修成本、故障成本和退役处置成本。资产全生命周期的成本信息来源于开展的各个业务活动，相关业务包括工程财务管理、设备维修管理、生产项目管理、仓储与配送管理及资产管理 5 项一级业务，通过明确成本取得的业务流程、流程节点及表单，系统自动获取资产的全生命周期成本，以此为基础进行多维成本分析，建立成本预测模型，进而为预算编制和 LCC 招标等决策及时提供准确的 LCC 成本信息。

二、工作方法

（一）总体思路

资产成本归集与分摊的信息来源于资产全生命周期管理各阶段多种业务的工作执行，其信息化功能需求覆盖资产管理系统内项目管理、财务管理、生产管理、物资管理多个应用模块，资产成本归集与分摊功能的落地取决于这些功能模块的适应性改造和密切协同，资产全生命周期成本归集与分摊系统改造方式见图 13-5。

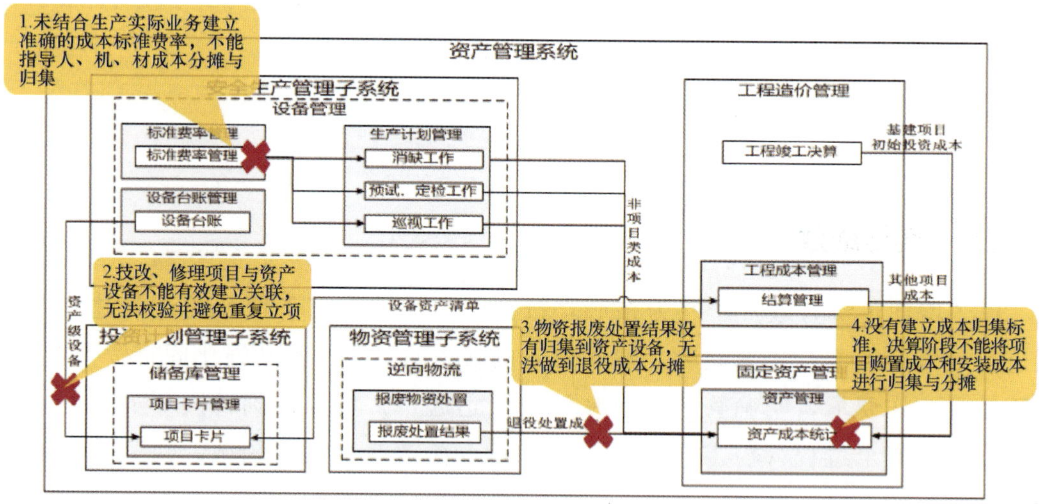

图 13-5 资产全生命周期成本归集与分摊系统改造方式

（二）资产全生命周期成本归集项

根据资产全生命周期管理的阶段，将资产成本分为初始投资成本、运行成本、检修成本、故障成本和退役处置成本。根据实际业务情况，增加了技改成本，归集资产因发生技改但未更换情况下的成本；将运行成本、检修成本归纳分为日常检修成本，并细分为大修、日常维护、定检、消缺、巡视，相关数据通过关联项目或工单取得。同时，在资产全生命周期成本页面关联固定资产卡片价值信息。

（三）生产项目成本分摊与归集方式

在项目立项和项目结算时均可以关联资产级设备并自动生成设备资产清单，生产项目的分摊与归集工作放在项目结算时进行，结算时首先将项目原有的资产级设备调整准确，再把项目成本以资产原值比例分摊到项目设备资产清单中。系统自动从项目中取得设备资产清单里的设备资产编码及其原值，生产项目成本分摊与归集方式见图 13－6。资产成本归集项见表 13－3。

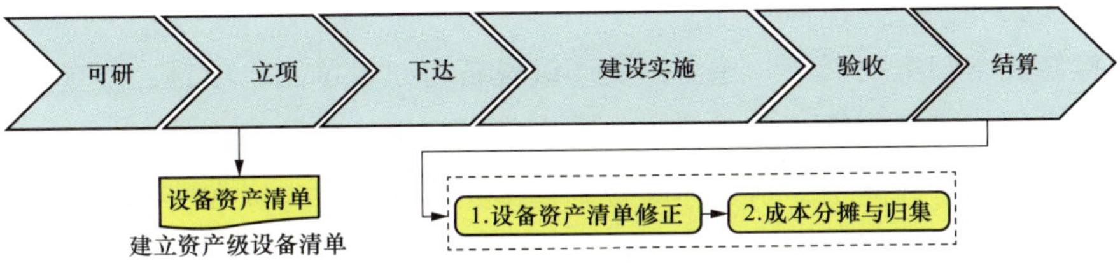

图 13－6　生产项目成本分摊与归集方式

表 13－3　资产成本归集项

资产成本归集项			取值说明
初始投资成本			来源于初始固定资产卡片原值
技改成本	技改原值		来源于技改固定资产原值增加
日常检修成本	项目类	大修	项目结算金额（立项时必须勾选资产级设备，通过该设备能够关联相关项目信息，结算时按资产原值比例分摊）
		日常维护	立项时必须勾选设备，通过该设备能够关联相关项目信息，结算时可以对资产级设备进行调整，结算金额按资产原值比例分摊至设备
	非项目类	定检	通过工单关联资产级设备，输入人、机、材，系统自动按标准分摊
		消缺	通过工单关联资产级设备，输入人、机、材，系统自动按标准分摊
		巡视	通过工单关联资产级设备（可以按类别勾选资产级设备），输入人、机、材，系统自动按标准分摊 成本分摊频率设定为 1 年
故障检修成本	设备抢修成本		项目结算金额（立项时勾选资产级设备，结算时按资产原值比例分摊）
退役处置成本	标准拍卖价格		物流中心的标准拍卖价格（成本抵减项）
卡片价值信息	原值		来源于固定资产卡片
	累计折旧		
	净值		

（四）非项目类工单标准费率管理

非项目类成本通过工单关联资产级设备，按标准费率和实际工时分摊成本。在完成人工标准费率、材料标准费率和机械台班标准费率测算后，在系统内录入人工、材料和机械台班标准费率。

三、实施成效

建立LCC资产全生命周期成本分摊与归集模型。建立了LCC资产全生命周期成本分摊与归集模型，并以此为基础进行多维分析，为预算编制和设备评标等决策及时提供准确的LCC成本信息。

实现检修成本归集到资产。建立以资产级设备为归集单元，项目、工单为载体的检修成本归集机制，通过检修业务活动收集资产成本归集信息。

建立标准费率管理体系。制定标准费率，按照实际工时与标准费率归集人、机、材成本，简化检修成本归集工作，适时修订标准费率。

规避了生产项目重复立项。实现资产设备与生产项目、生产计划的强制关联，为成本分摊与归集奠定信息基础，有效规避了生产项目重复立项。

支持资产与资源的优化配置决策。横向打通资产价值流，深挖全生命周期各阶段产生的成本，实现设备资产成本精细管理，支持资产成本多维度追溯、分析、预测。

CHAPTER 14

第十四章 资产采购与供应

第一节 基于设备全生命周期成本（LCC）的招标采购

一、概述

根据设备的实际运行情况，发现近年来部分新投产设备故障率呈升高趋势，增加了电网运行风险，主流设备供应商普遍反映市场竞争激烈，为取得竞争优势，只能不断控制成本，导致设备质量随之下降。为了营造良好的竞争环境，在采购上需要探索一套更加科学合理的招标方法，不仅关注当前投标价格，同时关注产品后续成本支出，实现设备全生命周期总成本最少。

经与国际同行对标交流，在采购策略上普遍注重资产生命周期各阶段所发生的总成本，实施全生命周期成本（LCC）管理，通过建立基于 IEC 60300－3－3 标准的 LCC 评价模型，充分评估设备的 LCC，支持供应商选择及采购决策等。

正如帕莱托曲线所指出的那样，在产品的概念设计阶段，可以确定这个方案 70％的 LCC；到系统设计阶段结束时，可以确定整个方案 85％的 LCC；在最后的制造设计阶段，95％的 LCC 已经确定，而运维阶段的活动对 LCC 的影响仅仅只占 1％。这就是说，虽然通常在设计研制阶段实际消耗的费用只占总费用的小部分，运维费用在 LCC 中所占比例最大，但是产品的 LCC 实际上是在论证、研制阶段就已经确定了的，到了生产阶段，降低 LCC 的余地已经很小了；而到了运维阶段，系统的构型和性能都已确定，降低 LCC 的余地就更小了。因此，必须构建以资产全寿命周期成本为量化分析基础的采购模型，即在设备的采购阶段就要考虑全生命周期成本，帕莱托曲线见图 14－1。

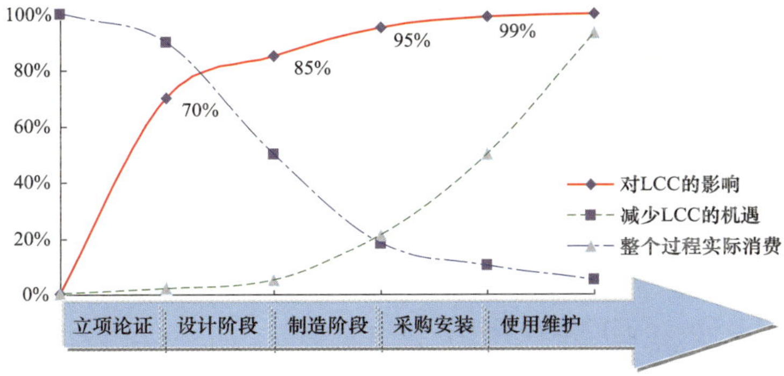

图 14－1 帕莱托曲线

二、 工作方法

研究建立 LCC 计算模型，在招标时要求供应商提供 LCC 计算相关的数据，迭加发生在招标方的成本，计算各供应商产品的 LCC。设备 LCC 主要包括初始投入成本、运行成本、维护成本、故障成本及废弃成本五个环节。根据五个环节构建 LCC 基本计算模型，即

$$LCC=CI+CO+CM+CF+CD$$

式中 CI——初次投入费用；CI＝设备的购置费＋业主方安装费调试费＋业主方运输费；设备的购置费为招标价格经技术和供货范围调整后的价格，业主安装调试费与运输费均根据工程概预算确定，在设备的购置费中，将考虑设备主要性能指标差异对设备价值的影响；

CO——运行费用；CO＝每年设备能耗费用＋每年日常巡检费用；

设备能耗费用＝设备本体能耗费用＋辅助设备能耗费用；

设备本体能耗费用＝设备本体损耗功率×年运行小时×成本电价；

辅助设备（如风扇等）能耗费用＝设备辅助设备总功率×年运行小时×成本电价；

每年日常巡视检查费用＝每年巡视工日数×巡视工日平均工资；

上式中的巡视工日数与平均工资值均取自设计概算。

CM——检修维护费用；CM＝大修费用＋小修费用；

大修费用＝供货方设备材料费用＋供货方服务费＋业主方设备材料费＋业主方人工数×工资；

小修费用＝供货方设备材料费用＋供货方服务费＋业主方设备材料费＋业主方人工数×工资；

大修或小修发生的年限，按投标方提供数据处理，但若投标方提供检修间隔与企业业主方相关规定有冲突，则统一按照业主方有关规定执行。

CF——故障费用；CF＝故障检修费＋故障损失费；

故障检修费＝故障发生概率×现场抢修费用＋故障发生概率×返厂修理费用；

现场抢修费用＝供货方设备材料费＋供货方服务费＋业主方设备材料费＋业主方人工费（包括另请的第三方费用）；

返厂修理费用＝设备修复及工厂试验费用＋土建破坏后修复费用＋设备起吊及运输费＋业主方见证验收费用；

为简化计算，故障损失费用统一只考虑停电损失费。故障损失费用＝停电损失费用；

停电损失费用＝故障发生概率×停电损失负荷×停电时间×供电利润；

上式中，故障概率根据投标书提供的数据经采信度分析确定，必要时采用行业统计数据。停电损失负荷为额定容量乘平均负荷率，停电时间按各制造商统计数据或行业统计平均值计算，供电利润取业主方法上年度实际供电利润。

CD——退役处置费用；CD＝设备退役时的残值＋拆除费用；

拆除费用＝0.468×安装费；

上述计算中，设备残值按近期实际回收价格确定，按负值计入。拆除费用按概算确定。

在实际应用中，为了提高可操作性，经常对 LCC 进行简化计算，通过忽略相同成本的计算，提高 LCC 计算的效率。

三、 应用案例

在借鉴国际有关理论，以及相关试点实践经验的基础上，完成了 LCC 招标方法的研究，并以 220kV 主变压器为例编制了 LCC 招标文件及评标方法，并经过行业内专家多轮评审及修改完善。选择了 220kV 主变压器招标进行了试点。在总结主变压器 LCC 招标试点经验基础上，进一步优化 LCC 招标方法，选择 110kV 电缆附件进行了试点；并持续优化 LCC 采购方法，提升可操作性，将试点范围扩大至 10kV 配电变压器、开关箱及环网柜。

1. 220kV 主变压器 LCC 招标试点情况

招标方案。招标整体上按照有关制度执行，主要结合试点的需求调整了评标流程，评标方法增加 LCC 评估计算的内容，原商务、技术评价的方法不变。评标主要分两个环节，第一环节进行商务、技术、供应商现场（文件）评价及供应商履约评价评选，权重分别为商务标 20%，技术标 70%，供应商现场（文件）评价 5%，供应商履约评价 5%；总分排名前 5 名的供应商进入第二环节，第二环节进行 LCC 评比，LCC 最低者中标。LCC 招标流程见图 14-2。

流程总体按照企业招标管理要求，主要不同点如下：

1）在 LCC 招标制度化实施前，为保障工作有序实施，需成立专项招标小组。

2）招标文件中增加了 LCC 条款，同时对商务及技术条款根据 LCC 管控理念做相应调整，如在商务标书的合同中增加 LCC 验证及对应惩罚条款，在技术标书中增加经

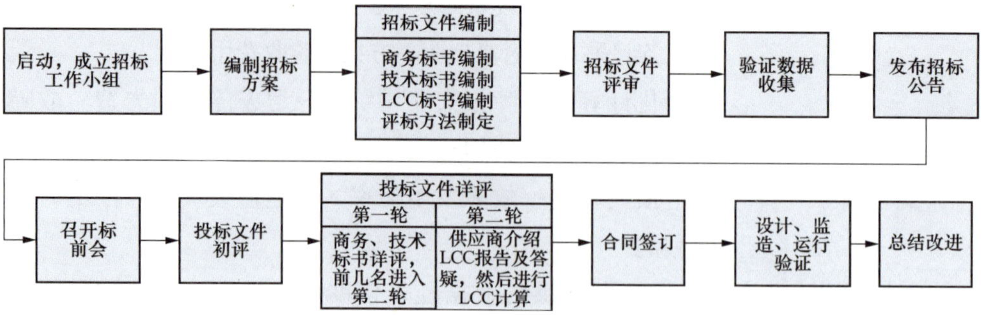

图 14-2 LCC 招标流程

实践证明能降低 LCC 的条款，如端子箱等不锈钢件提高镍含量等要求。

3）在发布招标公告后召开标前会，集中介绍招标要求，让投标方清楚理解 LCC 招标及要求，并进行集中答疑。

4）在评标方法上分为两环节，第一环节进行商务及技术评选，第二环节进行 LCC 评价及计算。

5）在合同签订后，着重进行制造及运行的验证，如发现达不到投标的承诺则予以相应惩罚。

2. 110kV 电缆附件 LCC 采购试点情况

LCC 招标核心方法和 220kV 主变压器基本相同，评标方法进行了调整，主要采用综合评估法，LCC 评价取代经济标，占权重 35%。评标流程分为两个环节。第一环节进行商务、技术评选，总分排名前 3 名的供应商进入第二环节进行 LCC 评比。进入第二环节的投标单位的经济标得分按照 LCC 计算，LCC 以评标小组专家校核值为准，取 LCC 最低值作为基准平均价，LCC 离基准价越高，扣分越多。最后，按照上述技术标、商务标、经济标比例计算投标单位综合得分，综合排名第一的为中标候选人。

3. 10kV 干式及油浸式配电变压器试点情况

LCC 招标核心方法和 220kV 主变压器基本相同，对评标方法进一步简化，采用综合评估法，LCC 评价不再取代经济标，而是独立占权重 10%，从经济标和技术标权重中各划出 5%进行体现，综合得分排名第一的为中标候选人；LCC 的评价内容包含 LCC 分析报告评价、LCC 数据及计算结果评价，LCC 数据及计算结果完全由供应商提供，评标专家只需判断数据及结果的真实性及合理性进行打分，减少评标时需进行复杂的计算。评标流程和企业现行招标流程一致。

2018 年在 2017 年试点基础上进一步完善 LCC 招标条款。根据供应商对 LCC 模型的理解情况，对模型有关说明进行细化；完善 LCC 报告的要求，提供了报告模板，统一各报告的结构，以及明确报告中必须提供的内容；优化 LCC 数据要求，明确属于招标方的数据不需要提供，需要招标方配合费用提供了测算方法，细化报废成本构成，在供应商在 LCC 报告中说明产品中铜及铁的含量等。

四、 实施成效

LCC 采购的必要性认识。采取 LCC 采购主要目的是引导供应商在设备设计制造阶段充分考虑后续的费用，采取有效的技术手段减少用户后续费用支出。在评标上增加此部分的评分，主要弥补供应商因 LCC 管控增加投入引起成本增加导致的经济标劣势。

LCC 采购方法应用的认识。LCC 采购计算通用模型已经比较成熟，已经纳入国际标准，在许多行业均有应用，如铁路系统、石油钻探等行业。通用模型考虑的是普遍适用，在电网设备中应用不宜完全套用，要结合每类设备的实际进行简化，并兼顾理论和实操性。对于技术含量高，后续运行损耗大、故障影响大、运维工作量大的设备可以考虑在评标环节进行完整的 LCC 计算评价，如变压器、GIS 等设备；对于技术要求高，但系统不复杂的设备，只需抓住影响 LCC 的关键点进行管控即可，如电缆附件、电缆线路等设备；对技术含量低，结构简单，产品比较稳定的设备材料则无需进行 LCC 采购，如低压线路、管材类等。

LCC 采购实施的建议。在当前电网企业 LCC 计算基础数据掌握不足，以及熟悉 LCC 计算方法的专家较少的情况下，LCC 采购可先在评标权重中增加 LCC 评价部分内容，占一定权重，主要从现行技术标和经济标中划出一部分进行体现。在设备选择上，可分两步走，第一步对主要设备全部要求供应商提供产品 LCC 报告，设计评分标准，对报告的质量及内容进行打分，主要引导供应商树立 LCC 管控的意识；第二步在主要设备中挑出一些基础数据较好的设备，要求供应商进一步提供设备 LCC 计算数据及结果，并结合企业所掌握的数据进行校核计算，根据各供应商 LCC 优劣情况进行打分。同时着手提升评标系统支撑水平。

第二节　入网资产全过程质量管控

一、 概述

近年来，电网企业结合设备运行情况持续优化提升采购技术标准，在投标响应中，各供应商虽然按标准要求进行了响应，但是在实际交货验收、安装调试及运行维护中仍发现许多标准未得到实质执行，给工程建设及电网安全稳定运行带来了被动局面。因此，为持续强化资产入网质量管控工作，结合资产全生命周期，从入网到安装、运维全过程，采取了技术交底、送样验收、驻厂监造、到货抽检、专项抽检等管控措施，取得了很好的成效。

二、 工作方法

1. 优化品控体制机制

建立以资产管理部门为管理主体，电科院及物流中心为实施主体，各设备运维单位予以支撑的品控体系。该体制打破了生产与物资管理之间的沟通壁垒，实现了管办分离，加强了采购品控与运维的联系，整合了资产全生命周期各阶段资源，实现了让最关心设备质量的人管控质量。

2. 物资全过程质量管控机制

为有效指导资产全过程质量管控工作，制定了管控机制，并每年定期回顾及持续改进。管控机制涵盖采购策略与标准制定、招评标、设计制造、到货及安装、投产及运行、信息系统及品控能力支撑六个方面，主要包括以下内容：

（1）采购策略与标准制定环节：定期优化采购策略，与关键设备供应商建立相对较长的战略合作关系。开展设备品类优化及选型分析工作，对技术更新淘汰、不符合现场使用需求的物资品类进行剔除，进一步减少物资品类型号。持续提升采购技术标准，结合运行、品控及供应商反馈意见，以及国标、行标、企标等的变化情况，关注设备制造原材料、关键零部件及关键工艺。

（2）招评标环节：强化评标专家管理，开展评标专家出勤率、评标质量等方面量化评价。细化技术标评标标准，对关键参数、关键零部件响应情况逐一打分以提高评标的客观性。开展供应商资质能力评估并将结果应用于招评标。

（3）设计制造环节：一是在中标后供货前开展供应商技术交底，对高压柜、配变、环网柜等主要设备，开展批量供货前的送样验收及检测工作，将品控节点前移。二是强化供应商技术规范落实情况的技术监督，提前介入设备设计阶段，减少设计缺陷。三是定期开展物资质量分析，抓住薄弱环节，突出问题导向，持续优化设备监造及抽检策略，完善品控标准。

（4）到货及安装环节：分析现场抽检存在问题，调整问题设备抽检比例，将抽检范围向关键设备原材料、零部件延伸，对重要配电设备开展特殊试验抽查，全面检验产品性能质量。针对问题较多的设备或供应商开展质量专项抽检。规范开展物资到货验收及保管，开展安装调试过程旁站见证，对隐蔽工程、设备电气安装过程及交接试验进行验收，督促供应商对现场安装进行指导把关。开展供应商履约评价及承包商评价。

（5）投产及运行环节：开展投产及运行设备质量问题反馈及分析反馈，加强供应商产品质量问题约谈，严格按照合同条款及处理规定进行处理。推进设备运行评价，将结果应用于评标环节。

（6）信息系统建设及能力提升：建设物资质量管控系统，将设备全过程质量信息及业务流程实现线上流转。坚持自主品控和依托第三方检测、监造机构相结合。充分调动运维单位的工作积极性，将物资质量管控工作纳入其日常工作中。加强对外委检测、监造机构的管理和培训，发挥其在人员、设施设备、质量体系方面的优势。通过技术技能培训、业务交流、问题分析等多种途径提升内部技术人员质量管控水平，打造业务精良的品控队伍。

3. 品控队伍管理

强化电科院品控业务实施管理能力，规范管理专兼职物资品控队伍，合理利用技术、技能专家，设备网工程师及基层单位运维技术人员，组建专家库，为入网设备质量把好关。

加强对第三方监造、检测机构的管理和引导。在竞争性企业中培育核心外委机构，完善计划执行、资质资格、现场管理、档案资料、廉洁防控、人员培训等一系列管理机制。每年对外委机构开展一次履约能力评价，对其实施能力及检测质量效果进行核查。

4. 品控标准库建设

结合采购标准的变化，动态开展品控标准制修订工作，按品类将品控标准与技术规范书进行逐条对比，检验技术标准对技术规范所列技术参数的覆盖情况，对其中的缺失内容进行补充修编；分析各项标准在实际工作中的可执行性，将标准落实到品控各项业务中，对难以执行或无法执行的标准条款进行修编，提高品控标准的完善度及可执行性。

三、 应用案例

1. GIS 设备入网质量管控

某变电站 500kVGIS 刀闸在投运时发生了闪络，造成变电站被迫停止投运。事件发生后，全面梳理了 GIS 入网前各环节存在的漏洞，为解决 GIS 设备投产前交接验收通过率低，验收缺陷多、影响投产等问题，从 GIS 制造、安装环节，采取了一系列管控措施。

（1）强化 GIS 设备监造。开展监造专家队伍培训。结合打造 GIS 自主检修核心能力专项工作，试点与供应商合作培训设备专家。组织了生产人员赴 GIS 设备厂家开展了为期三周的 GIS 设备品控及检修能力培训，取得培训结业证书及供应商授权检修许可证，切实提升企业技术人员设备运维及质量管控水平。

建立监造设备开工审查机制，实施监造前资料审查工作。品控技术中心定期组织监造项目部进行监造前技术资料审查，审查内容包括核对招投标技术文件、技术反措、技术确认书等文件，重点审查设备关键零部件信息、标准图纸。

实施“双见证”监造机制，即委托监造与全过程驻厂自主监造。对于重点工程，分批次安排内部技术人员驻厂开展关键点见证，见证内容包括原材料、外购件、重要零部件、装配及试验等环节。

按照关键点见证策略明细表开展监造工作，全面采用 WHS 质量控制法，采取外委监造、自主关键点见证的方式。监造设备按分级管控的原则开展，以 500kVGIS 为例，共设置关键见证点 87 个，500kV GIS 关键见证点见表 14－1。

表 14－1　　500kV GIS 关键见证点

序号	生　产　工　序		见证点
1	总体信息、产品技术参数、生产内容、技术文件、质量文件审查		W
2	职业健康安全、环境、车间的清洁度		W
3	主要外购零部件	绝缘子（盆式和支撑）	W
4		断路器绝缘拉杆	W
5		隔离开关绝缘部件	W
6		电压互感器	W
7		电流互感器	W
8		避雷器	W
9		空气/SF_6套管	W
10		外壳	W
11		波纹管	W
12		一次母线	W
13		触头带涂层（银钨）	W
14		均压电容器	W
15		灭弧室或灭弧室部件	W
16		气体密度计	W
17		防爆阀	W
18	检查细则	绝缘子（盆式和支撑）	W
19		电压互感器	W
20		避雷器	W
21		空气/SF_6套管	W
22		触头带涂层（银钨）	W
23	储存	储存区域整体情况检查	W
24		储存条件	W
25	组装前准备	车间洁净度记录	W
26		车间湿度控制	W
27		车间温度控制	W
28		文件	W
29		零部件的完整性检查	W
30	清洁作业	部件清洁	W
31		使用的设备	W
32	组装	导体安装	W/S
33		法兰连接	W/S

续表

序号	生产工序		见证点
34	组装	防爆膜	W/S
35		断路器开断系统	W/S
36		隔离接地开关触头装配	W/S
37		电流互感器线圈装配在 GIS 外壳内	W/S
38		装配终检	W/S
39	测试	断路器组装测试	W/S
40		隔离开关安装测试	W/S
41		接地开关安装测试	W/S
42		电流互感器装配测试	W/S
43	试验条件	文件	W
44		健康和安全	W
45		总体组织情况	W
46	断路器机械试验	试验准备	W
47		操作机构的最大输出（或液压操动机构的最大操作压力）下的机械操作	H
48		操作机构的最小输出（或液压操动机构的最小操作压力）下的机械操作	H
49		操作机构的额定输出（或液压操动机构的额定操作压力）下的机械操作	H
50		额定电压下分合闸时间（ms）	H
51		弹簧机构储能时间	H
52		空载行程曲线	H
53		分合线圈测量	H
54		电机电流测量	H
55		设备联锁	H
56	隔离接地开关机械试验	试验仪器校准	W
57		开关机械操作试验	H
58		开关机械特性试验	H
59		接地开关：机械性能	H
60		快速接地开关：机械性能	H
61		设备联锁试验（断路器、隔离接地开关、快速接地开关）	H

续表

序号	生　产　工　序		见证点
62	电气试验	试验设备校准检查	W
63		工频耐压和局放试验系统参数	H
64		主回路耐压试验和局放试验（无间断）	H
65	主回路电阻	试验仪器校准	W
66		注入电流	H
67		主回路电阻测量	H
68	气密试验	设备校准	W
69		检验方法（局部包扎法，定量检漏）	H
70		气密试验	H
71	终检	环境	W
72		整体目检	W
73		紧固	W
74		控制柜	W
75	文件	试验报告	H
76		跟踪记录卡	H
77		运行维护手册	H
78		包装清单	H
79		会议纪要	H
80		合格证	H
81	包装	包装方式	W
82		包装前准备	W
83		主要部件包装	W
84		木箱上标记和标识	W
85		发运准备	W
86	现场安装	间隔对接、安装环境检查	S
87	交接试验	母线耐压试验、局放检测、开关机械特性测试、密封检漏试验、3 倍频 TV 耐压试验	S

（2）强化 GIS 安装管控。深度统一技术标准，实现规划可研与工程建设标准、设备制造标准与技术标准、生产运维与工程建设标准同源同出，作为指导工程建设的统一技术纲领。

深化落实设备主人制，设备管理及运维部门深度参与工程建设。在规划阶段提前明确设备主人，在后续的工程项目可研、初设、施设、物资采购及品控、现场安装、验收等各环节，设备主人均主动参与，始终坚持“以我为主”的原则，结合自主检修能力的培养，摆脱对制造商等外包单位的依赖，全面提升 GIS 质量管控能力。

重点加强安装环境质量及安装工艺管控，探索由供应商、施工方及甲方共同编制安装技术指引，解决供应商与施工单位之间配合不力的情况。明确交接验收标准。根据工程交接验收实施细则，明确设备交付要求，如设备在不达标环境下进行安装，将不予以接收。同时，明确了安装环境要求、土建施工要求、强化过程见证，对隐蔽工程工序要求拍照记录并作为交接验收的条件。

（3）强化承包商及供应商责任意识。建立施工单位分包备案、人员评价、会商约谈三项机制，建立劣质分包单位“黑名单”，加强现场管理，定期约谈，通报工程质量问题。

完善供应商管理制度，针对供应商在合同履约、产品重大质量问题中的相关情况，对符合扣分条件的严格进行扣分。常态化开展承包商评价、供应商履约评价，并将评价结果应用到评标环节。

2. 配电变压器入网质量管控

近年来，在维护单位巡视检修过程中，多次发现配电变压器存在渗漏油现象，运行过程中，负荷在额定范围内的配变发出较大异响，甚至是出现闪络爆炸的情况，对电网安全及人身安全造成较大隐患。为整治配电变压器质量问题，应加强配电变压器到货抽检比例，并且开展雷电冲击试验、温升试验及声级测定三项特殊试验，开展绝缘油检测，进一步在源头把控产品质量，不合格产品发现一批整改一批。

近两年配电变压器到货抽中，10kV 干变不合格比例占 50.6％，其中工频耐压试验不合格占 55％，温升试验不合格占 25％。工频耐压试验不合格中，高压对低压绕组及地耐压异响大占 65％，高压对低压绕组及地耐压电压突降占 21％；温升试验不合格中，温升后绝缘护套破损开裂占 42％，绕组温升超标占 35％。

为解决 10kV 干变到货抽检合格率低的问题，提高到货质量，对工频耐压试验不合格、温升试验不合格的原因进一步进行了分析。工频耐压不合格主要原因有主空道绝缘距离设计裕度不足、高低压间绝缘筒厚度不足、高低压线圈同心度控制不到位、湿度及线圈表面积尘。温升试验不合格主要原因有设计裕度不足，绕组间距离较小，散热不良，绝缘筒安装位置不良影响散热，选用的热缩管（绝缘护套）耐温等级略低或工艺水平较差导致开裂。针对上述原因，一方面优化细化相关采购标准；另一方面将品控工作前移，向相关厂家通报问题及整改措施，同时，安排品控人员赴工厂对整改情况进行核实。

四、 实施成效

面对日益增长的物资采购及供应压力，以及对电网运行质量不断提升的要求，持续探索了一套行之有效的入网资产全过程质量管理手段，充分调动企业资源，增强资产全生命周期质量管控理念意识，将质量管理贯穿各个环节。在持续提升设备采购质量水平方面，通过完善采购及品控管理机制，提升采购技术标准，优化采购及品控策略，强化品控队伍培养，推行运行评价并应用于采购环节，加大对供应商不良行为惩处力度等一系列措施，有效打破了生产与物资管理之间的沟通壁垒，加强了采购品控与运维的联系，实现了让最关心设备质量的人管控质量，有效把设备质量问题控制在前端，总体上新入网资产质量有所提升。一是按照运行实际需求，围绕提升运行设备质量优化采购策略，技术及LCC评分占据主导，运行及履约评价分起到重要作用，采购结果符合预期目标。二是设备出厂试验一次通过率99%以上，入网抽检合格率95%以上，涉及电气性能的品控缺陷明显减少。三是近年采购并安装投产的主配网设备未发生重大质量事件，设备运维阶段紧急重大缺陷数量呈逐年下降趋势。四是与供应商建立了良性沟通交流机制，通过技术交底、培训交流、技术监督等途径，畅通了双向交流的沟通渠道，为共同提升资产质量提供了支撑。

第三节 供应商管理

一、概述

供应商管理是物资供应链管理中不可或缺的一环，是构成电网企业资产管理体系的组成部分。电网企业应建立和完善以供应商登记、供应商评价、供应商不良行为处理、供应商服务等为主要内容的供应商管理体系。供应商管理遵循“统筹规划、分级实施、信息共享、公平公正”的原则，通过分类、分级管理供应商，为供应商创造公开、公平、公正的良性竞争环境，为企业采购推荐实力强、质量优、讲诚信、守信用优良供应商。

二、工作方法

（一）供应商分类、分级管理

（1）按照供应商登记目录组织制定相应的管控策略，明确职责分工。由各专业所属职能部门按品类目录开展供应商评价、不良行为处理和服务等管理活动。

（2）根据企业与供应商合作的紧密程度及建立关系的过程，将供应商划分为登记供应商、合格供应商和签约供应商三级管理。

（二）供应商登记

（1）阳光电子商务平台和中国采购与招标网是供应商管理信息的发布平台，凡愿意参与企业系统招投标等采购活动的供应商均应通过阳光电子商务平台提交报名登记资料，分品类办理登记。

（2）审核供货商和服务商的登记信息，通过登记资料审核的供应商即成为登记供应商，登记供应商实行统一编码管理，登记信息在系统内共享。供应商提供的登记信息发生变更时，须及时通过电子商务平台申报信息变更及证明文件，重要信息变更按登记审核程序审核后变更。供应商可登录统一的阳光电子商务平台实时查询登记申请受理情况、审核结果等信息。

（3）企业在招标大厅常设供应商服务工作窗口，接受供应商业务咨询，确保供应商可通过便捷的网络渠道、来访征询等方式，清晰、完整地获取登记要求和相关信息。

（三）供应商评价

（1）供应商评价主要分为资质能力评价、履约评价和运行应用评价三类。资质能力评价主要对重要品类的登记供应商在商务、质量、技术等软硬件综合实力开展评价；履约评价主要以项目或合同为评价单元，在合同签订、合同履行、合同终止或解除等环节对标的物交付和质量、履约进度、售后服务情况、违约情况等重点内容开展评价；运行应用评价主要根据工程、货物和服务等项目从投入使用直至退出使用全过程的安全、质量、服务、应用效果等方面开展评价。

（2）供应商资质能力评价工作，明确了供应商资质能力评价标准建立、评价的实施、评价结果应用的管理要求和方法，进一步控制风险，确保评价质量，提高供应商管理水平。

（3）物流管理部门负责统筹组织供应商资质能力评价的实施工作。供应商根据资质能力评价标准要求填写和上传相关佐证材料，并进行自我评价。各专业管理部门依据标准，组织专家对供应商相关佐证材料等进行审查，考核其是否满足基本商务资质和技术参数的要求，结果将统一发布，并为招标采购提供参考。

（4）供应商资格预审。

1）资格预审主要对登记供应商在电子商务系统提交的资格预审申请文件进行评审，为后续采购提供参考。评价标准一般包括必备条款、商务、质量和技术等部分，其中必备条款为定性判断，采取一票否决制；商务、质量和技术部分为定量打分。各部分的满分均为 100 分，商务、质量和技术的权重比为 15%、25%、60%，评价结果满分为 100 分。

2）资格预审公告会在中国采购与招标网和阳光电子商务平台同时进行发布。登记供应商登录电子商务系统，在规定的截止时间前提交相关佐证资料和自评结果，企业负责根据评审品类、专家专业类别从专家库中抽取专家组建资格审查委员会，对供应商所提交申请文件进行评审，开展资质能力评价量化打分。

3）将已完成的供应商资格预审情况上报上级主管部门进行汇总，形成供应商资格预审报告。审批通过后由上级主管部门统一发布，全网共享使用。

（5）供应商现场核实。

1）根据现场核实工作计划，结合业务合作情况（投标、中标、履约等），组织商务、技术专家组成核实小组，按照资格预审标准和资质能力评价标准的要求，对供应商的办公场所、研发场所、生产车间、实验室、仓库等现场进行核实，深入考察供应商的技术研发能力、生产制造水平和质量管理水平等。现场核实只对资格预审合格的供应商开展，资格预审不合格的供应商暂不开展。

2）现场核实发现电商系统中的佐证材料与现场情况不一致的地方，无需修正资格预审结果及资质能力评价分值，须收集证据，并上传至电子商务系统，供下一轮资格预审专家开展资格预审及资质能力评价时参考。

3）核实流程如下：

a. 提前5天向供应商发出现场核实通知书。

b. 到达供应商生产现场后，组织供应商召开首次会议。

c. 核实专家签订廉洁自律保证书，供应商签订廉洁承诺书。

d. 现场巡查，了解现场的基本情况，并获取照片或影像资料。

e. 根据资格预审标准及供应商资质能力评价标准，逐项审查研发能力、生产能力、管理水平等，核对资质业绩等文件材料，对文件评审结果进行确认，不明之处可当场询问和澄清。

f. 召开核实工作组内部小结会，就发现问题进行沟通、讨论。

g. 组织供应商召开现场核实末次会议，就资格预审及文件评审结果进行确认，并简单通报现场核实发现问题。

（6）履约评价。供应商履约评价针对签约供应商开展的绩效评价活动，主要以项目或合同为评价单元，在合同签订、合同履行、合同终止或解除等环节对标的物交付和质量、履约进度、售后服务情况、违约情况等重点内容开展评价。

（7）运行应用评价。供应商的运行应用评价主要针对已经投入使用产品或竣工投产工程的项目运行应用情况进行评价，各专业管理部门负责制订管辖范围内供应商的运行应用评价标准，并具体负责收集、统计、分析和反馈运行阶段的产品质量、技术服务、运行情况等绩效信息，开展运行应用评价工作，将评价结果报送招标办审批后应用或发布。

（8）在信息系统中实现统一供应商评价管理。

1）在电子商务平台统一供应商入口，在资产系统建立统一供应商信息库，避免相同供应商重复录入，为系统之间数据交换、共享、集成提供基础支撑，实现供应商相关业务数据相互关联共享及横向协同。

2）完善资产系统二级供货商、服务商绩效评价管理功能，实现供应商绩效评价全覆盖，同时建立统一的供应商综合信息看板，并将供应商评价结果反馈至招标采购等环节应用，供应商评价管理解决方案见图 14－3。

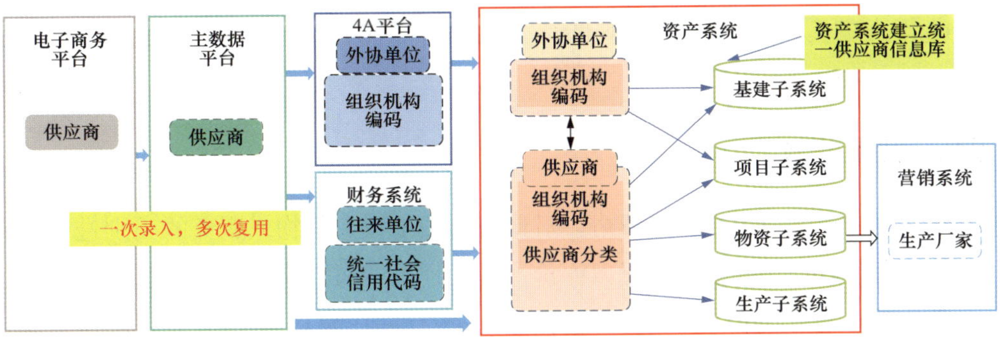

图 14－3　供应商评价管理解决方案

（四）供应商服务

（1）建立供应商一站式服务大厅，开放相应的业务办理窗口，为供应商提供畅通服务和信息渠道。供应商服务工作主要包括为供应商提供与招投标、登记核查、资质能力评价、合同订立、履行、品控等业务相关的咨询与办理，接收供应商的建议与投诉，接收不良行为处理解除申请与回复，以及供应商管理工作有关的信息发布工作。

（2）供应商服务有关建议、申诉情况及时转交相关业务承办部门，由相关业务承办部门负责组织对申诉问题的调查，出具书面回复意见，由服务机构对申诉供应商进行回复。

（3）开通供应商服务热线，也称“双百”热线，实现供应商统一呼入，助力提升企业品牌形象；业务覆盖供应商管理、采购业务、电商系统应用、电子商城、财务业务等 7 个分类，为供应商搭建畅通的沟通渠道，实现了供应商“问题”一站式解决；依托工单系统和问题知识库执行首问责任制和限时办结制，提高服务质量和效率，实现业务闭环管控；“双百”热线减少业务人员与供应商面对面接触机会，有效构筑“防腐隔离墙”。

三、应用案例

开展了四个轮次交流电力电缆物资供应商资格预审工作。共参评供应商共有 675 家次，资格预审合格的供应商有 633 家次。开展供应商现场核实，共核实供应商 24 家/111 家次，涉及 10kV SCB 干式变压器等 11 个大类 38 个物资品类。

按采购物资供应商资质能力评价工作计划要求开展了 2018 年 7 个批次涉及输电、

变电、配网、营销、信息、通信、二次继保、安措八大类 145 个物资品类供应商资质能力评价工作。其中参评供应商 1859 家次，通过评审合格的供货商共有 1497 家次，不合格的供货商有 200 家/358 家次。

按照对供应商不良行为处罚管理要求，组织开展对供应商不良行为处罚，对发现存在不良行为的 52 家供应商按不良行为处罚细则执行扣分，共开出 56 单，扣分 236 分。

四、 实施成效

完善供应商动态考评和寻源策略。对供应商按工程、货物或服务的类别进行分类管理，整合供应商资格预审与资质能力评价、履约评价、运行应用评价三个维度形成供应商整体实力评价体系，结合供应商历史扣分记录、供应商的供应链意识、环保意识，对供应商进行全面动态考评。

通过优化供应商管理策略，体现了招标采购“公开、公正、公平”的原则，打破原来“推荐”模式，打破信息壁垒，透明采购，降低廉洁风险。评价工作产生合格供货商名单，排除了不合格供货商，严防“空壳公司”“皮包公司”进入，在一定程度上规范供应商的行为，推动了良性竞争环境的建立。

推进质量诚信体系建设。采取更加严厉的市场退出机制，鼓励优质供应商，建立“黑白名单”，对接国家诚信体系建设，聚焦质监局、能源局、发改委《关于加强和规范涉电力领域失信联合惩戒对象名单管理工作的实施意见》中的失信联合惩戒对象名单制度，联合惩戒失信主体。

第四节 物资仓储配送管理

一、 概述

仓储配送的目的是为了满足电网企业电力物资的仓储及供应需求。可采用“一级仓＋急救包”的运作模式。

二、 工作方法

（一） 配送管理

急救包内储备物资由使用单位根据需求自提，物流服务中心按照“效益优先、满足效率”原则，以 15 天为周期按批次对急救包进行巡回补货；急救包未储备的应急、抢修物资由使用单位通过 24h 服务热线提出需求，物流服务中心按单即时组织备货、配送。

为实现抢修物资快速供应，持续提升物资服务水平，设立抢修物资 24h 服务热线。同时，确保抢修物资的快速到位。为满足快速复电工作要求（抢修物资要求在 2h 配送现场），仓库人员实行 24h 值班模式。一级仓设立 24h 热线服务（on call），采取第三方配送方式，响应抢修物资的供应及配送时效。

（1）当发生抢修时，专业部门材料员通过 PC 端与移动端申报抢修物资需求，并全过程跟踪抢修物资供应进度情况。仓管员根据在 PC 端与移动端第一时间上下载备货计划，对物料进行备货，同时配送人员根据出库单据、配送单据对要配送的车辆与承运人进行及时交接出库。

（2）物资配送跟踪系统利用 GPS 卫星导航定位技术、无线移动通信网络技术以及计算机服务器应用技术等，整合现代信息网络的应用，通过配送监控中心对整个运输车辆工作状态情况进行即时监控、定位、远程调度，根据 19 条抢修配送最优路线，实现对实物配送的全过程跟踪，保障物资运输安全快速送达。

（3）物资送达现场后，通过 PC 端与移动端的到货验收功能，配送人员与接受人员核验实物后，通过配送单及领料申请单中进行匹配，完成实物与单据的同步交接，确保抢修物资交接及时、准确。

（4）主要管控措施。

1）专业部门材料员，在发送应急抢修事件后，要求第一时间通过 PC 端与移动端填报应急抢修需求，后台自动匹配物资库存，如急救包匹配成功，提示急救包领取；如无，在 PC 端与移动端进行一级仓应急抢修需求申请。

2）仓管员需第一时间根据 PC 端与移动端上下载备货计划，对物料进行备货：

a. 接收备货计划信息；

b. 根据备货计划进行备货，确认最终备货物资；

c. 上传备货结果。

3）物料装卸作业，配送人员需根据装卸计划对物料进行装车：

a. 接收装卸计划清单；

b. 接收最终备货物资信息；

c. 根据装卸计划及备货物资装车，最终确认每辆车的装载结果；

d. 确认装卸完毕，需根据出库单据、配送单据对要配送的车辆与承运人进行交接。

4）在每辆车上分别安装三个车载摄像头，位于车前方、车仓内，车后方，实时监控前方路况、驾驶室内人员、车后方物资情况。要求车辆需根据最优的 19 条抢修配送路线行驶，通过监控中心这个远程可视指挥和监控管理平台，对可控范围的运营车辆进行实时、集中、直观地监控和调度指挥，实现音视频双向交互指挥，有查看看电子地图、实时预览、轨迹回放、录像回放等应用。

5）通过 GPS 全球卫星定位，24h 提供车辆位置并可通过可视化的电子地图显示。系统自动最大化的显示车辆的当前所在的直观位置，和前两分钟的行车轨迹，地图连续自动以蓝色线条描述需监控车辆的运行路线，自动刷新实时查看车辆的最新位置并可按最高效的配送路线行驶。

6）通过易流云平台，可任意查询车辆在任何时段的行车情况，行车轨迹，以及停车地点、停车时长，也可以对不同车辆行使状态进行车辆行驶时的分析，达到提高行驶效率，节约配送成本的效果。设置报警提醒，实现安全管理。当车辆出现越界、超速或脱离行车轨迹，信号不稳定，没法传送实时情况时，终端将会自动传输报警信息至监控中心，进行提醒。

（二）储备物资管理

按照“大物流、大配送”管理工作要求，开展补仓采购试点工作。提高物资管理水平和供应时效，通过科学的优化方法，动态调整清单和方案，实现储备物资品类和库存水平合理。围绕“标准设计、定额存储、动态补仓”供应策略，建立运转流畅的储备物资运作机制，满足不同专业、不同层次的物资需求，持续提升物资管理服务水平。

1. 储备清单建立

物流服务中心整理近年的物资品类使用量，并分析物资品类峰值、谷值、平均用量，形成表单分别提供给不同的专业部门及急救包使用部门。

相关专业管理部门在一级物资品类优化结果的基础上，完成了物资品类再优化工作根据标准设计和材料清册、历史使用量统计结果，充分考虑设备通用性、可替代性、前瞻性、经济性，建立包括物资名称、编码、型号规格、技术规范等信息在内的表单，选出使用最优最广泛的规格型号，并发布《一级物资品类优化采购目录清册》及《二级物资品类优化采购目录清册》。

一级仓储备清单由专业管理部门采用品类优化结果，同时考虑企业年度投资计划、项目实施阶段、仓库容量、库存周转频率，并统筹安排使用部门的年需求计划量，最终形成一级仓储备清单。

急救包储备清单由专业管理部门召集基层单位专工及班组负责人，采用一级仓储备清单的结果，根据需求差异性及使用量，提出优化后的急救包物资品类。

最后由各专业部门汇总提出储备清单及储备定额需求，并以正式文件颁布。

2. 储备方案编制与颁发

物流服务中心在储备物资清单基础上，结合历史运作数据，充分考虑历史使用数据（峰值、谷值、平均用量）、采购补货周期、物资生产周期、应急抢修配送时效性（包括物资整体打包供应效率）、急救包需求差异性及各类物资轮换年限等因素，编制年度储备物资方案（含一级仓及急救包）并在资产系统中固化。

3. 储备方案分析与调整

物流服务中心定期统计分析储备物资使用情况，并分别提供至各专业部门。一级仓储备方案由各专业管理部门根据各自业务需要定期调整，并以正式文件颁布，再由物流服务中心在资产系统修编。

急救包储备方案则由各生产单位根据生产实际需要滚动报物流服务中心修编。

4. 落实储备

物资正常采购周期为 2 个月或更长，而大部分储备物资（主网设备考虑重要性、计量物资考虑检测周期不在此列）基本按照每月、每半月用量（达到补货线）进行储备。为确保业扩配套及配网应急项目物资供应，物流服务中心在充分考虑年度投资计划、项目实施阶段，储备预算及库存额度等因素基础上，将大部分储备物资纳入框架招标，采取“大合同＋分批到货＋实时入库“方式。大合同有利于发挥物资供应的规模效应，并结合各物资最高储备量及实时库存量，按照差额到货入库。分批到货使企业以有限仓库容量满足大宗物资供应需求，实时入库可使物流服务中心、使用单位及时掌握仓库库存信息，为后续进行领用、补货等决策提供支持。

（三） 逆向物资管理

（1）定期通报各实施部门项目物资剩余率、闲置物资利用率及库存情况，倒逼项目管理部门加强项目立项、设计及施工领料等方式减少闲置物资产生。

（2）建立闲置物资再利用机制，加强闲置物资利用力度。

1）在需求申报时，采用平衡利库方式利用闲置物资；

2）在定额物资补仓时将闲置物资调拨至定额物资；

3）抢修时优先利用闲置物资；

4）源头上利用闲置物资（协同各部门（单位）调拨利用闲置物资，定期将闲置物资发至各部门，各部门协同设计院从项目设计阶段利用闲置物资）。

（3）开展闲置物资专项鉴定工作清理呆滞库存。

（4）制定报废物资处置计划，周期性处置报废物资，降低报废物资库存。

三、 应用案例

以 2018 年为例，全年共接收抢修物资需求 9022 次。其中，配网物资及计量配送共配送 2401 车次，行程约 15.30 万 km，平均配送时间 73.89min。

全年供应电力电缆近 3000km，电力设备近 5000 台，保障年度配网投资按期完成。

四、 实施成效

满足电网企业快速复电工作要求，抢修物资平均配送时间 73.89min，物流服务中心设立 24h 热线服务（on call)，仓库人员 24h 值班，采取第三方配送方式，及时供应抢修物资，大大节省抢修时间，提升应急物资保障能力。

优化储备定额品类，结合历史数据、项目供应计划等确认安全库存及最高储备，根据实际需求情况不断调整，倒逼储备需求优化。采取了“仓库领用＋直送现场”的供应方式，初步建立“年预算、季需求、月计划、周领料”的物资供应机制，强化项目物资从需求计划到领料出库各环节的规范化管控，保障物资及时供应。完善急救包定期巡回补货＋紧急补货机制，建立急救包个性化定额储备方案及滚动调整机制，提高急救包配网定额物资库存周转率和满足率。

CHAPTER 15

第十五章 工程建设

第一节 基建工程预制装配式标准建设

一、概述

装配式技术是指用预制的构件在工地装配而成的工程。这种技术的优点是建造速度快，受气候条件制约小，节约劳动力并可提高工程质量，绿色环保，符合新型大城市可持续发展的需求。

20 世纪初，装配式建筑技术就开始引起关注，由于其建造速度快，而生产成本较低，迅速在世界各地推广开来。英国、法国等国首先作了尝试，到 60 年代已开始配件化施工和机械化生产，形成了一系列标准规范和技术文件，并在发达国家广泛应用。

2016 年 2 月 6 日，中共中央国务院发布了《关于进一步加强城市规划建设管理工作的若干意见》，第十一条明确提出：“大力推广装配式建筑，减少建筑垃圾和扬尘污染，缩短建造工期，提升工程质量。完善部件标准，实现建筑部品部件工厂化生产，力争用 10 年左右时间，使装配式建筑占新建建筑的比例达到 30%”。

2016 年 9 月 27 日，中央国务院办公厅颁布了《关于大力发展装配式建筑的指导意见》，明确了“装配式建筑是用预制部品部件在工地装配而成的建筑，坚持标准化设计、工厂化生产、装配化施工、一体化装修、信息化管理、智能化应用，提高技术水平和工程质量，促进建筑产业转型升级。”

二、工作方法

遵循“安全、通用、经济、实用”原则，从项目设计、物资配送、施工安装到竣工投产全过程实施标准化作业和标准化管理。按照“标准设计模块化、构件生产工厂化、施工安装机械化、项目管理科学化”四大要素，以期形成完整的系统理论体系，最大程度实现可复制、可推广的新型精益化建设管理模式。

1. 标准设计模块化

统一建设标准、统一设备规范、统一设计深度，将设施品类优化为固定的类型，同时按组成的部件拆分成标准构件，交由工厂按图纸生产。

对设施基础类型进行分析归纳，将其划分并设计出一系列功能模块，并通过模块的选择和组合构成不同的功能。

2. 构件生产工厂化

将标准构件交由工厂按设计图纸生产标准预制件。工厂化预制采用钢模具工厂化生产技术，脱模后混凝土表面平整光洁，成品精度达到毫米级，有效保证了成品的质量。

3. 施工安装机械化

从覆盖施工全过程和各类施工环境两个维度着手，加大力度研发各类型工器具，用以减轻或解放人工体力劳动而完成人力所难以完成的施工生产任务，实现了工程建设向机械化方式转变。

4. 项目管理科学化

以现有的基建管理制度和标准为基础，从设计、物资配送、施工安装到竣工投产各阶段应用科学管理手段，优化资源配置，把控项目关键环节，形成标准建设全过程科学管理模式，提高电网建设精益化管理水平。

三、 应用案例

在某变电站工程开展混凝土组件预制的工厂化输变电工程试点。

该变电站采用装配整体式框架结构，地面以下均为现浇，地面以上框架柱为预制（梁柱节点为现浇），楼层梁采用预制叠合梁，梁下主筋和箍筋在预制厂进行预制，现场吊装，梁上部叠合部分现场插入钢筋；楼板采用叠合板，下部 60mm 预制，其余部分现浇。外墙（含门窗、装饰）采用预制钢筋混凝土外墙板，厚度为 160mm 厚度，双层双向配筋，内隔墙采用 150mm 厚轻质墙板，超过 4m 设圈梁构造柱，1、3 号楼梯为预制装配式楼梯，2 号楼梯为现浇清水混凝土楼梯，不贴砖，做瓷砖防滑条。

（一） 标准设计模块化

1. 预制装配式变电站设计理念

该变电站是在常规框架结构设计的基础之上进行构件拆解设计；并进行构件详图深化设计，把水电预留预埋的信息集成到每一个构件图中，在预制构件厂生产的构件达到强度后，运输到施工现场进行装配化施工，组装成等同于现浇的整体型结构。

装配式建筑的设计不同于传统现浇设计，需要在设计过程综合考虑预制构件的生产工艺、运输条件、安装方法、现场条件等因素，必须结合项目特点和本地资源条件才能确定总体的技术方案，在方案阶段进行综合策划，并需要业主、设计、生产、安装单位的共同参与。

由于装配式建筑具有“技术前移、管理前移”的特点，很少有变更和返工的机会，因此需要选择合理的结构体系和技术路线、构件拆解和装配方案，充分考虑到预制构件生产、运输、安装工艺，在单个构件的详图设计中综合多个专业的内容，设计所采用的技术和按方案决定了装配式建筑的工期、质量、经济性影响很大，因此设计阶段也成为装配式建筑成败的关键，需要业主、构件厂家、安装单位紧密配合才能完成。

2. 设计模块分解

构件模块拆分原则：建筑工业化是以标准化设计为龙头，将整体的建筑合理地拆解为单个的构件，优化构件的形状和尺寸，预制构件尺寸要遵循少规格，多组合的原则，提高预制构件模具的重复使用率。预制式变电站设计图见图 15-1。

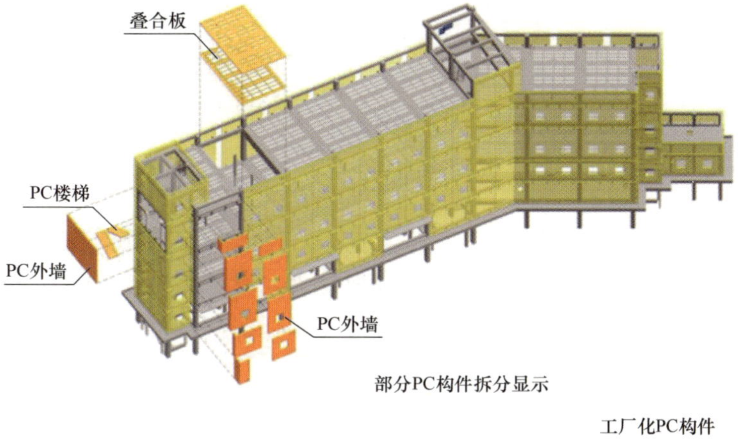

图 15-1 预制式变电站设计图

（1）外围护构件尽量单开间拆分；根据外立面的竖缝来拆分且不大于 3.5m。

（2）预制剪力墙接缝位置选择结构受力较小处；长度较大的构件拆分时可考虑对称居中拆开。

（3）考虑现场脱模/堆放/运输/吊装的影响，要求单构件重量尽量接近，一般不超过 9t，高度不宜跨越层高，长度不宜超过 10m。

（4）根据 15G366-1《桁架钢筋混凝土叠合板（60mm 厚底板）》的要求，把受力板拆分成各单向叠合板。

3. 设计优化尺寸

总体思路：为实现标准设计、标准生产、标准配送，标准安装，提高工厂模具重复使用率，统一柱距、统一层高，优化构件模块的形状尺寸，主体建筑所有梁、板、柱、梯模块化。

统一轴距：纵向轴线尺寸由原设计 6m、5.5m、3m 三种改为 6m、3m 两种，使得预制外墙板宽度全部统一为 3m，总轴线尺寸不变。

统一层高：层高由原设计 1.5m、5m、4.5m、5.5m 的改为 3.5m、5.4m。使得整栋建筑的预制外墙板高度都统一为两种规格，总层高不变。

调整板厚：传统 120mm 板厚改为 250mm 厚，以便减去次梁，减少预制梁数量及类型。

（二） 构件生产标准化

（1）使用构件可使用工厂化工艺流程，不受季节和天气等外部影响，效率高，高精度模具应用，构件质量稳定，且具有较好的均一性。标准设计与预制式设计构建数量对比见表 15－1。

表 15－1　　标准设计与预制式设计构建数量对比

构件名称	标准设计变电站	龙华中心变电站
梁	10 种规格	5 种规格
柱	3 种规格	3 种规格
板	120	70（预制）＋180（现浇）
外墙板	砖砌	6 种规格
门	6 种规格	同左
窗	6 种规格	

（2）预制件质量控制，采用套筒连接力矩检查、现代化砼生产线、砼强度检验、构件外观检查、砼构件的集中养护等关键点进行控制，提高构件质量。

（3）预制件配送。

装车：由现场提供准确的构件数量及编号，控制构件装车时起吊点及起吊方法。

成品保护：底板上铺木枋，中间部位作人字形支撑架，外立面用塑料薄膜包裹保护。

运输：运输前，了解路线及路况情况，保证车辆行驶通畅。做好应急措施。

（三） 施工安装机械化

1. 预制件吊装

吊装机具选择：因塔式起重机的基础布点位置受周边环境影响，且吊臂的转动考虑附近输电线路的影响，考虑汽车吊承担垂直运输吊装安装任务。

吊车吨位选择：本工程最重件约 8t，就位高度超过 22m，用 80t 汽车吊作为主要的起重机械，极端情况拟增加 100t 辅助。

吊装场地要求：场地行车路线上，道路需满足起吊承载力、行车宽度及转弯半径要求。

2. 对预制柱安装工序及精度控制

工人手扶引导下落、检查钢筋是否对孔、斜撑安装及垂直度调整、封底灌浆封堵。

3. 预制梁安装工序及精度控制

专用工具固定起吊、缆风绳控制方向、设置控制线精准定位、叠合部分模板安装、叠合梁浇筑完成。

4. 预制叠合板安装工序及精度控制

支撑标高复核调整、专用工具起吊、按控制线精准定位、板缝微调。

四、 实施成效

与传统现浇工艺的对比，采用预制装配结构有如下优点：

（1）工厂内生产，易质量控制；

（2）机械化施工，减少噪声扰民；

（3）减少湿作业，减少废水，废渣，排放；净化现场环境；

（4）降低了对人工数量和技能的需求；

（5）能缓解施工场地不足的影响；

（6）利于安全文明施工管理；

（7）减少变更数量，利于工期和造价控制；

（8）采用预制装配结构，相比于现浇框架结构，可缩短约 40%的土建工期；

（9）构件模具还可重复利用于其他项目构件生产，为变电站建设提高质量、加快工期，积累设计、生产、施工管理经验。

采用预制装配结构的缺点：

（1）设计工作量加大，较现浇设计工作增加多约 60 天；

（2）有经验的参建单位少，不利于招标选择实施单位；

（3）应用大量模具和专用工具，项目投资比现浇变电站项目大。

第二节　基建项目进度管理

一、 概述

与所有工程建设管埋模式一样，电网建设管理的核心过程是通过对进度、造价、安全、质量等方面的管控，最终达到投产交付的目的，对进度、造价、安全、质量四方面的控制简称“四控”，而进度管控是工程建设管理的一条主线，贯穿项目全过程。

进入十二五以后，部分地区基本实现了电力平衡，大范围缺电的情况已经不复存在，同时外部环境也发生了剧烈变化，建设与土地资源紧张的矛盾愈发突出，部分居民因为多种原因反对在小区、学校周边建设变电站、高压线路，市政道路、管线与电网建设的时序不匹配等多种因素，使得电网建设进度无法有效控制。

进入十三五时期，随着稳增长、输配电价改革以及电网自身发展的需要，要求电网建设再次进入快车道，然而电网建设面临的困难也越来越多。所以，对于电网建设进度管控的精细化水平和创新的方式提出了更高的要求。

二、 工作方法

（一） 政企联动， 保障电网建设政策支持

由于土地资源稀缺，居民维权意识高及“邻避效应”，电网建设仍存在电网规划落地难、居民反对使工程建设滞后等问题，导致局部区域供电能力仍不足。针对电网建设存在的困难，企业与政府进一步健全了市区两级电网规划建设协调和考核机制，推动市政府印发了“十三五”电网规划，审批通过了电网建设目标责任考核实施细则。积极服务城市区域协调发展，签署电网建设合作框架协议。召开了全市电网建设动员大会并签署了电网建设目标责任书，层层压实了电网建设责任，为电网建设提供了政策保障。

（二） 三个一批， 确保电网建设项目均衡持续开展

为解决电网建设项目储备不足，工程建设过程中赶工期等突出问题，提出“储备一批、开工一批、投产一批”目标，改变抓“6・30”“12・30”投产节点的观念，突出抓项目储备和开工环节，确保电网建设项目均衡持续开展。每年在年初制定投资计划时，就制定年度项目核准、项目开工、项目投产计划，并刚性执行。

加强项目储备的管控，改变了以往只重视投资计划、不重视前期计划的情况，可以有效避免工程建设“前几年大干特干，后几年干无可干”的尴尬局面，对电网中长期规划的落地具有重要意义。

加强项目开工的管控，改变了以往只重视项目投产、不重视项目开工的情况。增强项目开工时间的管控，符合项目管理“前紧后松”的规律，可以给项目预留相对充足的建设时间，避免后期赶工出现质量、安全管理的问题。

加强了项目储备、项目开工的管控，通过有效的过程管理方法，项目投产的管控将水到渠成。

（三） 三个明确， 实现电网建设项目进度精细管理

具体项目管控过程中，面对项目存在的各类问题，以“三个明确”为要求，通过明确责任目标、责任人、责任时限，将工程进度与问题协调串联起来，可以发挥设计、监理、施工方的主观能动性，主动解决问题，推进项目进度。做好三个明确计划管控：以周为单位，从项目前期手续、物资供应、停电计划、问题协调以及工程进度五个方面做好目标制定。跟踪三个明确计划执行：每周检查各责任内容完成情况，及时提醒。加强三个明确提级处理：针对未按期完成的事项，视紧急程度及时提级处理，并重新修编三个明确计划。

三个明确管控责任延伸：将责任从基建部、传递到项目经理，再传递到设计、施工等参建单位，共同抓好目标落实。

三、 应用案例

滇西北工程（包括滇西北—广东特高压直流工程、受端配套交流工程、500kV丛林站配套220kV线路工程）是国家“大气污染防治行动计划12条重点输电通道”之一，肩负着大气污染防治和“稳增长”的双重使命，按照重点工程工作部署，明确该项目必须在2017年底前形成送电能力。该工程建设推进难度大，线路走廊拥挤，受深圳现有建筑、规划建设区的限制，线路严格按照《深圳市电力设施及高压走廊专项规划修编》（2012版）的要求在划定的高压线路走廊内建设，新建的直流线路、配套交流线路引起众多现有220kV线路的迁改、整合，停电方案极为复杂，部分停电需错峰。线路经过的环境敏感点多，包括占用多个一级水源保护区、自然保护区等环境敏感区域。青赔难度大、拆迁量大，线路经过石岩街道办事处园岭村等以往工程青赔困难地段，涉及加油站、微波塔等拆迁工作。

在外部协调方面，推动建立市区政府层面协调机制，成立了滇西北工程建设推进领导小组，推动深圳市政府领导多次组织召开专题协调会议，顺利解决了东方换流站站址落地、直流工程线路路径穿越一级水源保护区等困难。在市政府以及宝安、光明、龙华区政府的主导下，仅用10个月，138基塔的占地、青赔已完成136基塔，这一速度远远快于其他工程。

在工程过程管理方面，通过“三个明确”的要求，工程在各个里程碑关键节点均得到有效控制，实现了工程施工与青赔协调、停电计划的统筹。

四、 实施成效

2018年基建投资完成率105%，仅三年投产总容量、规划投产完成率已超过“十二五”整体。

CHAPTER 16

第十六章 运维检修

一、概述

传统上，设备运维主要采取定期巡视、定期检修等统一的定期运维模式，导致设备运维成本较高，且未能根据设备重要程度和健康状况把运维重心聚焦到重要、健康状况存在问题或设备缺陷率较高的部件上去，缺乏针对性。因此，对输变电设备进行差异化运维管理十分必要。

为做好输变电设备风险管控，针对不同风险等级的设备，采取不同的运维策略，建立“关键设备”为核心的差异化运维机制。为确保重要和运行状态不良的电网设备得到重点维护，设备分级应重点考虑设备在电网中的重要程度、设备的损失价值、设备健康状况、设备类别差异、设备的家族性缺陷以及反措实施等因素；运维策略应重点考虑在巡视中综合应用带电检测、红外测温以及视频等技术手段和专业巡视标准，在预试检修上的周期调整、运维计划编制的合理性等。

二、工作方法

设备运维策略以设备状态评价和风险评估结果为依据，综合考虑影响设备运维策略的多种约束条件，对设备的状态进行评价，制定设备总体运行和维护策略。设备运维策略的制定主要考虑以下因素：

设备运维策略受内外部条件和多种要素的影响。约束条件分为监管约束、政治环境约束、技术约束、设备缺陷约束、电网运行约束和资源约束。具体如下：

（1）监管约束为因电网运行监管要求而影响运维策略的约束条件，包括可靠性约束和反事故约束。

（2）政治环境约束为因政治性活动和环境规范要求对运维策略产生的影响从而产生的约束，包括政治性约束（政治性质的活动对供电可靠性的需求）、环境约束（节能减排和环境污染）。

（3）技术约束为技术参数的限制或配合新技术的发展从而对运维策略产生的约束，包括来自技术限制约束和技术发展的约束。

（4）设备缺陷约束为设备自身缺陷或设备家族性问题从而对设备运维策略产生的约束，包括厂家指定部件更换、家族性缺陷、设备老化严重。

（5）电网运行约束为因电网运行方式改变而对设备运维策略产生的约束，包括节假日高峰负荷、极端气候及运行方式。

（6）资源约束指因资源的限制而影响运维策略的制定，包括人力约束、物力约束和财力约束。

约束条件分为强制性约束条件和柔性约束条件。强制性约束条件包括：可靠性约束、反事故约束、政治性约束、环境约束、技术限制约束、技术发展约束、厂家指定部件更换约束、家族缺陷约束、设备老化严重约束、节假日高峰负荷约束、极端气候约束。柔性约束包括：运行方式、人力约束、物力约束、财力约束。

强制性约束条件注重设备安全性，运维策略主要为增容、检修、改造；柔性约束条件考虑运维成本与设备风险综合最优，运维策略主要为巡视、维护、试验、检修、改造等。

（一）设备差异化运维管理流程

设备差异化运维管理流程见图 16－1。

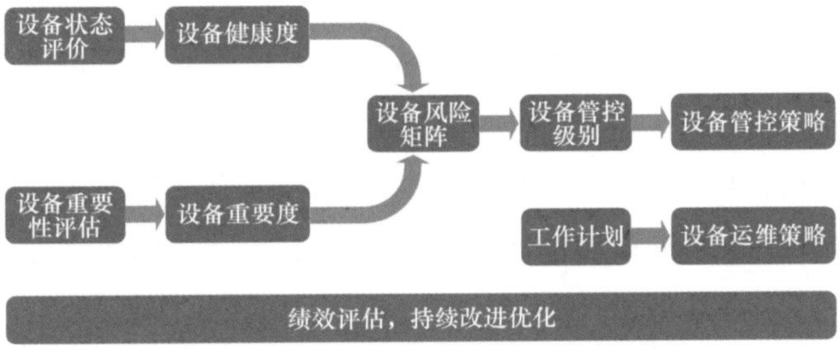

图 16－1　设备差异化运维管理流程

（1）设备健康度。每年开展两次设备状态评价工作，依据设备状态评价结果，将设备分为“正常、注意、异常、严重”4 个级别。在开展定期状态评价的同时，还会根据设备运行数据、缺陷情况进行动态评价。设备状态评价按照状态评价导则执行。具体可参照以下方法：

在制定设备运维策略时，需要根据设备的最佳运行年限来判断检修和改造哪种方式更为优化合理。设备最佳运行年限实际上是对设备寿命进行多维度的分析和评价。

设备的寿命包括物理寿命、技术寿命和经济寿命。物理寿命指设备从全新投入到无法继续使用进而报废的整个时间过程，由设备生产厂家给出；技术寿命指设备从投入时间起，直到其性能无法满足技术上的要求而最终遭淘汰的整个时间过程；经济寿命指从经济效益的角度出发，设备从投入之日起，直到能够取得最大经济效益时的时间区间。技术寿命和经济寿命可以通过对设备的运维情况进行统计而获得。

1）设备技术寿命的评价方法。

根据历史数据，按照下式分析设备年限与设备故障率之间的关系

$$缺陷发生率\ y=\frac{缺陷数}{样本数}=\frac{在投运\times年发生缺陷次}{投运\geqslant\times年的设备总数} \tag{16-1}$$

绘制曲线，找出设备运行年限与设备故障率之间的关系。

2）设备经济寿命评估方法。

基于设备全生命周期平均成本最小，可建立设备经济寿命的评价函数

$$LCC(N,T)=\frac{1}{T}(IC_0-IC_T)+\frac{1}{T}\left[\sum_{i=1}^{T}(OC_i+MC_i+FC_i)+DC\right] \tag{16-2}$$

式中 T——设备实际运行年限；

IC_0——设备投入成本初始值；

IC_T——设备运行 T 年后的残值；

OC_i——设备第 i 年的运行成本；

MC_i——设备第 i 年的维护成本；

FC_i——设备第 i 年的故障成本；

DC——设备退役成本。

对于架空线路等自身价值大、本体故障率一般的设备，采用设备的物理寿命进行运维决策；对于断路器、GIS、二次设备等自身价值一般、技术性能要求较高的设备，采用设备的技术寿命进行运维决策；对于变压器、电缆等自身价值大、运维成本较高的设备，采用经济寿命进行运维决策。超出设备寿命的设备应采用改造方式消除设备故障风险，否则采用检修的运维策略。

（2）设备重要度。依据系统运行部发布的年度基准风险和基于问题的风险，评估设备故障可能造成的事故（事件）后果，结合设备价值及对重要用户供电情况确定设备的重要度，将其分为“关键、重要、关注、一般”4个级别。其中，事故（事件）后果依据年度基准风险、基于问题的风险及电力事故（事件）调查规程确定。

（3）设备风险矩阵。根据设备的健康度和重要度的评价结果，形成的设备风险二维矩阵。设备风险评估按照上级单位及企业本身有关风险评估导则执行。设备风险评估流程见图16-2。

（4）设备管控级别。从高到低分为“Ⅰ级、Ⅱ级、Ⅲ级和Ⅳ级”，设备管控级别见图16-3。

Ⅰ级管控：异常、严重状态的关键设备，严重状态的重要设备，纳入Ⅰ级管控。

Ⅱ级管控：正常、注意状态的关键设备，注意、异常状态的重要设备，异常、严重状态的关注设备，严重状态的一般设备，纳入Ⅱ级管控。

Ⅲ级管控：正常状态的重要设备，正常、注意状态的关注设备，注意、异常状态的一般设备，纳入Ⅲ级管控。

Ⅳ级管控：正常状态的一般设备，纳入Ⅳ级管控，此类设备占绝大多数。

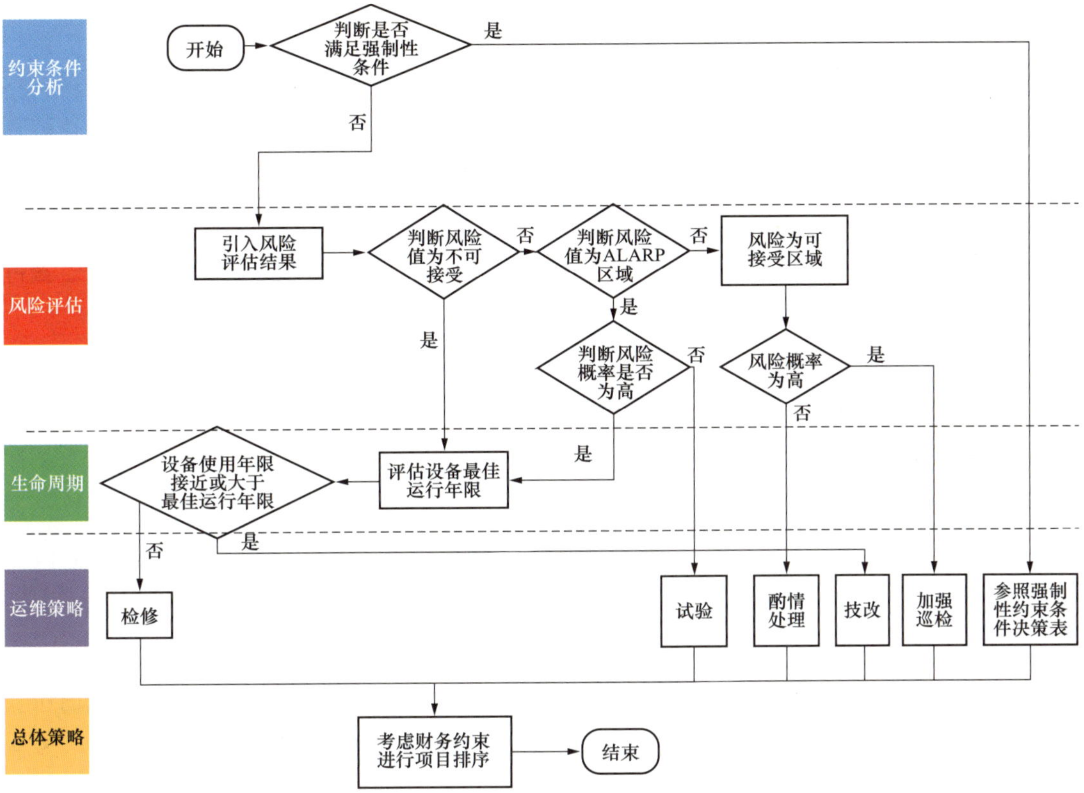

图 16－2　设备风险评估流程

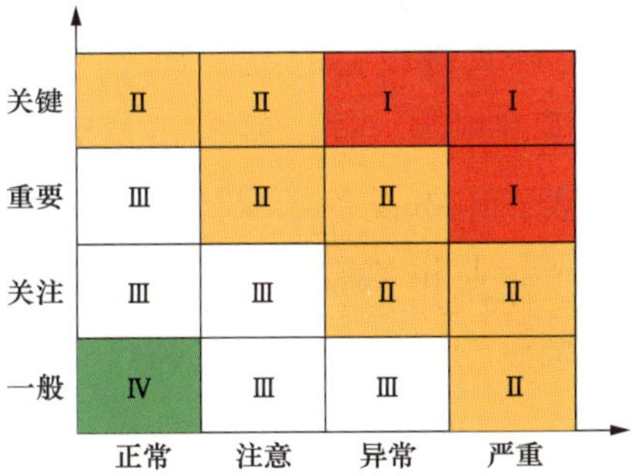

图 16－3　设备管控级别

（二）设备运维标准

以每一类主设备为核心，统一“行业规程＋南网规程＋厂家维护”要求，制定主变、断路器、GIS、架空线路、电缆线路、电抗器、蓄电池等 19 类设备运维策略。建立设备运行管理责任体系和技术分析体系。

（1）设备运行管理责任体系。针对Ⅰ～Ⅳ级管控设备，指定不同级别责任人，建立运行管理责任体系。运行单位部门主任是设备的总责任人，二级机构人员为Ⅰ、Ⅱ级管控设备管理责任人，三级机构人员为Ⅲ、Ⅳ级管控设备管理责任人。运行管理责任人对设备运行工作落实情况及状态负责。

（2）设备技术分析体系。针对设备Ⅰ～Ⅳ级管控，分别指定不同责任人负责设备技术分析，Ⅰ、Ⅱ级管控设备数据分析工作由二级机构人员负责，Ⅲ、Ⅳ级管控设备数据分析由三级机构人员负责。设备职能管理部门组织明确设备台账数据的分析管理要求，建立设备运行、试验及检修数据的标准分析模板；运行单位班组人员负责提供设备数据及初步分析判断，相关管理人员为数据分析责任主体，设备职能管理部门、技术监督部门负责数据分析归口管理，对存在问题的数据提级分析。

对Ⅰ～Ⅳ级管控采取不同巡视、维护、试验、检修等差异化运维策略，重点关注Ⅰ级、Ⅱ级管控，实现设备差异化和精益化管理。

（三）设备差异化运维策略实施

（1）编制设备运维策略。以每一类主设备为核心，统一“行业规程＋公司规程＋厂家维护”要求，制定主变压器、断路器、GIS、架空线路、电缆线路、电抗器、蓄电池等19类设备运维策略。运维策略根据设备重要程度不同，按照运维等级，明确通用的运维要求。

（2）编制设备检修维护手册。按照“一个办法、两个规程”的要求，细化现场作业种类、工作内容，编制1主设备作业指导书，编制变电站现场检修运行规程，编制110kV及以上变电设备维护检修手册，以及主变压器、GIS的维护检修手册编制，明确了规范化检修工艺要求。

（3）开展关键设备厂家维护要求梳理。在完善运行管理责任机制与运维策略的同时，为明确15个厂家、62种型号关键设备的运维要求，与厂家协商确定双方认可的设备维护周期与项目：根据检修预试规程，同时结合相关反措和实际运维要求，编制关键设备检修维护项目与周期一览表。组织设备厂家梳理“厂方”的要求与企业“一览表”的差异，针对每一条差异，参考企业相关标准和设备实际情况与厂家进行协商，择优选取，形成每一台关键设备对应型号的运维项目与周期，明确了每一台关键设备运维周期与项目。

（4）运维策略的修编。设备差异化运维实施过程中所涉及的部门包括：资产管理部、安全监管部、系统运行部、电力科学研究院以及运行单位，此外，为了能够更好地完成设备差异化运维策略的制订，一般按照以下4个时间节点开展工作，每年在规定的时间节点之前，必须完成相应工作任务，以便更好地开展下一年的运维计划。

运行单位根据确定的设备管控层级和维护策略，制定年度、月度生产作业计划，有序开展年度维护、检修工作，并按时上报各级设备特维工作计划及完成情况，保证差异化运维策略顺利实施。除此之外，还要对差异化运维策略进行动态调整，主要涉及管控级别的动态调整和管控策略的动态调整。编制差异化运维策略时间节点见表16－1。

表 16－1 编制差异化运维策略时间节点

时间节点	责任部门	内容
12 月 15 日	市场营销部门	发布下一年度重要用户
12 月 30 日	系统运行部门	从重要用户供电角度梳理下一年度基准风险下重要设备清单
	资产管理部门	从设备价值角度梳理下一年度各类设备清单
1 月 15 日	资产管理部门	明确设备重要度和设备健康度
2 月 15 日	资产管理部门	确定设备管控级别，编制并发布企业年度设备运维策略

管控级别动态调整：设备管控级别主要是根据设备的重要度和健康度来决定。所以设备的重要度或者是健康度发生变化时，设备的管控级别应及时作出调整。管控策略动态调整：设备运行维护应强化三个联动：设备运行维护应与电网运行方式联动、与气象变化联动、与设备运行状态联动。管控策略动态调整根据其影响因素不同，又分为基于问题风险下的管控策略动态调整和基于环境灾难下的管控策略动态调整。

（四）设备检修策略

夯实电网安全运行基础、预控设备运行风险、提高设备健康水平和使用效率、提升设备精益化管理水平，实现风险、效能和成本的综合最优，稳步推进设备全生命周期管理。通过运维机制建设，把设备相关维护责任落实到人，统筹兼顾、突出重点，通过设备的差异化、精益化管理，提高设备健康水平，延长设备使用寿命。基于以下原因，输变电设备是按照定期检修为基础，结合设备状态，对检修周期进行动态调整的策略，定期检修不能替代的主要原因如下：

（1）现阶段设备质量总体堪忧，一些设备缺陷率有上升趋势，不具备不检修的基础，必须强化检修工作。

（2）设备的健康状态是判断检修工作强度的基础，从实际情况来看，早期质量过硬的设备的确可以少检修或不检修，但也由此带来一种设备不需要检修的假象。所以要清醒认识检修工作是与设备本身的质量密切相关的。

（3）设备的风险有潜伏期，不按要求检修的后果或许不会马上就来，但来的时候就更加可怕。

（4）检修可以发现消除一些日常巡维、试验发现不了的隐患。

（5）检修项目要有重点，不能以偏概全或者机械处理。

（6）现阶段，检修工作是防范设备风险的最有效手段。

因此，按照应试必试、试必试全，应修必修、修必修好的检修原则，开展设备检修工作。基本要求是设备不应超期检修、检查性操作，不应任意调整检修项目，设备检修按照计划开展，在设备基础数据和在线监测完善的条件下，可依据设备状况评价和风险评估结果，优化计划检修周期。其中需要强调如下内容：

编制依据：依据相关国家及行业标准，综合不同厂家的要求进行编制；对各类设备的检修要求并非重新提出，而是统筹优化相关标准及不同厂家的检修周期要求。解决企业范围内各类设备检修维护要求差异较大及标准要求不明确等问题。

周期要求：检修规程中规定明确的周期是综合国家、行业标准及各主流厂家的检修要求而定。

针对每一类设备，开展检修维护手册编制，维护检修手册要明确设备的技术参数、检修周期、项目及工艺、易耗件、后续修理的成本要求等，是开展检修工作的依据和实操手册。根据检修策略，制定检修规划和检修计划，周期性开展检修工作。建立了一份检修、预试和检操台账。以检修规划为例，台账明确了设备基本信息，管控级别，上一次大修、小修的时间、周期和下一次检修期限，设备运维情况一目了然。根据三年规划，梳理出设备检修、预试、检操计划。改变以往以状态检修和结合停电检修的方式，形成计划检修为主，状态检修为辅的检修策略。

（五）设备风险管控策略

结合实际，逐步完善设备生命周期风险辨识、预控的闭环管控体系，建立完善相关支撑系统，持续改进，确保设备安全可靠运行。

（1）提升设备风险辨识水平。提升设备隐患排查有效性并及时整改。按照输变配电设备安全隐患排查指导原则，引入新技术、新方法，提升隐患排查工作成效并做好隐患整改的闭环管控。全面摸清基准电网风险下关键设备状况，做好重要设备的风险辨识。重点对 220kV 及以上母线、枢纽变电站、单供 220kV 终端站设备、同塔多回及同沟电缆线路、重要 10kV 电缆沟等设备设施进行状态评估并采取控制措施。

（2）做好设备风险预控，重点做好关键元件的风险管控。把好增量设备入网关。参考 IEC 标准，结合地区电网实际，完善电网设备技术标准体系。制定主变压器、GIS、断路器、隔离开关等主设备选型技术标准，重点完善设备核心部件的技术规范和要求。开展差异化采购工作研究，确保在重要变电站及线路中选用优质设备。完善设备入网检测、监造及安装管理。研究建立设备故障追溯机制，建立设备生命周期故障成本核算模型，在设备寿命、技术服务方面约束供应商，严肃追究厂家不执行技术标准造成设备故障的责任。

（3）完善设备台账，提升人员技能，做好基础管理。编制《设备健康档案管理办法》及主变压器等 30 类设备健康档案标准，利用信息化手段，有效整合设备入网、运行、试验和检修等生命周期数据，建立健全主设备健康档案。

（4）推广有效检测手段，提高设备风险管控技术水平。包括推进应用成熟的设备状态监测技术。继续推进 GIS 局放检测、主变油色谱在线监测、电缆振荡波局放测试、开关柜局放检测、输电线路及变电站视频环境监控系统等成熟的状态监测技术。

（5）建立设备风险与电网风险、作业风险的联动管控机制。基于年度电网基准风险，对设备风险进行分析，形成年度风险控制计划，提早安排和落实。对于特殊时期的电网方式安排，做好设备运维计划安排，提前落实各项特维工作。每月进行动态调整，每周加以跟踪和关注。做好电网方式变化前设备风险的动态评估与控制，对特殊时期、重点设备的作业风险要提级管控。在作业风险评估中要综合考虑电网、设备风险因素，如对敞开式隔离开关、环网柜等设备的分合闸操作前，应对其运行状态进行评估，避免因操作状态不佳的设备，导致人身及电网安全事故。

（六）全生命周期缺陷管理

1. 存在问题

（1）各阶段缺陷管理相对独立，未能实现缺陷数据的传递和串联。

（2）在物资采购、工程建设、生产运维阶段的缺陷数据不能归集并统一管理，且无法将缺陷数据应用于供应商评价、标准修订及招标采购环节。

（3）缺少对海量缺陷历史数据的综合分析，无法利用数据挖掘分析并支撑决策。缺陷管理系统支撑的问题见图 16－4。

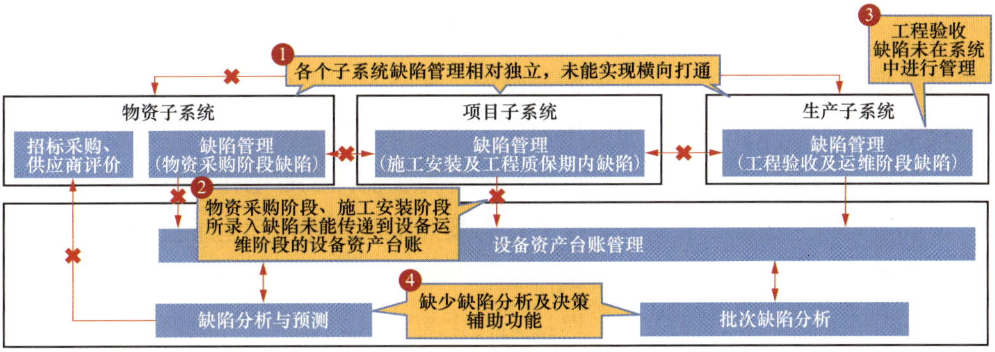

图 16－4　缺陷管理系统支撑的问题

2. 解决方案

（1）建立各环节标准缺陷库，增加项目系统缺陷管理模块，规范缺陷录入，打通物资、项目及生产系统的数据接口，以统一的资产编码为纽带，实现资产全生命周期各阶段缺陷管理数据的流转共享。

（2）建立缺陷分析模型，通过对各环节缺陷数据挖掘分析，实现缺陷发展趋势预测及批次缺陷的识别与判定，支撑设备的状态评价和风险评估，并将缺陷的分析结果反馈至供应商评价及招标采购等环节应用，缺陷管理系统解决方案见图 16－5。

（七）推广智能技术在生产领域的应用

积极推动智能技术在电网企业生产领域的应用，提升智能化水平，提高劳动生产率。通过智能技术应用，提高生产工作的效率与效益，提高全员劳动生产率，破解设备资产不断增长与生产人员不足之间的矛盾；另一方面建成智慧运维体系，从根源上控制风险，减少危机，实现本质安全，提升生产运行质量和设备健康水平。建成“设备状况

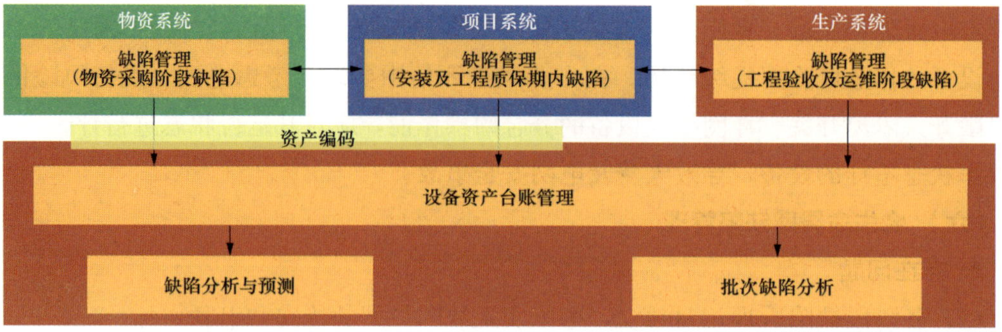

图 16-5　缺陷管理系统解决方案

一目了然、风险管控一线贯穿、生产操作一键可达、决策指挥一体作战”的生产管理体系，实现“智能装备、智慧运行”。

（1）输电领域。开展输电线路智能巡检。大力开展基于无人机和直升机的输电线路巡视、检修、测绘、带电作业。全面推广成熟的在线监测技术，重点推广视频图像识别、故障精确定位装置、气象及灾害预警监测，地质灾害监测、电缆环流、电缆隧道综合监测技术。加大新型智能技术的应用力度，重点研究北斗高精度定位的监测、线路动态增容、架空线弧锤、电缆局放、电缆内置光纤综合监测及带电作业机器人等先进技术应用。建成输电智慧运维平台，实现设备状态及风险准确评估和运维检修计划的自动生成和闭环管控。

（2）变电领域。以操作无人化、巡视无人化为目标，全面推广成熟的智能技术，重点推广变电站程序化操作、巡视机器人、GIS 局放在线监测、变压器油色谱在线监测、电能质量在线监测、开关柜光纤测温、声表面波测温、X 射线探伤、同频同相、静止无功发生器（SVG）等技术应用。加大新型智能技术的应用研究力度，重点研究变电站 3D 建模、人脸识别、智能穿戴、变压器光纤测温、相控开关、变电站带电作业机器人、变电站无人机、AR/VR、变压器及开关内置传感器一体化设备、标准化结构套管及 RFID 物联网等技术的应用。建成全维度设备状态监测评价中心、智能机器人巡检信息管理平台，实现设备状态及风险的准确评估和运维检修计划的自动生成和闭环管控。开展二次系统分析决策大数据平台系统建设，并基于大数据平台开展二次智能运维、智能调度辅助决策、智能二次运行方式自适应应用。

（3）配电领域。大力推进成熟配网智能技术的应用，重点推进配网自动化的建设，实现配网自动化全覆盖，建成智能配电网示范区。积极推进智能配电房、巡视机器人、电缆沟综合监测、无人机、可穿戴设备、配变无功在线监测、电压调压器等新技术研究应用。建成基于大数据的配网设备智能运维系统，实现设备状态及风险的准确评估和运维检修计划的自动生成和闭环管控。

三、 实施成效

差异化运维实施后成效显著，在有效控制成本的情况下，设备故障数量总体呈下降趋势，因主设备内部缺陷造成的跳闸事件大幅减少；通过日常巡视及预试定检发现处理可能导致主设备故障的紧急、严重缺陷同比大幅提升。

智能技术应用得到了较快的推广与普及。在变电领域，变压器油色谱、GIS局放等成熟技术220kV设备全覆盖。在输电领域，可开展8类无人机作业项目，精确故障定位覆盖率达到15％，电缆接地环流覆盖率达到20％；视频/图像在线监测覆盖率达到100％，隧道综合监控系统覆盖率达到100％；无人机巡视覆盖100％，机巡作业占比达到75％。在配电领域，配网自动化覆盖率78.3％。全分区改造，为长期离线的在线监测装置恢复运行创造条件。通过智能改造，生产效率大幅提升。通过部署智能系统实现96.2％的日常巡视替代、28.8％维护工作替代、操作无人化，从而实现提质增效的目标。

CHAPTER17

第十七章 退役报废及维修再利用

一、 概述

资产退役管理是资产全生命周期管理的末端环节，涉及项目管理、账务处理、仓储管理等工作，横向协同多、涉及的环节多，管理链条长，报废资产净值率等报废环节核心指标体现了资产退役前规划计划、物资采购等前端环节管理水平。如何提高协同效率、资产利用率，节约成本，对提高资产全生命周期管理的成效有着重要意义。

二、 工作方法

（一） 资产退役现状

资产退役是资产全生命周期管理最后也是比较重要的一个环节。目前普遍存在重报废，轻处置的问题。在电网企业固定资产报废工作中，存在注重报废和销账，而忽视报废品的清理回收和处理。固定资产在报废销账以后依然滞留在企业内，这不仅影响报废资产的残值回收，而且很容易造成企业账物管理混乱。

（二） 设备再利用管理现状

缺乏对资产退役标准的科学界定，仅仅根据设备的设计寿命、使用寿命、在运年限等进行经验性的判断，尚未采用状态评估的结果来全面判定资产退役的标准和界限。缺乏对退役资产的处置程序的明确规定，退役资产的处置和回收工作的规范性有待进一步提高。缺乏对报废资产处置的手段和优化方法，对于现场招投标等方法重视不够。对于设备性能和可靠性要求较高地区退役下来的设备，尚未建立统一调配机制，退役设备无法在一定范围内得到重新利用，造成了资源浪费。尚未建立明确的渠道保证现役资产信息的及时更新，造成“物、卡、账”出现不一致的情况。

（三） 退役设备再利用业务框架

退役设备再利用工作实现退役设备从设备退运到资产处置、闲置资产再利用的全过程，退役设备再利用业务框架图 17－1。

（四） 业务流程优化关键点

编制电网设备退役及维修再利用指导意见，重点优化退役流程，新增退役计划管理要求，明确设备维修再利用及特殊情况退库工作要求。依托信息系统，通过系统流程严格约束报废业务，实现退役计划录入及下达、项目实施、鉴定、减资、退库、结算等主

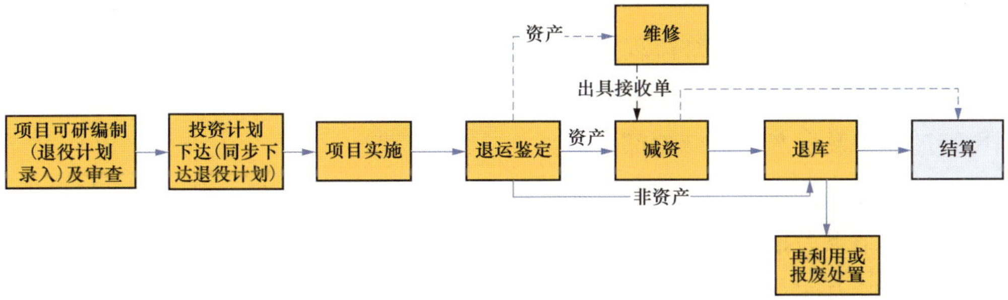

图 17-1　退役设备再利用业务框架

流程串行开展，业务数据均在系统流转，业务流程优化在以下几个方面开展了突破性的工作：

1. “退运鉴定”流程前置到可研阶段，退役计划与投资计划同时下达

（1）退役计划编制及录入管理。对计划性资本类项目，在可研编制阶段，须在系统投资计划储备库录入项目基本信息，并同步录入退役计划及开展可研阶段预鉴定工作。预鉴定结果审批通过是可研审查的前置条件，若可研阶段退役鉴定流程审批不通过，则项目不能继续申报；对非计划性资本类项目，须在项目下达后 5 个工作日内完成退役计划补录。

（2）退役计划审查。在项目可研审查阶段，可研评审管理部门将报废净值率指标纳入项目可研审查标准，报废净值率指标原则上确保每批次批复项目总体报废资产净值率不高于年度指标管控值。审查过程中，可研评审管理部门应重点审查退役计划是否存在资产级设备按材料报废、退役设备数量与项目内容不符等内容，并充分考虑拆除现有设备造成的资产损失，优化方案，从源头把控，原则上未达折旧年限的设备不允许拆除或更换，如遇特殊情况确需更换的，对设备拆除及物资再利用进行评估论证，并按照可研批复权限分级审批。

（3）退役计划下达。退役计划与投资计划同时下达，退役计划录入的设备为计划内退役设备。未纳入退役计划的设备为计划外退役设备，原则上不予退役，自然灾害、外力破坏及故障等不可抗力引起的设备退役除外。若设备已录入退役计划，但因工程变更等原因需调整退役计划，结合项目变更（如年中调整）同步对退役计划进行变更。

2. 加强保护性拆除管理，提高设备拆除后完好率

制定了配网工程保护性拆除施工工作指引，项目实施过程中，严格根据可研批复退运方式组织设备拆除，对鉴定为闲置设备采取保护性拆除，防止出现零部件缺失，并避免运输过程造成二次破坏。

3. 优化退役鉴定流程，建立分层分级审批机制

（1）复核鉴定管理。设备拆除后，项目实施部门开展复核鉴定，与批复的退役计划处置方式、数量进行复核比对。其中：若复核鉴定后设备处置方式（报废或闲置）、数量与退役计划保持一致，系统流程上可直接流转至减资或送修等下一环节流程；若复核鉴定后设备处置方式（报废或闲置）发生变化，须重新办理鉴定结果审批流程，并向项目归口管理部门及资产归口管理部门进行专项解释说明。

（2）建立分层分级退役鉴定结果审批机制。鉴定结果为闲置，直接在各部门内部完成审批；鉴定结果为报废，分层级审批：电压等级 110kV 及以上主变压器、GIS 或单件资产原值 500 万元及以上的设备报废，除各部门内部审批外，还须由资产部、财务部及企业分管领导审批；净值率高于年度内控值的设备报废（除上述设备外），除各部门（单位）内部审批外，还须由资产归口管理部门审批备案；净值率不高于年度内控值的设备报废，直接在各部门（单位）内部完成审批。流程优化后，退役鉴定审批流程由原 9 个审批节点简化至 4～5 个节点。

4. 大力推进配网设备维修，全面提高设备维修能力

以配电变压器及环网柜为试点推动维修再利用工作，逐步将维修范围覆盖配电变压器、环网柜、低压柜、柱上开关、DTU 等设备，包含送修、维修、验收、品控等维修流程，从打造维修样板、整改维修基地、提升设备装备水平、加强技术人员储备四个方面，全面提升维修能力及维修质量，实现应修必修、修必修好、修旧如新。在维修质量管控上，严格按有关技术标准开展验收管理，并将维修后设备纳入品控抽检范围。在设备升级改造方面，编印退运维修再利用环网柜配网自动化同步改造升级技术方案，在修复设备的同时，对环网柜进行配网自动化升级改造，加装 TA、TV 及电操机构并开展自动化本地调试。

5. 加强设备再利用管理

设备维修及再利用按照“使用单位鉴定、维修单位维修及退库、物流中心统一调拨”原则开展。优先在原保管单位的项目中使用，如短期内该单位不具备使用条件，由物流中心在企业范围内统一调拨。工程物资调拨时，优先分配使用维修后设备，并确保刚性执行。

修复后设备可使用年限为该类设备折旧年限与设备实际使用时间差值，按可使用年限进行折旧。维修后设备重新领用形成资产时，各供电局按要求开展资产建卡，并由财务部门指导做好该类资产建卡及审批。

三、 应用案例

通过实施配网设备维修再利用，延长设备使用寿命，降低报废资产净值率，提升资产利用率。

（一） 背景

2014 年 11 月，国家发改委发布《关于深圳市开展输配电价改革试点的通知》，确定了以有效资产核定收益和成本的管控模式，对电网企业资产运营管理水平提出了更高的要求，特别是资产折旧标准提高，给资产寿命管理带来较大压力。近年来，政府监管愈趋严格，加大对电网企业审计，发现配电网改造中部分设备未有效利用，直接报废的问题。报废资产净值率是综合标杆重要指标，设备实际寿命与世界一流企业存在较大差距。

（二）确定案例实施对象

（1）对年度报废数据分析，配网资产是影响指标偏高的主要原因，而环网柜、配电变压器报废净值超过配网报废总净值的一半，两类设备均可通过维修再利用的方式降低报废净值率。

（2）维修再利用是国内外先进电网企业资产延寿的重要手段，同时也是直接降低报废资产净值率的一种方式。该电网企业自 2014 年起，以配电变压器及环网柜为试点启动维修再利用工作，而 2016 年配网设备修复率较低，维修再利用机制没有有效运转，存在很大的管理优化空间。

（三）案例实施

（1）借助精益管理工具，对维修再利用全流程进行梳理，梳理出 11 个流程节点，识别出 6 类问题，归纳为未保护（未保护性拆除）、鉴定难（鉴定效率低、鉴定标准难操作）、费用高（维修费用高）、结算难（结算流程不畅）、不维修（属技术淘汰/非标准设备）、不想用（不信任维修质量）。

（2）通过对问题发生的频次进行统计分析，导致修复率较低有 3 个主要原因：未保护（未保护性拆除）、费用高（经鉴定维修费用高）、鉴定难（鉴定效率低、鉴定标准难操作）。退役设备再利用柏拉图分析见图 17－2。

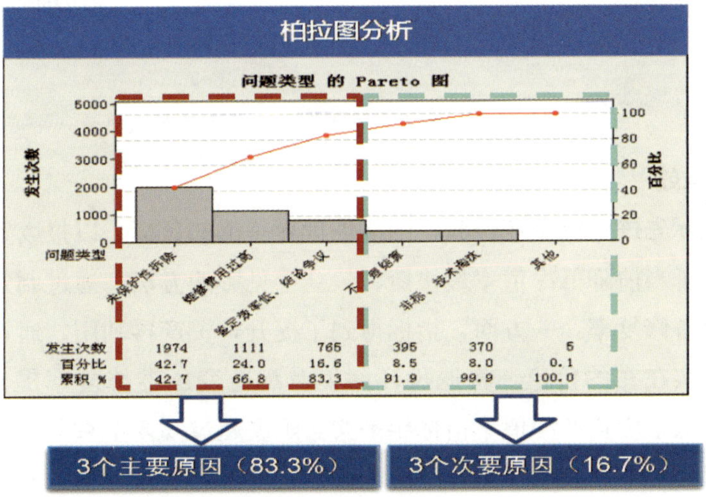

图 17－2　退役设备再利用柏拉图分析

（3）通过对拆除、鉴定、维修 3 个环节主要问题利用树状图深入分析，确认了 10 个根本原因，制定了 9 项对策，问题分析及改善见图 17－3。

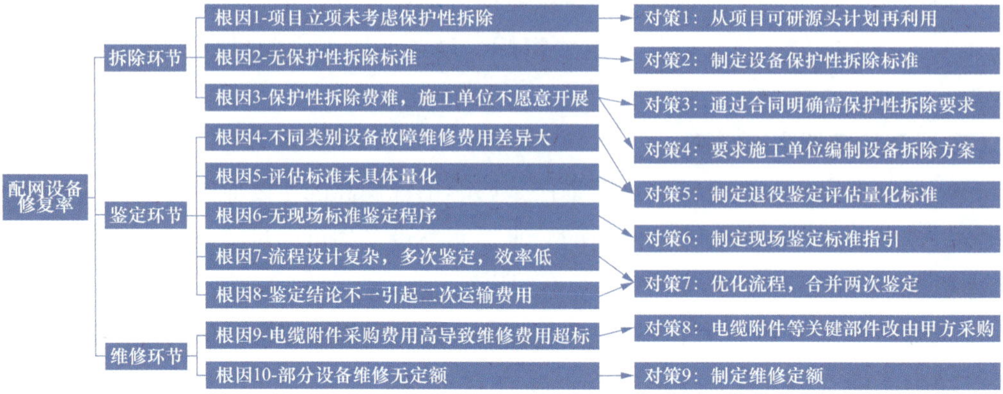

图 17－3　问题分析及改善

9 项对策主要通过对拆除、鉴定、维修 3 个环节关键节点采取措施，提升设备拆除完好率，标准化鉴定程序，提升鉴定标准可操作性，提升修复质量，从而提升修复利用率，拆除、鉴定、维修 3 个环节关键节点措施见图 17－4。

图 17－4　拆除、鉴定、维修 3 个环节关键节点措施

（四）案例成效

（1）借鉴国际先进电网企业经验，围绕创世界一流的目标，以报废资产净值率管控为切入点，找到了当前降低净值率最快捷、最立竿见影的方法，通过制定标准，优化流程，提高配网设备修复率：一方面，指标得到了提升，资产再利用，通过花小钱节省了大钱，创造了实实在在的价值。将退役环网柜及配电变压器修复率提升至 40％以上，修复率提升对降低报废资产净值率指标年平均贡献度超过 3.5 个百分点。规范修理费了的使用，资产得到延寿，有利于更好适应电改监管要求，实现了精益管理和降本增效的双赢。

（2）项目可操作性强、实施易、见效快，可广泛复制推广，具有较好的示范效应和作用。

四、 实施成效

（一） 资产管理核心能力得到提升

以报废资产净值率指标为抓手，倒逼资产全生产周期前端规划计划、物资采购、工程建设、设备运维环节的管理水平提升，有效减少报废随意性，延长设备寿命，提升了资产利用率，报废资产净值率逐年下降，最低降至7%，处于世界一流水平。

（二） 社会经济效益显著提升

开展资产管理创新实践。通过配电变压器容量大小互换等方式，优化投资方案，加强资产再利用，避免非正常报废。通过配电变压器容量互换方式，有效解决设备重过载问题。

（三） 退役报废工作效率显著提升

将资产报废管控节点前移至可研阶段，同时将退运鉴定前置至可研阶段，实现退运预鉴定与退役计划录入并行开展，强化退役计划管理，实践表明在立项阶段对资产退役进行计划管控是可行的，从源头上避免不必要的浪费，提高资产使用效益。

结合退役流程优化，进一步完善了信息系统退运管控功能，并打通相关系统、平台接口，实现所有退役业务数据均在系统流转，依托信息系统，有效监控退役管控全流程业务。退役鉴定审批流程由原9个审批节点简化至4～5个节点，退运鉴定到入库时长由平均1个月缩短至10天以内。

大力推进配网设备维修再利用，近三年，共修复配网设备1656台，节省新采购设备资金超过1亿元。

建立由物流部门统筹开展闲置资产再利用的工作机制，大幅提升闲置资产再利用效率，闲置资产放置现场的平均时长由6个月缩短至2个月，有效地提高了闲置资产再利用率。

CHAPTER 18

第十八章 电网企业资产管理数字化平台建设

第一节　资产管理数字化平台的设计

一、 概述

在“云大物智移”等新技术蓬勃发展的时代背景下，数字化技术发展与转型在企业的内部得到了高度关注。如何实现数据的高效收集、传递，落实企业管理要求、提高业务运转效率及闭环管理、打破数据孤岛等所有管理创新都离不开信息化、数字化支撑。一直以来，国内电网企业普遍采取分段职能管理，资产全生命周期各环节业务流程设计缺乏统筹考虑，导致业务流程未能有效贯通，业务信息不能联动，严重影响业务运作效率。因此，按照资产管理体系建设要求，需全面梳理资产管理业务流程，形成端到端闭环管理，业务数据要有效联动及共享，提升信息化水平，支撑资产管理全链条业务的运转。

二、 主要做法

1. 问题分析

通过绘制资产全生命周期全过程业务流程图，发现以下几方面问题，影响到资产全流程管控及精益化管理，一体化资产管理系统应用架构见图 18－1。

(1) 部分业务未纳入资产管理系统进行管理：例如电网规划尚在线下运作，相关工作未与电网及资产运行风险、可靠性指标、配网问题库等联动，电网运行的问题未及时有效通过系统反馈至规划环节。

(2) 纵向业务未全覆盖：系统无法支撑规划项目库、投资全过程管控、物资品控及不停电作业管理等部分业务的有效运转。

(3) 横向业务协同不畅：决算转资、退役报废、账卡物动态一致、LCC 成本归集等关键业务活动，在资产系统、财务系统及电商系统的协同不足，数据流转不畅。

(4) 资产绩效监控不足：资产管理活动全景展示，绩效指标监控与分析等方面的功能薄弱，不能及时引导业务的持续改进。

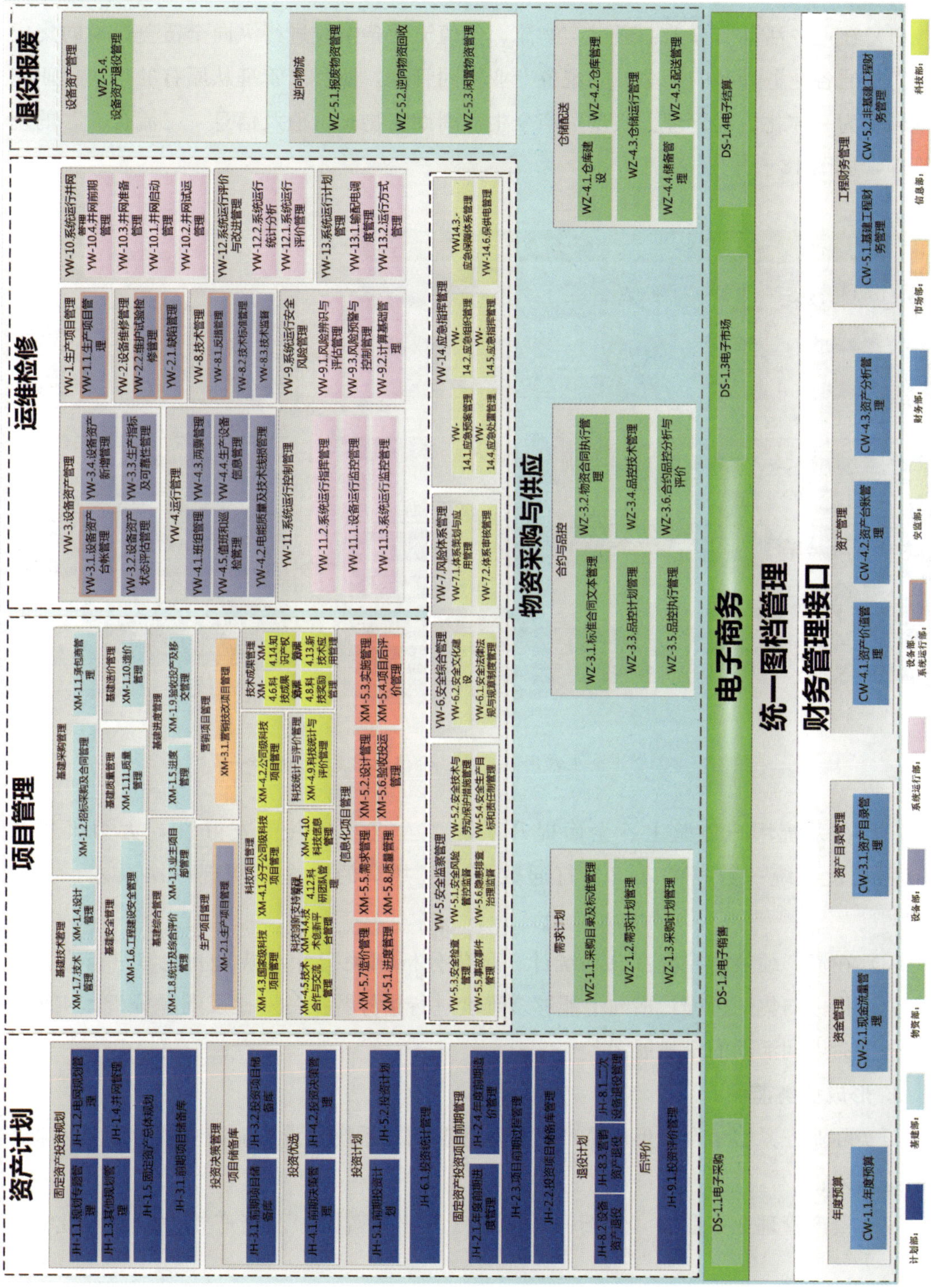

图 18－1　一体化资产管理系统应用架构

2. 明确目标

通过业务流程问题分析，明确资产管理信息系统优化目标。

（1）在业务活动支撑上：通过实物流、价值流两条主线进行纵向全覆盖，横向集成贯通，打通各业务环节的壁垒，实现各专业协同管理，使资产管理从原有的条块化职能管理转变为一体化流程管理。实现资产全生命周期实物、价值及信息“三流合一”的统一管理，见图 18－2。

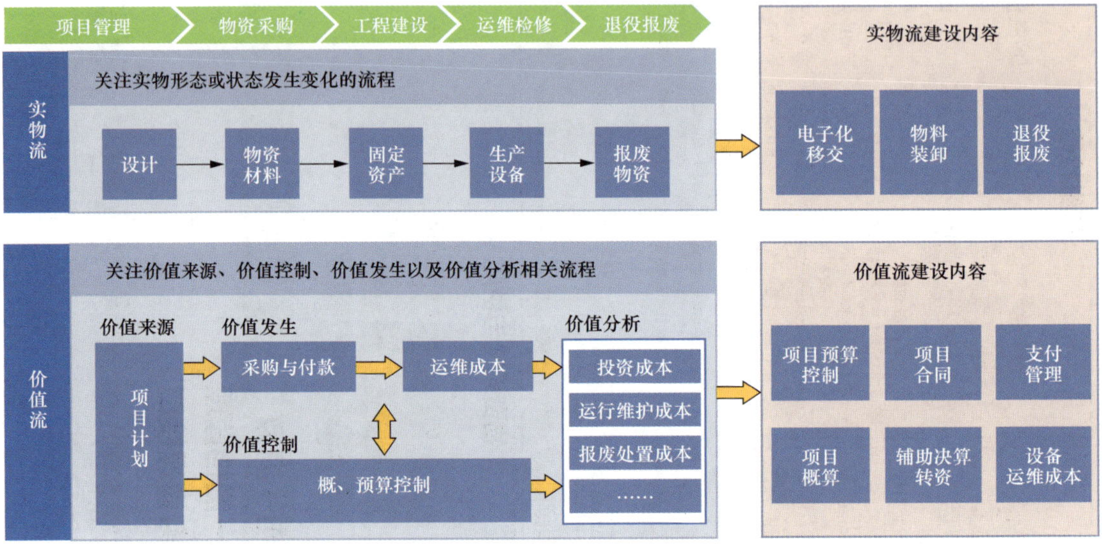

图 18－2 资产全生命周期实物、价值及信息“三流合一”

（2）在系统用户体验上：全面提升系统“人机互动”的友好性，大力推进移动应用建设，统一数据的入口，打通数据交互共享的壁垒，实现一次录入，多次应用。

（3）在资产绩效监控上：自动统计、量化分析相关指标，纵向上能够进行数据挖掘，监控指标归集的过程，横向上能够多维度进行指标数据的对比及问题分析，实现对资产全生命周期活动的全景展示。

3. 形成业务蓝图

与实际业务紧密结合，形成资产管理业务蓝图、系统建设功能需求清单、具体业务指引等成果：

（1）资产管理业务蓝图（包括一、二、三级业务蓝图）及资产管理全流程业务活动图；

（2）资产管理信息系统交互功能需求清单，包括与 OMS 系统、财务系统、计量系统等 10 个系统的 58 个外部接口资产管理系统内部各业务域集成的 58 个接口；

(3) 资产管理业务指引，以三级业务蓝图为基础，共编制规划、投资、基建、物资、生产、财务 6 个业务域 376 份业务指引；

(4) 关键业务解决方案，共编制决算转资、成本归集、账卡物一致、主/配网辅助规划等 15 个关键业务解决方案；

(5) 资产运营监控全景展示界面，包括资产绩效全景、电网全景、投资全景 3 个主页面。

三、资产管理业务蓝图与全流程业务活动图

资产管理一、二、三级业务蓝图见图 18-3～图 18-5。资产管理全流程业务活动图见图 18-6。

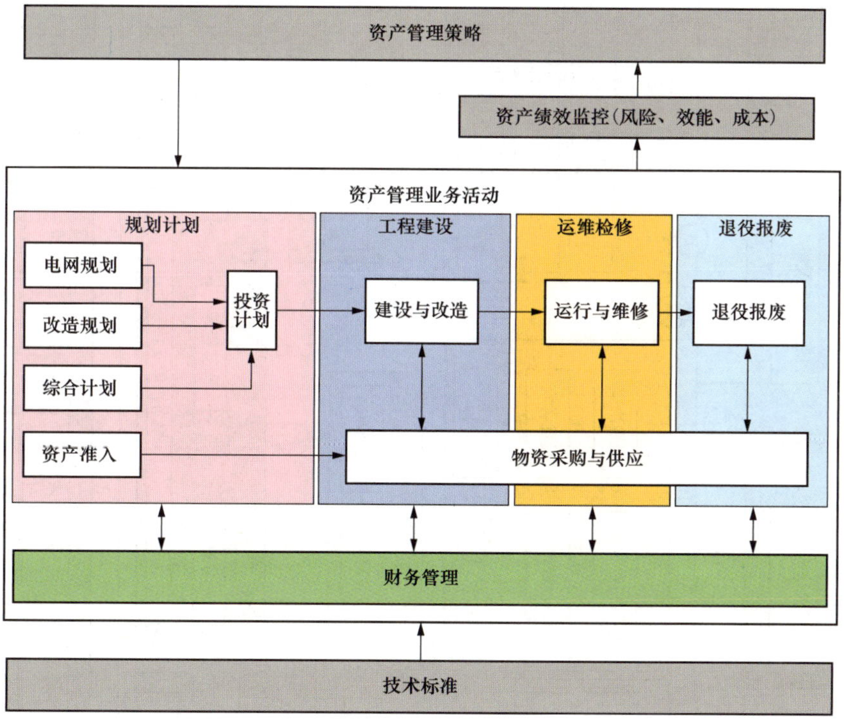

图 18-3　一级业务蓝图

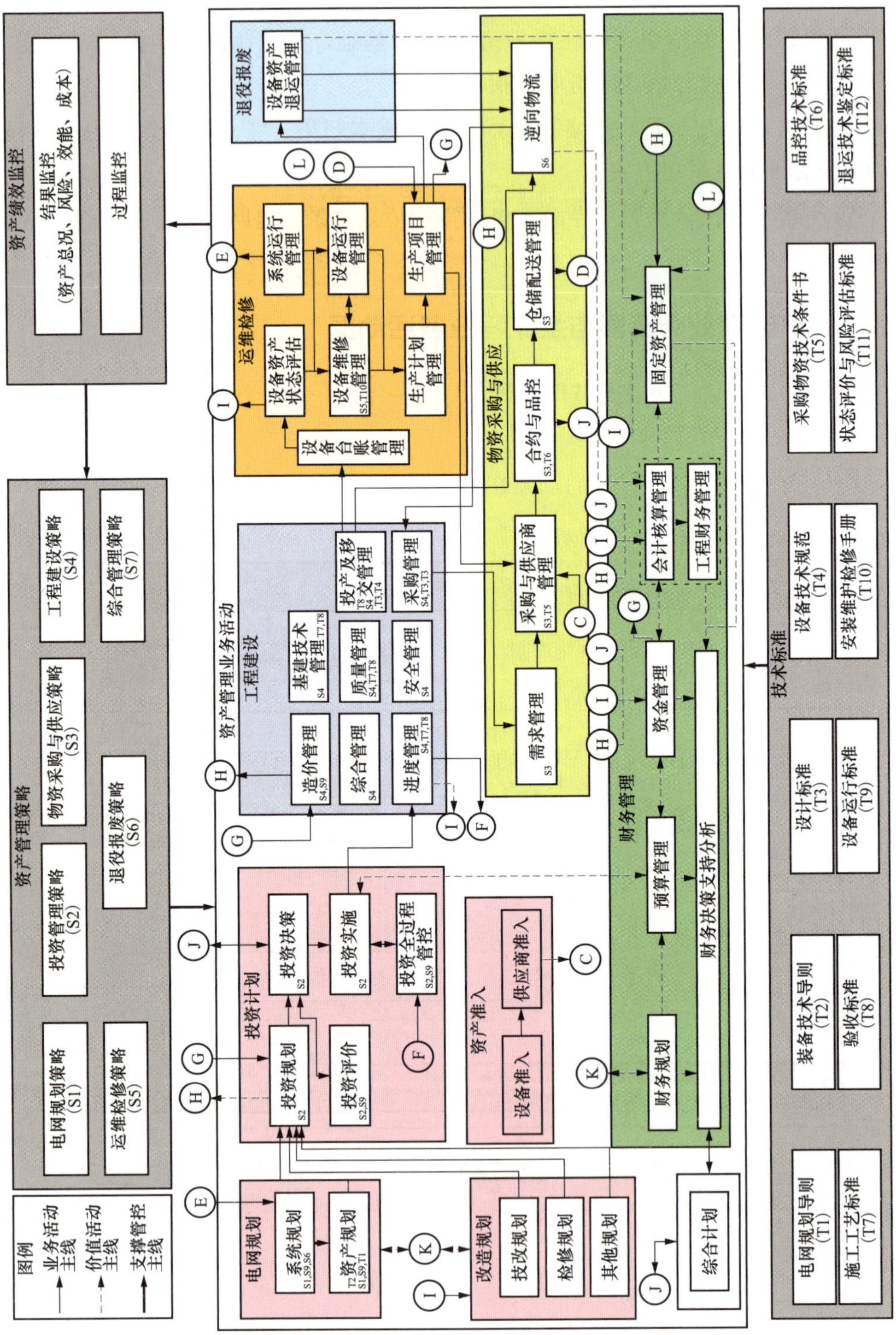
资产绩效监控
结果监控
（资产总况、风险、效能、成本）
过程监控
资产管理策略
电网规划策略（S1）
投资管理策略（S2）
物资采购与供应策略（S3）
工程建设策略（S4）
运维检修策略（S5）
退役报废策略（S6）
综合管理策略（S7）
图例
业务活动主线
价值活动主线
支撑管控主线
资产管理业务活动
电网规划
系统规划 S1,S9,S6
资产规划 T2 S1,S9,T1
改造规划
技改规划
检修规划
其他规划
投资计划
投资规划 S2
投资评价 S2,S9
投资决策 S2
投资实施 S2
投资全过程管控 S2,S9
资产准入
设备准入
供应商准入
工程建设
造价管理 S4,S9
综合管理 S4
进度管理 S4,T7,T8
基建技术管理 S4 T7,T8
质量管理 S4,T7,T8
安全管理 S4
投产及移交管理 T8 S4 T3,T4
采购管理 S4,T3,T3
运维检修
设备台账管理
设备资产状态评估
设备维修管理 S5,T10
生产计划管理
系统运行管理
设备运行管理
生产项目管理
退役报废
设备资产退运管理
物资采购与供应
需求管理 S3
采购与供应商管理 S3,T5
合约与品控 S3,T6
仓储配送管理 S3
逆向物流 S6
财务管理
财务规划
预算管理
资金管理
会计核算管理
工程财务管理
固定资产管理
财务决策支持分析
综合计划
技术标准
电网规划导则（T1）
施工工艺标准（T7）
装备技术导则（T2）
验收标准（T8）
设计标准（T3）
设备运行标准（T9）
设备技术规范（T4）
安装维护检修手册（T10）
采购物资技术条件书（T5）
状态评价与风险评估标准（T11）
品控技术标准（T6）
退运技术鉴定标准（T12）

图 18-4 二级业务蓝图

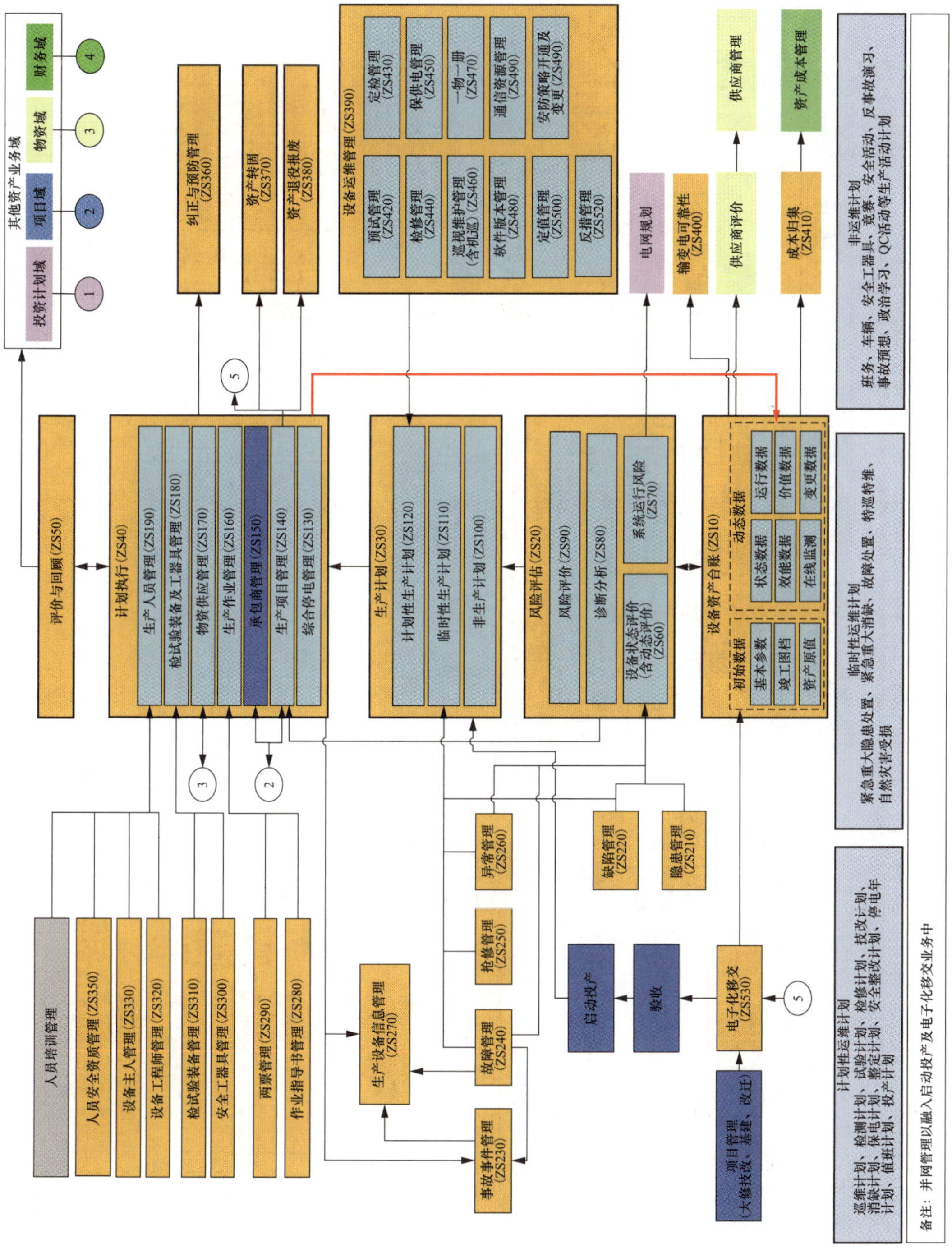

图 18－5 主网生产三级业务蓝图

资产管理业务活动流程图

风险指标：

S1电力安全和设备事故数量、S2主设备综合可用系数、S3三级及以上电力安全事件数量、S4三级及以上电力设备事件数量、S5出厂试验一次性通过率、S6产品质量导致设备停运数量、S7施工质量导致设备停运数量、S8综合强迫停运率、S9主网生产设备消缺及时率、S10维护检修计划完成率、S11线路“N-1”通过率

效能指标：

E1有效资产总额、E2净资产收益率、E3客户平均停电时间（低压）、E4综合电压合格率、E5固定资产原值、E6固定资产净值、E7流动资产净值、E8无形资产净值、E9逾龄资产占比、E10固定资产成新率、E11资本保值增值率、E12总资产周转率、E13项目结算及时率、E14项目增资及时率、E15固定资产投资、E16固定资产投资计划完成率、E17账卡物一致率、E18固定资产利润率、E19万元固定资产售电量、E20资产负债率、E21减少高峰用电量、E22配网可转供电率、E23计划停电实际转供电率、E24中压线路故障率、E25客户平均停电次数（低压）、E26客户平均停电次数（中压）、E27客户平均停电时间（中压）、E28配网设备消缺及时率、E29平均电网故障复电时间、E30配网不停电作业率、E31非化石能源电量占比、E32用户平均电压暂降次数、E33中心城市(区)电压合格率、E34城镇电压合格率、E35系统频率合格率

成本指标

C1万元固定资产运维费、C2报废资产净值率、C3库存常规储备物资周转率、C4费用性项目预算完成率、C5生产项目完成率、C6资产折旧费、C7闲置物资再利用率、C8设备平均退役年限、C9处置成本

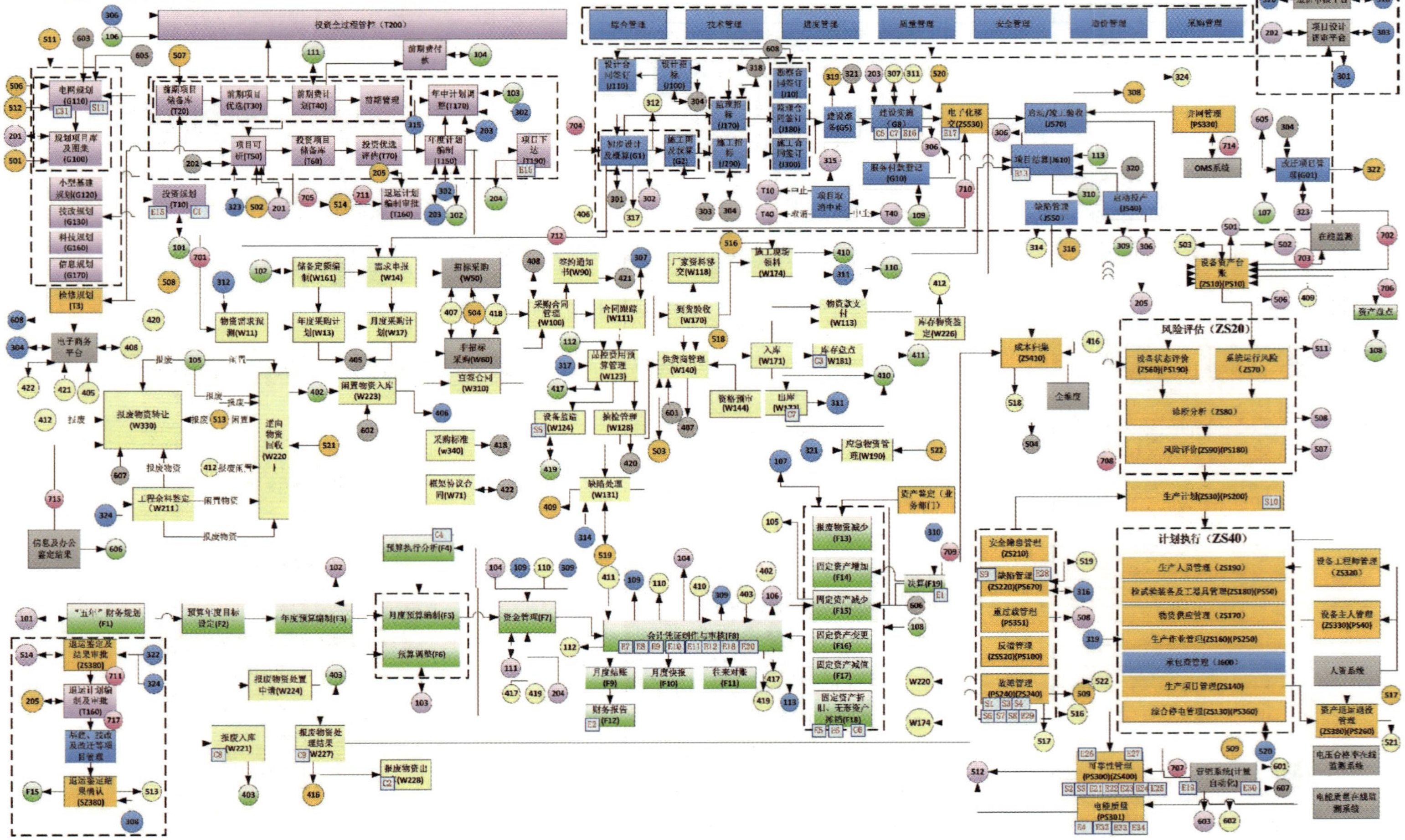

图 18－6　资产管理全流程业务活动图

第二节　资产管理数字化平台展示

资产管理数字化平台针对资产绩效监控不足问题，根据资产管理“风险、效能、成本”三个维度，设计开发了资产绩效全景、电网全景、投资全景三个全景监控界面，实现了从整体到局部，再穿透到具体资产的可视化展示，为企业各级管理人员高效、科学决策提供了有效地支撑。优化成果展示如下。

一、绩效全景

以客户平均停电时间指标监控为例，系统不仅能实现指标的实时监控，还能通过深度的数据挖掘，找出指标背后的有关电网、管理、技术等方面存在的问题，追溯影响可靠性事件明细及原因，并与规划模块、运维模块进行数据交互，通过一键立项、自动生成运维计划等智能化手段，实现指标的闭环管理和持续改进，见图 18－7～图 18－10。

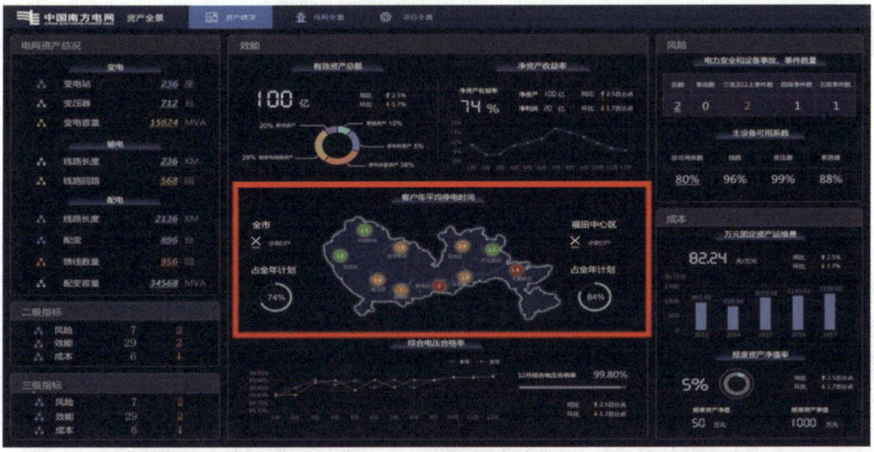

图 18－7　客户平均停电时间

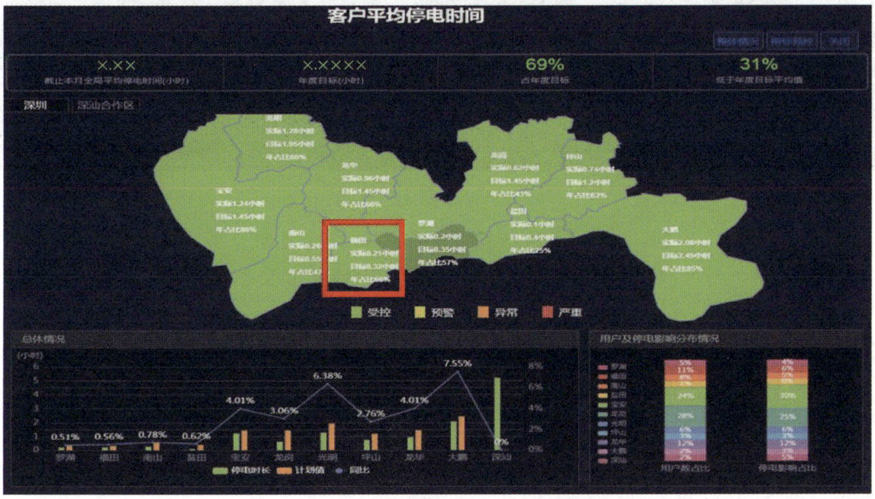

图 18－8　全市各区指标监控页面

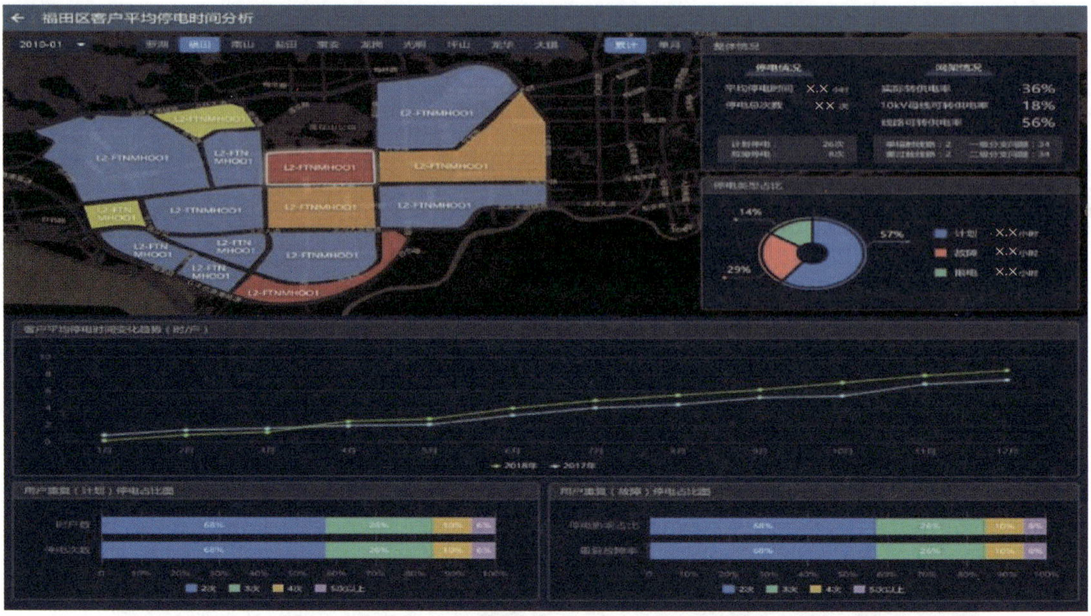

图 18－9　网格化指标管控页面

图 18－10　网格停电问题的归集和自动分析

二、电网全景

电网全景主要展示在信息系统层面，电网资产风险管控是如何实现的。风险管理是保证电网企业安全的根本，对于电网企业来说，电网风险、设备风险、作业风险及设备缺陷必须得到强有力的管控，见图 18－11～图 18－16。

图 18-11　电网全景—电网风险展示

图 18-12　电网全景—电网风险子界面—风险概况卡片

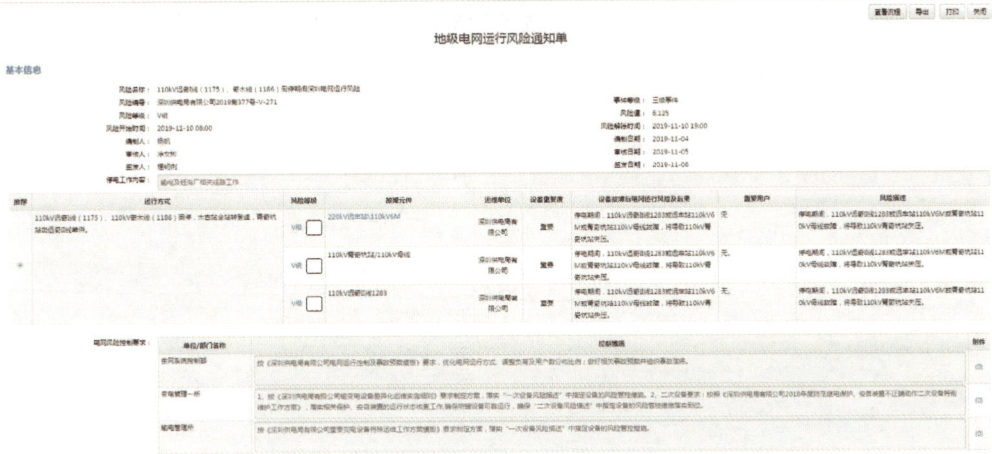

图 18-13　电网全景—电网风险子界面—具体风险单

图 18-14 电网全景—设备缺陷展示

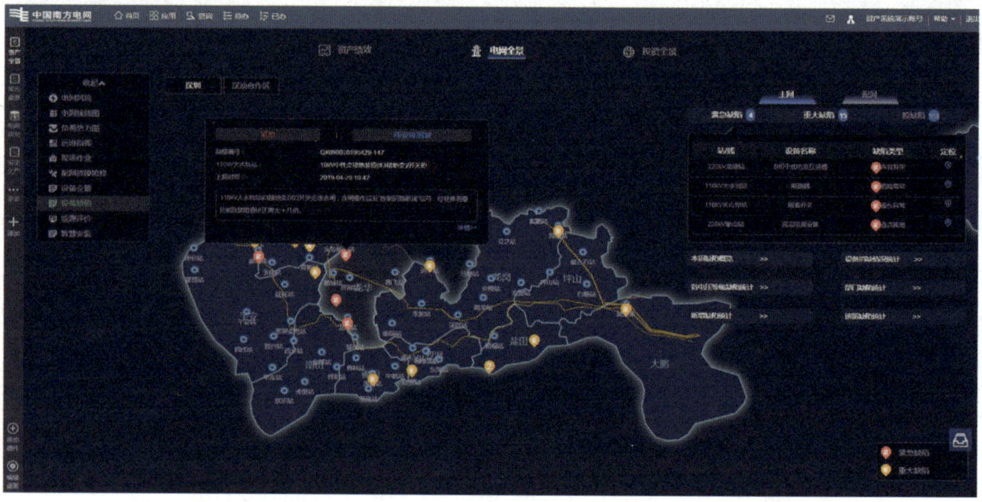

图 18-15 电网全景—缺陷概况

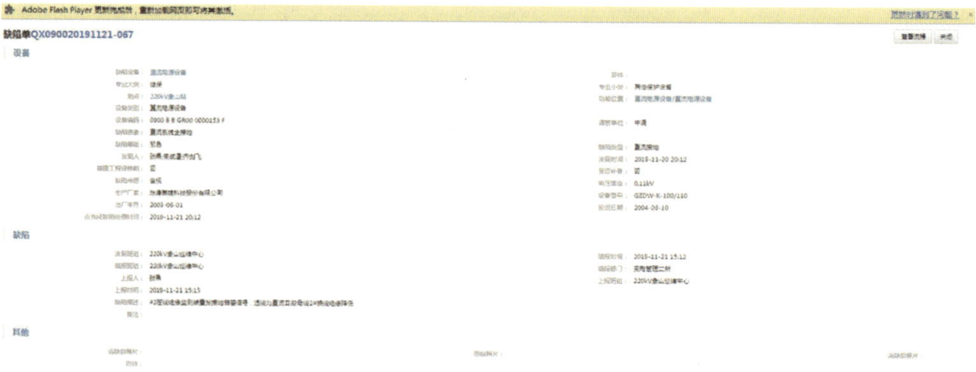

图 18-16 电网全景—设备缺陷子界面—具体缺陷单

三、 投资全景

输配电价机制对电网企业投资提出了更高的要求，更加注重投资的有效性，提升投资效益，投资全景从成本维度，展示了投资全过程管控的情况，见图 18－17～图 18－20。

图 18－17　投资全景—项目投资首页

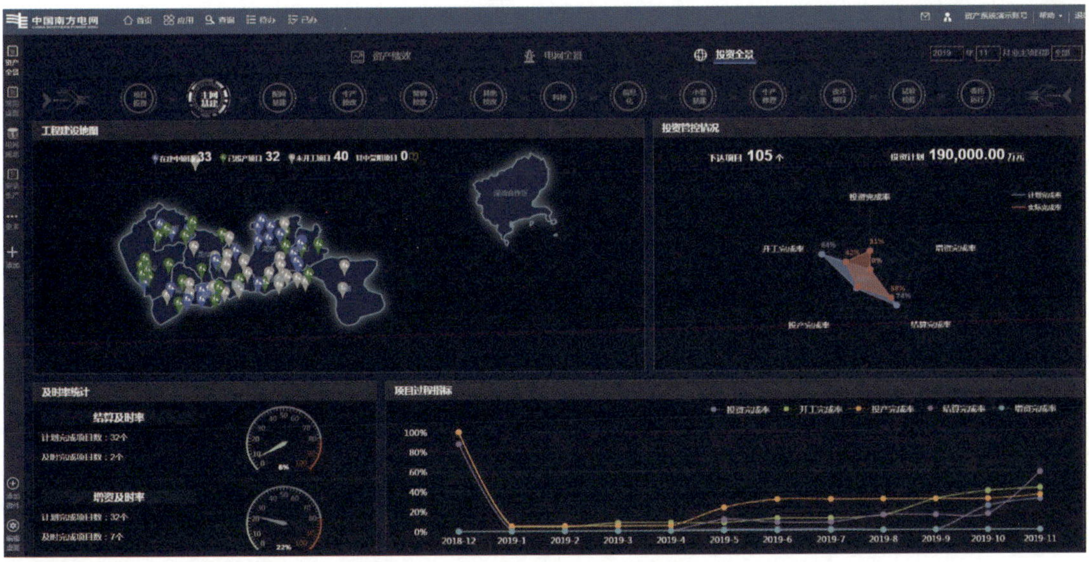

图 18－18　投资全景—主网基建首页

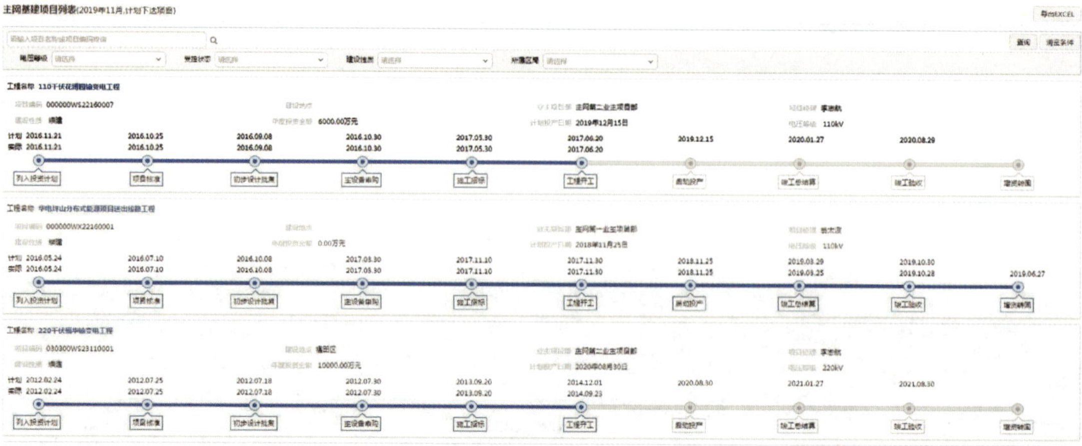

图 18－19　投资全景—主网基建—项目里程碑展示

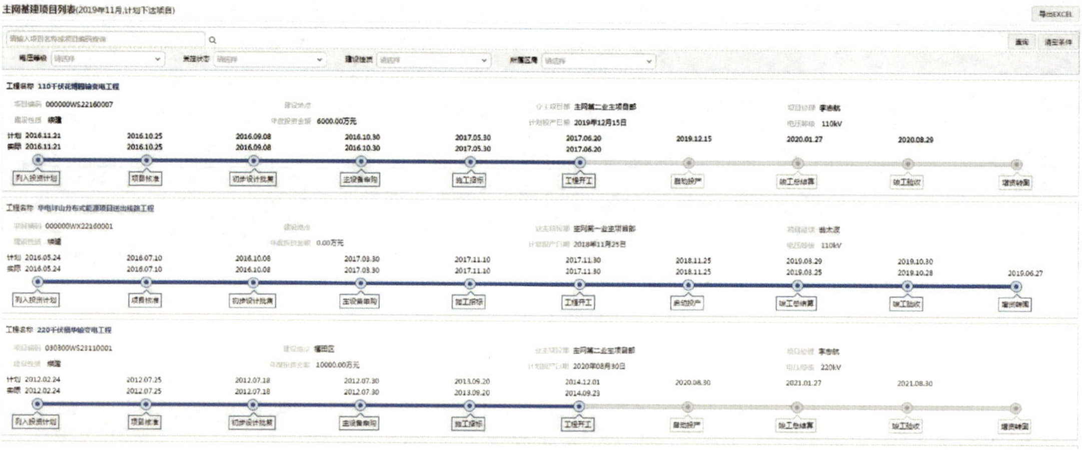

图 18－20　投资全景—主网基建—项目多维度进度管控

展　望

习近平总书记指出“中国特色社会主义进入了新时代，这是我国发展新的历史方位”“我国经济已由高速增长阶段转向高质量发展阶段”。在新时代，深化国有企业及电力体制改革，是贯彻落实中央“四个全面”，特别是全面深化改革战略部署的必然要求，是发挥市场在资源配置中的决定性作用，实现我国能源资源高效可靠配置的战略选择。在深化改革的背景下，电网企业作为关系国计民生的能源基础国有企业，提升资产运营能力是保障电网安全运行及高质量供电，实现高质量发展的关键，电网企业应时而动、顺势而为，提升资产全生命周期管理核心能力是大势所趋。实践证明开展资产全生命周期管理对电网企业做强做优做大、确保资产保值增值具有积极意义。提升资产全生命周期管理能力，既要借鉴国际领先经验，又要结合国情和企业实际，将国际通用语言转换为本地可操作的方法，自主建设有中国特色的先进资产管理体系。在推进资产全生命周期管理的过程中，核心是要抓住主要矛盾和矛盾的主要方面，思考、推动各业务环节“痛点”问题的解决，促进风险管控能力的持续提高，关键绩效指标持续向好，投资及成本价值管控水平持续提升。从对标国际领先企业来看，资产全生命周期管理是一个长期的逐步完善过程，各级管理人员思想的转变也是逐步变化和深入的过程，要做好长远的谋划和长期工作的准备。资产全生命周期管理各环节业务的高效运转，最终离不开一套好用、实用的信息系统作为支撑，电网企业一定要抓住数字化转型契机，提升系统决策分析支撑能力，最终才能提高全要素生产率和企业价值创造能力。

参 考 文 献

[1] 中共中央宣传部. 习近平新时代中国特色社会主义思想学习纲要［M］. 北京：人民出版社，2019.6.

[2] 厉以宁. 中国经济双重转型之路［M］. 北京：中国人民大学出版社，2013.11.

[3] 张卓元. 中国改革顶层设计［M］. 北京：中信出版社，2017.7.

[4]《资产管理体系应用指南》编写组. 资产管理体系应用指南［M］. 北京：企业管理出版社，2016.12.

[5] 甘霖. 电网企业资产管理体系建设及创新实践［M］. 北京：中国电力出版社，2016.12.

[6] 陈山. 资产全生命周期管理研究与实践［M］. 北京：中国电力出版社，2011.6.

[7] 帅军庆. 电力企业资产全寿命周期管理理论、方法及应用［M］. 北京：中国电力出版社，2010.

[8] 李云峰，张勇. 国家电网公司资产全寿命周期管理框架体系研究［J］. 华东电力，2010，38（8）：1126－1131.

[9] 张媛. 基于灰色系统理论的电力设备全寿命周期成本评估及模型［D］. 重庆：重庆大学，2009.

[10] 陈法池，章彬，周荣林. 基于LCC的主设备采购模型研究［J］. 智能电网，2013.

[11] 许婧，王晶，高峰，等. 电力设备状态检修技术研究综述［J］. 电网技术，2000，24（8）：48－52.

[12] 余杰，周浩，黄春光. 以可靠性为中心的检修策略［J］. 高电压技术，2005，31（6）：27－28.

[13] 梅艳冰. 供电企业固定资产管理中存在的问题及改进建议［J］. 广西电业，2005，07：31－33.

[14] 祝晓芹. 基于绩效棱柱理论的企业绩效评价研究［D］. 西南财经大学，2012.

[15] 李根臣. 电网企业固定资产管理研究［D］. 华北电力大学（北京），2007.

[16] 徐翀. 全寿命周期成本管理在电力设备管理中的应用探讨［J］. 中国电力，2010（3）：72－75.

[17] 李文沅. 电力系统风险评估：模型、方法和应用［M］. 科学出版社，2006.